公務員試験 行政法

一問一答で論点総チェック

TAC公務員講座講師 山本 誠

TAC出版
TAC PUBLISHING Group

はしがき

専門科目をテッパン科目に！
本書は、過去20年の出題論点の95%以上をマスターするための一問一答集です。

あなたが本書を手に取られたとき、どこまで学習が進んでいらっしゃいますか？
●これから学習しようと思うが、どこから手を付けてよいかわからない…
●主要科目だからこそ、自信の持てる「得意科目」にしたい…
●「これだけやれば万全」というラインがわからない…
●しっかり学習したつもりなのに、知らない論点がまだある…
こうした悩みを持たれている方も多いと思います。
公務員試験の専門科目は、主要科目だけでも10科目以上あります。また、専門科目は7割以上の得点で合格ラインに達するといわれていますが、そのためには限られた時間の中で効率的に学習することが求められます。

受験生にとって効率的な学習であるために、
① **学ぶべきことを漏れなく学ぶこと**
② **学ぶべきこと以外のことに時間を割かないこと**
③ **他の科目を学習している間に薄れてしまった知識を短い時間で学習できること**—
これらすべてを実現していただけるように開発したのが本書です。

本書は—
●**過去20年で出題された論点**（判例・条文等）のうちほぼすべて＝**95%以上**※**を習得できるよう**、過去問題を厳選、**一問一答式に構成**しています。
●解答 / 解説は、まず**赤チェックシートで解答を確認**、続く**解説では○×の見極め方を提示した上**で、論点についての**インプット知識が深められるよう**、わかりやすく解説しています。

ですので、本書によって、**学習初期のスピーディーな論点**（判例・条文等）**確認**から、**得意科目をつくるべく学習を深める時期**、そして**受験直前期の再学習**まで、各学習期あるいはあなたの学習進度に応じた受験学習を展開することができます。
ぜひ、本書を活用し、合格を勝ち取ってください。

2020年10月
ＴＡＣ公務員講座講師　山本　誠

※本書は、国家総合職（旧・国家Ⅰ種）を除く、行政職の各種公務員試験の出題論点のうち、95%以上を網羅しています。

本書の構成と効果的な使い方

「一問一答式」は論点（判例・条文等）の学習に最適のフォーマットです。学習時期、学習進度にあわせ、お使いください。

❶ 出題論点（判例・条文等）の95%以上をカバーしています

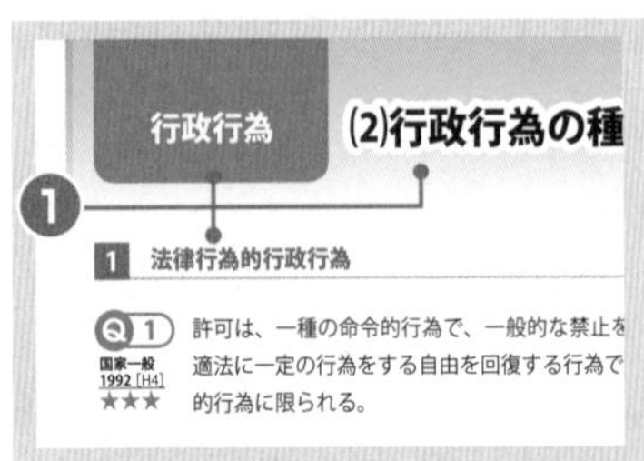

本書は、過去20年に出題された論点（判例・条文等）の95%以上を網羅しています。**必要な論点に対してはしっかり対策でき、必要ではない論点は載せていません。**また本書では、最新の過去問だけではなく、**比較的古い問題も掲載しています。**その理由は、近年の過去問題では、1つの選択肢の文字数が長くなる傾向があり、**古い問題の方が理解が進みやすいためです。**

❷ ★の多い問題からトライしてみましょう

1問ごとに、★の数によって「重要度」を表示しています。★★★の最重要度の問題から解いていくなど、学習の進捗度に応じてトライしてください。

1 羈束裁量と自由裁量の区別
❷
Q1
国家一般
2001 [H13]
★★★
行政庁の裁量行為は法規
二分されるところ、前者
脱又は濫用があった場合
が、後者については、行

出題年度表示

検索しやすいよう西暦・和暦を併記しています。

国家総合
1983 [S58]
★★

出題年度表示にアンダーラインが引いてある問題は、受験生の協力により再現された**復元問題**です（そのため、復元が不正確な問題もあります）。それ以外は、**試験元より公開された問題**※2を掲載しています。

> ★★★…出題率が高く、しかも理解が比較的容易な問題です。
>
> ★★……出題率は高いものの難易度が高い問題、あるいは、理解は比較的容易であるが、出題率が低い問題です。
>
> ★………全体的に出題率が低いもの、そして、難易度が著しく高い問題です。
>
> ★★★と★★の問題は**必ずカバー**してください。

③ 試験種※1にこだわらずマスターしましょう

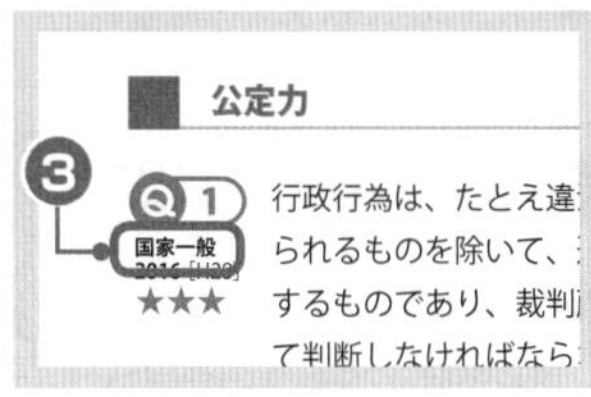

たとえば、1つの判例についてさまざまな試験種から出題されるケースがあります。その場合には、試験種を分散させた構成をとっています。論点（判例・条文等）習得のためには、**ご自分の受験する試験種にこだわらずチャレンジ**してください！

④ 解説はまず結論から

●解答は、赤チェックシートで素早く確認。また解説は、**解答が×の場合は**どこが間違っているのかをまず提示しています。

●「ですます調」でわかりやすく解説しています。

●解説中の**キーワードならびに判旨の重要ポイント等**については、赤ゴチックで表示しています。

●ワンポイントでは、関連知識をまとめています。

A31 ×
「利益状態を同じくする類似の事例につき法律に補償の規定があっても、その類推適用により補償を求めることはできないとした。」の部分が誤りです。行政行為の撤回による損失について、法律に補償の規定がない場合には、利益状態を同じくする類似の事例につき法律に補償の規定があれば、その類推適用により補償を求めることはできます（最判昭49・2・5）。

A32 ○
都有行政財産たる土地につき使用許可によって与えられた使用権が、期間の定めのない場合、当該使用権は当該行政財産本来の用途または目的上の必要を生じたときに原則として消滅します。また、使用権者は、撤回による土地使用権喪失について補償を請求することはできません（最判昭49・2・5）。

A33 ○
授益的行政行為の撤回の際には、行政手続法により聴聞手続を執ることが定められています（行政手続法13条1号イ）。

A34 ×
「争訟の裁断行為のように不可変更力を備えている場合であっても、自由に撤回することができる。」の部分が誤りです。不可変更力を備えている裁決には不可変更力があるので、撤回することはできません。

ワンポイント
不可変更力が認められる行政行為は、審査請求に基づく裁決、再調査請求に基づく決定、職権による取消し、撤回です。

※図はいずれも頁サンプル図です。

※1　本書が掲載しているのは、次の試験種です。

国家総合…国家総合職（旧国家Ⅰ種を含む）*
国家一般…国家一般職（旧国家Ⅱ種を含む）
国家専門…国税専門官、財務専門官、労働基準監督官
裁判所…裁判所職員総合職・一般職（旧裁判所事務官Ⅰ種・Ⅱ種を含む）
特別区Ⅰ類…特別区

なお、地方上級試験（県庁、政令指定都市等）の問題は非公開のため、本書には掲載しておりません。（*国家総合職につきましては、出題論点の95%以上をカバーできているわけではありません。）

※2　本試験が公開された試験年度は次の通りです。

・**国家総合職、国家一般職試験および国家専門職試験（国税専門官／労働基準監督官／財務専門官試験）**
…平成10年度試験より（労働基準監督官は平成15年度以降、財務専門官は平成24年以降）

・**裁判所職員総合職／一般職試験および特別区Ⅰ類試験**　…平成14年度試験より

「行政法」を学習する上での注意点

■行政作用法の分野

☑ 行政作用法とは、行政機関が私人との関係で法律関係を形成、変更、消滅させるための法をいいます。これは具体的な法律の名前ではなく、総称です。

この分野においては、判例、条文、基本事項（定義含）、通説とさまざまな出題形式で問われます。具体的には、

① 行政立法 ⇒ 判例、基本事項（定義含）
② 行政行為 ⇒ 判例、条文、基本事項（定義含）、通説
③ 行政手続法 ⇒ 判例、条文
④ 行政上の実効性確保の手段 ⇒ 判例、条文、基本事項（定義含）、通説
⑤ 行政指導 ⇒ 判例、条文
⑥ 行政契約 ⇒ 判例、基本事項（定義含）
⑦ 行政計画 ⇒ 判例、基本事項（定義含）

と出題形式は多岐に分かれます。

■行政救済法の分野

☑ 行政救済法とは、行政組織等によって私人の権利が違法か適法かを問わず侵害された場合に、その権利を救済するための法をいいます。これも具体的な法律の名前ではなく、総称です。この分野においては、条文、判例の出題形式がほとんどです。

具体的には、

① 国家賠償法 ⇒ 判例
② 損失補償 ⇒ 判例
③ 行政不服審査法 ⇒ 条文
④ 行政事件訴訟法 ⇒ 判例、条文

となっています。

行政救済法の分野は、近年出題率が非常に高くなっている分野です。

■その他の分野

☑ その他の分野の出題形式は、

① **行政機関保有情報公開法** ⇒ 条文、基本事項（定義含）

② **地方自治法** ⇒ 条文、基本事項（定義含）

③ **行政上の法律関係等** ⇒ 判例

となっています。

■まとめとして

☑ 判例中心に問われる分野は、判例の判旨が長いものが多く、すなわち選択肢が長くなりますので、心して学習に臨みましょう。

条文中心に問われる分野について、条文を学習する際、“判例を理解する”こととは異なり、「**覚える**」という作業が無味乾燥なものと避けてしまいがちですので、注意しましょう。しかし、この**条文が出題される分野**でこそ、本書の過去問演習がより一層効果を発揮するはずです。

Contents

行政作用法

行政救済法

その他（行政機関保有情報公開法等、地方自治法、行政上の法律関係等）

行政作用法

行政立法

1 行政規則

Q 1
特別区
2005［H17］
★★★

行政規則は、行政機関が定立する一般的な定めで、法規たる性質を有しないものをいう。

Q 2
国家一般
1991［H3］
★★★

行政規則は行政機関の定立する定めで外部的効果を有しないから、直接国民を拘束するものではないが、裁判規範として裁判所を拘束する。

Q 3
国家一般
1994［H6］
★★

告示は、行政機関がその意思や事実を広く一般に公示する方式であり、一般処分の性質を有するものと実質的に法の内容を補充するものとがあるが、いずれについても法規たる性質を認めることはできない。

Q 4
国家専門
1986［S61］
★★

告示は、行政機関の所掌事務について公示を必要とする場合に発せられるものであって、一般的には法規的意味をもたない。

A1 ○

「行政規則」とは、行政機関が定める法規の性質を有しない、行政組織内部を規律する法規範です。わかりやすくいうと、国民の権利・義務に直接影響を及ぼさないものです。

ワンポイント

行政規則の種類としては、補助金を交付する際に制定される給付規則、行政指導指針としての建築指導要綱などがあり、内規、要綱、通達等の形式で定めることができます。

A2 ×

「裁判規範として裁判所を拘束する。」の部分が誤りです。行政規則は行政機関の定立する定めで外部的効果を有しないから、直接国民を拘束するものではなく、裁判規範として裁判所を拘束しません。

ワンポイント

行政規則は行政組織の内部において効力を生じるものですから、行政規則は法律の根拠（授権）なくして自由に定立することができます。また、裁判所の司法審査の対象ともなりません。

A3 ×

「告示は、……実質的に法の内容を補充するもの……があるが、いずれについても法規たる性質を認めることはできない。」の部分が誤りです。**実質的に法規命令を補充する性格をもつ行政規則**として、**学習指導要領の告示**があります。この**告示には、法規としての性質が認められています**（最判平2・1・18）[伝習館高校事件]。

A4 ×

「告示は、行政機関の所掌事務について公示を必要とする場合に発せられるものであって、」の部分が誤りです。**告示は行政規則**なので、行政機関の所掌事務について**公示を必要としません**。

Q5
国家専門
2002［H14］
★★★

通達は、行政機関相互の間で効力を持つにすぎず、国民を直接拘束するものではないが、違法な通達が発せられ、それによって国民に不利益が及んだ場合には、国民は、通達そのものを対象として訴訟を提起し、その取消しを求めることができるとするのが判例である。

Q6
国家総合
1999［H11］
★★★

法令の解釈等の国民の権利義務に重大な関係を有する事項を内容とする通達に対しては、国民はその違法を主張して直接取消訴訟を提起することが認められるとするのが判例である。

Q7
国家専門
2016［H28］
★★★

通達を機縁として課税処分が行われたとしても、通達の内容が法の正しい解釈に合致するものである以上、当該課税処分は、法の根拠に基づく処分と解され、租税法律主義に反しないとするのが判例である。

Q8
国家総合
2011［H23］
★★★

旧物品税法の運用上、従来非課税とされていたパチンコ球遊器について、課税処分が通達を機縁としてされた場合であっても、当該通達の内容が法の正しい解釈に合致するときは、当該課税処分は法の根拠に基づくものと解することができるとするのが判例である。

Q9
国家一般
1998［H10］
★★★

通達が示す法律の解釈に従って行われた行政行為に関し、その適法性が裁判で争われる場合には、通達それ自体は適法・違法の判断の基準とならず、当該法律自体についての裁判所の解釈がその基準となるとするのが判例である。

Q10
国家一般
1998［H10］
★

行政庁に自由裁量行為を行う権限が認められている場合において、裁量判断の基準が通達で定められているときは、この基準に反して行われた行政行為は、平等原則に反するものとして当然に違法となるとするのが判例である。

A5 ×
「国民は、通達そのものを対象として訴訟を提起し、その取消しを求めることができるとするのが判例である。」の部分が誤りです。**通達**は、**司法審査の対象となりません**（最判昭 43・12・24）［墓地埋葬通達事件］。

A6 ×
「国民はその違法を主張して直接取消訴訟を提起することが認められるとするのが判例である。」の部分が誤りです。前問の解説 A5 を参照してください（最判昭 43・12・24）［墓地埋葬通達事件］。

A7 ○
行政庁が法律を事実上適用しない状態が長年続いた後に、**通達を機縁として法律を適用**することは、通達の内容が法の正しい解釈に合致するものであれば**許されます**（最判昭 33•3•28）［パチンコ球遊器事件］。

A8 ○
旧物品税法 1 条 1 項が課税対象物品の 1 つとしての「遊戯具」にパチンコ球遊器が含まれるか否か明記せず、後に通達で球遊器が含まれるとした場合でも、**この通達は法の根拠に基づいている**と解されています（最判昭 33・3・28）［パチンコ球遊器事件］。

A9 ○
裁判所は、**法令の解釈適用**にあたって、通達に示された法令の解釈と異なる**独自の解釈**をすることができます（最判昭 43・12・24）［墓地埋葬通達事件］。

A10 ×
「この基準に反して行われた行政行為は、平等原則に反するものとして当然に違法となるとするのが判例である。」の部分が誤りです。行政庁に自由裁量行為を行う権限が認められている場合に、**裁量判断の基準**が**通達で定められている**ときは、**この基準に反して行われた行政行為（行政処分）**は、**平等原則に反し当然に違法となるわけではありません**（最大判昭 53・10・4）［マクリーン事件］。

ワンポイント
行政処分の場合と同じように、行政規則である通達を定める場合にも、行政庁には、自由裁量行為を行う権限が認められています。

Q 11 国家総合 1999［H11］★

行政庁がその裁量に基づいて許認可を行うに当たり、当該許認可を規定する法律の根拠なく通達で内部的な審査基準を設定することは、侵害留保の原則に照らして許されないとするのが判例である。

2 法規命令

総説

Q 12 国家専門 1983［S58］★★

法規命令が有効に成立するためには、その主体、内容、手続きおよび形式のすべての点について法の定める要件に適合することが必要であり、さらにこれを外部に表示することが必要である。

Q 13 国家専門 1986［S61］★★

内閣府令は、総理府の長たる内閣総理大臣が制定するが、省令は、各大臣によって制定されるものであるから、省令の形式的効力は内閣府令に劣る。

Q 14 特別区 2015［H27］★★

法規命令は、国民の権利義務に関係する一般的な法規範であり、内閣の制定する政令や各省大臣の発する省令はこれに当たるが、各省の外局に置かれる各行政委員会の制定する規則は当たらない。

Q 15 国家専門 1994［H6］★★

会計検査院規則や人事院規則は、国家行政組織法の適用外にある独立機関が定めるものであるから、法規命令には該当しない。

×

行政庁がその裁量に基づいて許認可を行うにあたり、当該許認可を規定する法律の根拠なく**通達で内部的な審査基準を設定することは、侵害留保の原則（法律留保の原則）に反するわけではなく、許されます**（最判平4・10・29）［伊方原発訴訟］。

○

本選択肢の通りです（通説）。「**法規命令**」とは、行政機関が定める**国民一般の権利義務に関する法規範**をいいます。国民一般の権利義務にかかわる点で行政規則と異なります。

×

「省令の形式的効力は内閣府令に劣る。」の部分が誤りです。内閣府令は、内閣府の長たる内閣総理大臣が制定し、省令は、各大臣によって制定されるもので、**省令の形式的効力は内閣府令と同じです**。

ワンポイント

国の法規命令（外局を除く）には、政令（内閣ー憲法73条6号、内閣法11条）、内閣府令・省令（内閣総理大臣ー内閣府設置法7条3項、各主任の大臣ー国家行政組織法12条1項）があります。

A14
×

「各省の外局に置かれる各行政委員会の制定する規則は当たらない。」の部分が誤りです。国の法規命令（外局）には、外局規則（各外局の長等ー内閣府設置法58条4項、国家行政組織法13条1項、独禁法76条、警察法12条）、独立機関の規則（会計検査院、人事院ー会計検査院法38条、国家公務員法16条1項）等があります。

×

選択肢全体が誤りです。前問の解説A14を参照してください。なお、地方公共団体の法規命令には、条例のほか、規則（長、各委員会の規則等）があります。

Q16 法規命令の効力は、その定められた終期が到来したときに消滅し、既存の命令と同位の命令でこれと抵触する内容の命令が発せられても既存の命令の効力が消滅することは一切ない。

特別区
2003［H15］
★★

執行命令

Q17 法規命令には、委任命令と執行命令があり、委任命令は法律の一般的授権に基づいて制定できるが、執行命令の制定には個別的な授権がなければならない。

特別区
2007［H19］
★★★

委任命令

Q18 法規命令のうち委任命令は、法律の委任に基づき、上級法令によってすでに創設された国民の権利及び義務を詳細に説明する命令である。

特別区
2007［H19］
★★★

Q19 法規命令のうち委任命令には、法律による具体的、個別的な委任があっても、罪刑法定主義の原則に反するため、罰則を設けることはできない。

特別区
2005［H17］
★★★

Q20 現行憲法下では、法規命令のほか、行政権が法律に基づくことなく、独自の立場で国民の権利義務に関する一般的な定めを創設する独立命令が認められている。

特別区
2003［H15］
★★★

A16 ×

「既存の命令の効力が消滅することは一切ない。」の部分が誤りです。法規命令は、既存の命令と同位の命令でこれと抵触する内容の命令が発せられた場合には、既存の命令の効力は消滅します（通説）。

A17 ×

「委任命令は法律の一般的授権に基づいて制定できるが、執行命令の制定には個別的な授権がなければならない。」の部分が誤りです。**執行命令**とは、**権利・義務関係の内容の実現のための手続に関する法規命令をいいます**。**執行命令**は、法規命令である以上、法律の授権を必要としますが、委任命令のように権利・義務の内容を新たに定立するのではないので、**法律の一般的授権で足ります**（国家行政組織法 12 条 1 項参照）。

A18 ×

「上級法令によってすでに創設された国民の権利及び義務を詳細に説明する命令である。」の部分が誤りです。本選択肢は、「委任命令」ではなく「執行命令」の説明です。「**委任命令**」とは、**法律の委任**により、**国民の権利・義務の内容それ自体を定める法規命令**をいいます。

A19 ×

「個別的な委任があっても、罪刑法定主義の原則に反するため、罰則を設けることはできない。」の部分が誤りです。**法律**で**個別・具体的委任**があれば、**委任命令で罰則を定めることができます**（最大判昭 27・12・24）（憲法 73 条 6 号但書参照）。

A20 ×

「現行憲法下では、……行政権が法律に基づくことなく、独自の立場で国民の権利義務に関する一般的な定めを創設する独立命令が認められている。」の部分が誤りです。現行憲法の下では、大日本帝国憲法下での独立命令、緊急命令は認められていません。

Q21 国家専門 2016［H28］★★★

明治憲法においては、議会と関わりなく天皇が自ら規範を定立することができたが、現行憲法においては、国会が「国の唯一の立法機関」とされているため、国会と無関係に行政機関が法規命令を制定することはできない。

Q22 特別区 2013［H25］★★

法規命令は、一旦、有効に成立した以上、根拠法とは独立の存在を有するので、根拠法が廃止されても、失効することは一切ない。

Q23 国家総合 2014［H26］★★

訓令、通達、告示、指導要綱などは、行政機関の定立する定めのうち、国民の権利・義務に直接関係しない行政規則を定める際に用いられる形式であって、これらの形式をとるものは法規としての性質を持つことはない。

委任の方法

Q24 国家総合 2009［H21］★★

国家公務員法に基づき一般職の国家公務員の政治的行為の制限を定めた人事院規則は、一般職の国家公務員の職責に照らして必要と認められる政治的行為の制限を規定したものであり、当該規則には同法の規定によって委任された範囲を逸脱した点は認められないとするのが判例である。

Q25 特別区 2015［H27］★★★

法規命令のうち委任命令の制定についての法律の委任は、法律の法規創造力を失わせるような白紙委任が禁じられるが、一般的で包括的な委任は認められる。

A21 ○
「国会中心立法の原則」との関係から、国会と無関係に行政機関が法規命令を制定することはできません。

A22 ×
選択肢全体が誤りです。委任立法は、根拠となる法令と一体的に効力を発揮するものですから、根拠となる法令の失効に伴い効力を失います。

A23 ×
「……告示などは、行政機関の定立する定めのうち、国民の権利・義務に直接関係しない行政規則を定める際に用いられる形式であって、これらの形式をとるものは法規としての性質を持つことはない。」の部分が誤りです。**学習指導要領の告示には法規としての性質が認められます**（最判平2・1・18）［伝習館高校事件］。

A24 ○
法律が法規命令に白紙委任することは違憲です。**法律による委任**は**個別具体的な委任**でなければなりません。人事院規則14-7は国家公務員法102条1項に基づき、一般職に属する国家公務員の職責に照らして必要と認められる政治的行為の制限を規定したものです。したがって、委任の範囲を逸脱したものではありません（最判昭33・5・1）。この**判例**は、**国家公務員法による人事院規則への委任**は、**白紙委任とは考えていません**。

A25 ×
「一般的で包括的な委任は認められる。」の部分が誤りです。一般的で包括的な委任は、白紙委任です。前問の解説A24を参照してください（最判昭33・5・1）。

Q26 国家総合 2000［H12］ ★★★

国家公務員法第102条第1項は、職員が、選挙権の行使を除いて政治的行為を行うことを禁止し、この禁止に違反した者について罰則を定めているが、この禁止する政治的行為の具体的内容について何ら具体的基準を示すことなく全面的に人事院規則の定めにゆだねていることから、委任立法の限界を超え、憲法第31条に違反する。

Q27 国家総合 2015［H27］ ★★

法規創造力は本来法律のみに認められるものであるため、法律の委任に基づき法規命令を制定するに当たっては、白紙委任や白紙に近い形での再委任は原則として認められておらず、国家公務員に対して禁止される政治的行為の内容を人事院規則に委任した国家公務員法の規定については、憲法第41条に照らし違憲であるとするのが判例である。

Q28 国家総合 1984［S59］ ★★★

法律により政令に委任された事項を府令や省令等に再委任することは法律による権限分配を乱すものであって、法律の明文の規定のないかぎり、許されないとするのが判例である。

●──委任命令の内容

Q29 特別区 2020［R2］ ★★★

銃砲刀剣類登録規則が、銃砲刀剣類所持等取締法の登録の対象となる刀剣類の鑑定基準として、美術品としての文化財的価値を有する日本刀に限る旨を定め、この基準に合致するもののみを登録の対象にすべきものとしたことは、同法の趣旨に沿う合理性を有する鑑定基準を定めたものではないから、同法の委任の趣旨を逸脱する無効のものである。

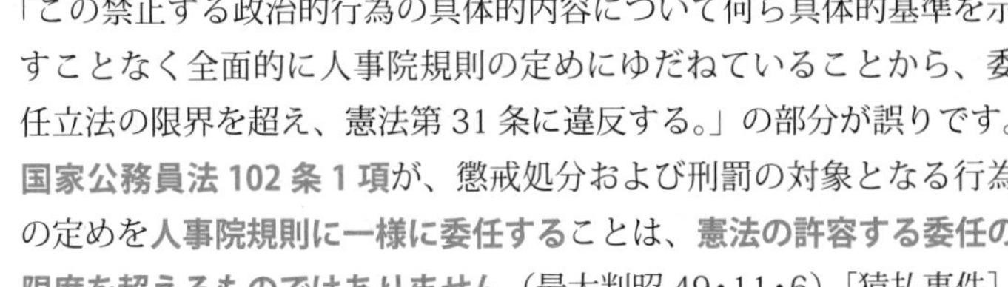

A26 ×

「この禁止する政治的行為の具体的内容について何ら具体的基準を示すことなく全面的に人事院規則の定めにゆだねていることから、委任立法の限界を超え、憲法第 31 条に違反する。」の部分が誤りです。**国家公務員法 102 条 1 項**が、懲戒処分および刑罰の対象となる行為の定めを**人事院規則に一様に委任することは、憲法の許容する委任の限度を超えるものではありません**（最大判昭 49・11・6）［猿払事件］。

A27 ×

「国家公務員に対して禁止される政治的行為の内容を人事院規則に委任した国家公務員法の規定については、憲法第 41 条に照らし違憲であるとするのが判例である。」の部分が誤りです。国家公務員に対して禁止される政治的行為の内容を人事院規則に委任した国家公務員法の規定は、憲法 41 条に照らし違憲となりません（最大判昭 49・11・6）［猿払事件］。

A28 ×

選択肢全体が誤りです。**法律により命令に委任された事項を規則に再委任することは、法律の明文規定がなくても許されます**（最大判昭 33・7・9）。

A29 ×

「同法の趣旨に沿う合理性を有する鑑定基準を定めたものではないから、同法の委任の趣旨を逸脱する無効のものである。」の部分が誤りです。**銃砲刀剣類所持等取締法は、所持禁止の刀剣類から除外対象とするものを日本刀に限るか否か明らかにしていない場合に、旧文部省規則で日本刀に限ると規定しても、法の委任の趣旨を逸脱せず、無効とはいえません**（最判平 2・2・1）。

Q30 国家専門 2002［H14］★★★

拘置所に勾留されている者に対して、行政限りで定める命令によって一律に幼年者との接見を禁止したとしても、このような制限は、幼年者の心情の保護という合理的な理由がある場合には、被勾留者の一般市民としての自由の保障よりも優先されるべきであるから、当該命令は有効であるとするのが判例である。

Q31 特別区 2020［R2］★★★

児童扶養手当法の委任に基づき児童扶養手当の支給対象児童を定める同法施行令が、母が婚姻（婚姻の届出をしていないが事実上婚姻関係と同様の事情にある場合を含む。）によらないで懐胎した児童から、父から認知された児童を除外したことは、同法の委任の範囲を逸脱しない適法な規定として有効である。

Q32 特別区 2020［R2］★★★

医薬品ネット販売の権利確認等請求事件において、薬事法施行規則の各規定が、一般用医薬品のうち第一類医薬品及び第二類医薬品につき、店舗販売業者による店舗以外の場所にいる者に対する郵便その他の方法による販売又は授与を一律に禁止することとなる限度で、薬事法の委任の範囲を逸脱した違法なものではなく有効である。

Q33 特別区 2020［R2］★★★

町議会議員に係る解職請求者署名簿に関する事件において、地方自治法施行令の各規定は、地方自治法に基づき公職選挙法を議員の解職請求代表者の資格について準用し、公務員について解職請求代表者となることを禁止しているが、これは、地方自治法に基づく政令の定めとして許される範囲を超えたものであって、その資格制限が請求手続にまで及ぼされる限りで無効であるとした。

A30 ×

「このような制限は、幼年者の心情の保護という合理的な理由がある場合には、被勾留者の一般市民としての自由の保障よりも優先されるべきであるから、当該命令は有効であるとするのが判例である。」の部分が誤りです。**刑事訴訟法**は、**被勾留者との接見の自由を保障**し、監獄法は、接見の内容を命令に委任したところ、**監獄法施行規則が被勾留者と幼年者との接見を原則として禁止することは、監獄法の委任の範囲を超え無効です**（最判平3・7・9）。

ワンポイント

法律の委任を受けて制定された命令（委任命令）が、委任をした法律に抵触する（委任の範囲を逸脱すること）と違憲ではなく、違法となり無効となります。

A31 ×

「同法の委任の範囲を逸脱しない適法な規定として有効である。」の部分が誤りです。**父から認知された婚姻外懐胎児童を児童扶養手当の支給対象となる児童の範囲から除外した本件括弧書（旧児童扶養手当法施行令1条の2第3号）**は、**法の委任の範囲を逸脱した違法な規定として、無効となります**（最判平14・2・22）

A32 ×

「薬事法の委任の範囲を逸脱した違法なものではなく有効である。」の部分が誤りです。**厚生労働大臣が制定した新薬事法施行規則の各規定**が、一般用医薬品のうち第一類医薬品及び第二類医薬品につき、**店舗販売業者による店舗以外の場所にいる者に対する郵便その他の方法による販売又は授与を一律に禁止する**ことは、**新薬事法の委任の範囲を逸脱し違法なものとして無効となります**（最判平25・1・11）。

A33 ○

地方自治法85条1項は、専ら解職の投票に関する規定であって、これに基づき政令で定めることができるのは、その範囲に限られるものであり、**法規命令にあたる政令で解職の請求についてまで規定する**ことを、**地方自治法85条1項**は、**許容していません**（最大判平21・11・18）。したがって、**解職の請求についてまで政令で規定すること**は、**地方自治法85条1項に抵触し無効**となります。

●—法規命令の効力発生時期

Q34
国家総合
1993［H5］
★★

法律は、その重要性のため官報により一般国民が知りうべき状態に置かれたときに公布されたものと考えられるが、一般に命令については、その対象が限定され、また行政による機動的な運用の必要があるため、必ずしも公布しなくても効力が発生する。

Q35
国家一般
1994［H6］
★★

憲法上、政令は公布を要することとされ、一般希望者がいずれかの官報販売所または印刷局官報課において当該政令を掲載した官報を閲覧または購読しようとすればできた最初の時点で公布があったものと解すべきであるとするのが判例である。

×

「一般に命令については、その対象が限定され、また行政による機動的な運用の必要があるため、必ずしも公布しなくても効力が発生する。」の部分が誤りです。**法規命令**は、**外部に公示されること及び施行期日が到来**することによって**その効力を生じます**。そして、法令は**予定された施行期日からその効力を発します**（最大判昭 32・12・28）。

A35
○

法令の公布があったとすべき具体的時点は、**法令を掲載した官報**ないし**公報**がいずれかの**販売所**（官報販売所または印刷局官報課等）**に到着**し、**一般希望者が閲覧ないし購読できる状態になった最初の時点**です（最判昭 33・10・15）。

(1)行政行為の意義

Q 1
国家一般
1999［H11］
★★★

行政庁の行う行為であれば、特定の国民の権利義務を決定するという法的効果を伴わなくても、行政行為といえる。

Q 2
国家一般
1991［H3］
★★★

行政行為は行政庁のなす行為で法的効果を伴うものであるから、国民と行政庁が協議し両者の合意によって権利・義務について取り決める公法上の契約も含まれる。

Q 3
国家専門
1998［H10］
★★★

行政行為の効力は、相手方が現実にこれを了知し、または了知することができる状態に置かれたときに発生するが、不特定多数の者を相手方とする行政行為の場合や相手方の住所・居所が不明である場合には、公示によって効力を発生させることができる。

Q 4
国家一般
2016［H28］
★★★

書面によって表示された行政行為は書面の作成によって成立し、当該行政行為が、行政機関の内部的意思決定と相違していても、正当の権限ある者によってなされたものである限り、当該書面に表示されたとおりの行政行為があったものと認められる。

A 1 ×

選択肢全体が誤りです。「行政行為」とは、行政の活動の中で、**行政庁が主体**となって、**法律に基づき、一方的な意思表示**（単独行為）に基づいて、私人の権利義務に関わる法的地位に、**直接法的効果をもたらす権力的行為形式**のものをいいます。

ワンポイント

行政行為は、法律に基づく必要があります。また、行政機関への不服申し立てや裁判所への取消訴訟等の提起は可能です。なぜなら、行政行為は、私人に対して一方的に権利義務を決定づける単独行為なので、私人に不利益を与える危険性が高いためです。

A 2 ×

「行政行為は……、**国民と行政庁が協議し両者の合意**によって権利・義務について取り決める**公法上の契約**も含まれる。」の部分が誤りです。通達や職務命令、行政指導だけでなく、**行政契約も、行政行為にあたりません。**

A 3 ○

行政行為の効力発生時期は、**相手方に到達した時**（**相手方が現実に了知し、また相手方の了知しうべき状態におかれた時**）です（最判昭29・8・24）。そして、道路の公用開始および道路通行の禁止等、**不特定多数人を対象とする行政行為**は、**公報等にかかげ公示されたときに効力を発生する**ものと解されています。

A 4 ○

書面によって表示された行政行為が、行政庁の真意と一致しなくても、**行政行為の内容が客観的に法律に適合**していれば、**その効力は生じます**（最判昭29・9・28）。なお、行政行為が行政行為として有効に成立したといえるためには、行政庁の内部において**意思決定が何らかの形式で外部に表示される必要**があります（最判昭29・9・28）。

ワンポイント

行政行為は、必ずしも書面を要件としない不要式行為です。ただし、行政行為が書面によることを要件としている場合に、書面によらずにした行政行為は、原則、無効です。

(2)行政行為の種類

1 法律行為的行政行為

Q1
国家一般
1992〔H4〕
★★★

許可は、一種の命令的行為で、一般的な禁止を特定の場合に解除し、適法に一定の行為をする自由を回復する行為であり、その対象は事実的行為に限られる。

Q2
特別区
2008〔H20〕
★★★

下命とは、一定の不作為を命じる行為又は作為義務を特定の場合に解除する行為で、例として営業停止や納税免除があり、行政庁が特定の権利、能力を賦与又ははく奪する形成的行為である。

「許可は、……その対象は事実的行為に限られる。」の部分が誤りです。命令的行為の対象は、事実的行為に限られません。

「法律行為的行政行為」とは、行政庁の意思表示を内容とする行政行為です。したがって、意思表示を内容とする以上、行政庁に一定の裁量が認められます。そして、法律行為的行政行為の中の命令的行為とは、個人の自由に制限を課し、一定の作為又は不作為を命じたり、あるいはその義務を解除したりする行為のことをいいます。命令的行為に違反した場合、その義務の性質により、行政上の強制執行の行使ないし行政罰が科されます。

「下命とは、一定の不作為を命じる行為又は作為義務を特定の場合に解除する行為で、例として営業停止や納税免除があり」の部分が誤りです。この選択肢は、「免除」の定義です。「**下命**」とは、私人の自由な行動に対し、**一定の行為をする義務（作為義務）を課す行為**をいいます。いわゆる不利益処分です。また、後半部分は、「剥権」（権利を剥奪する）の意味なので、「行政庁が特定の権利、能力を賦与又ははく奪する形成的行為である。」の部分も誤りです。

なお、下命の具体例には、違法建築の除却命令（代替的作為義務）、租税の賦課処分（金銭債務）、性病患者への治療命令（非代替的作為義務）等があります。

ワンポイント

「禁止」とは、人の本来自由な行動に対し、一定の行為をしてはならない義務（不作為義務）を課す行為をいいます。禁止の具体例には、道路の通行禁止、営業の禁止、違法建築の使用禁止等があります。

Q 3

特別区
2012［H24］
★★★

許可とは、第三者の行為を補充してその法律上の効果を完成させる行為をいい、農地の権利移転の許可や建築協定の認可がこれにあたり、許可を受けないで行われた行為は、効力を生じない。

Q 4

特別区
2008［H20］
★★★

許可とは、国民が元来持っていない特定の権利や包括的な法律関係を設定する行為で、例として道路の占用許可や公有水面埋立ての免許があり、許可を要する法律行為が無許可で行われた場合は当然に無効である。

Q 5

特別区
2005［H17］
★★★

許可は、行政法令による一般的禁止を特定の場合に解除する行為であり、その例としては、電気事業やガス事業の許可、公有水面埋立の免許がある。

Q 6

国家一般
1992［H4］
★★★

許可を受けるべき行為を許可を受けないでした場合は、禁止違反として強制執行または処罰の対象となるのみならず、当該行為は原則として無効である。

Q 7

国家一般
1990［H2］
★★

許可とは、一般的禁止を特定の場合に解除する行為であり、許可の性質のいかんにかかわらず、許可された地位は譲渡・相続の対象となる。

Q 8

特別区
2005［H17］
★★

許可の法的効果は、相手方における一定の権利又は権利能力の発生であり、許可によって得られる利益は、反射的利益ではなく、法的に保護される。

A 3 ✕
選択肢全体が誤りです。本選択肢は、「許可」ではなく「認可」の定義です。また、具体例も「認可」のものです。**「許可」**とは、**人の自由な活動領域について、予め法令または行政行為によって課されている（不作為義務）状態（禁止）**を、**申請に基づき、その禁止を解除する行為をいいます。**許可の具体例としては、公衆浴場営業の許可、公安条例によるデモ行進の許可等があります。

A 4 ✕
選択肢全体が誤りです。本選択肢は、「許可」ではなく「特許」の定義です。また、具体例も「特許」のものです。**無許可で行われた法律行為**も、**法律行為それ自体は、有効と扱われます**（最判昭35・3・18）。

A 5 ✕
「その例としては、電気事業やガス事業の許可、公有水面埋立の免許がある。」の部分が誤りです。本選択肢の定義は「許可」のものですが、具体例は「特許」のものです。

A 6 ✕
「当該行為は原則として無効である。」の部分が誤りです。許可を受けるべき行為を許可を受けないでした場合は、禁止違反として強制執行または処罰の対象となります。ただし、**許可を受けるべき行為を許可を受けないでした行為**は、**原則として有効です**（最判昭35・3・18）。

A 7 ✕
「許可の性質のいかんにかかわらず、許可された地位は譲渡・相続の対象となる。」の部分が誤りです。許可は申請者に限って認められるものです。

A 8 ✕
「許可の法的効果は、相手方における一定の権利又は権利能力の発生であり、」の部分が誤りです。許可の効果は、すでに法令または行政行為によって課されている一般的禁止を、特定の場合に解除することです。

Q 9 国家総合 1990［H2］ ★★★

食品衛生法は、食肉販売業者に営業の許可を受けることを義務づけ、無許可営業について罰則規定を設けており、またその立法の趣旨からして単なる取締法規でなく強行法規であると解されるから、無許可営業による取引行為の私法上の効力は無効である。

Q 10 国家一般 1986［S61］ ★★★

許可を要する行為を許可を受けないでした場合には、当該行為は原則として無効である。

Q 11 国家総合 2007［H19］ ★★

食品衛生法の規定により必要とされる営業の許可を得ることなく食品の販売を行った場合、その売買契約は必ずしも無効とはいえない。しかし、有毒物質の混入している食品を売買した場合には、それによってその食品が一般大衆の購買のルートに乗り、その結果、公衆衛生を害するであろうことが明らかであれば、その売買契約は民法第 90 条の規定に反し無効と解すべきであるとするのが判例である。

Q 12 国家専門 1991［H3］ ★★★

免除とは、特定の場合に作為、給付、受忍の義務を解除する行為をいう。

Q 13 特別区 2012［H24］ ★★★

特許とは、人が本来有しない権利や権利能力等を特定人に付与する行為をいい、河川の占用許可、公益法人の設立の認可、公有水面埋立の免許がこれにあたる。

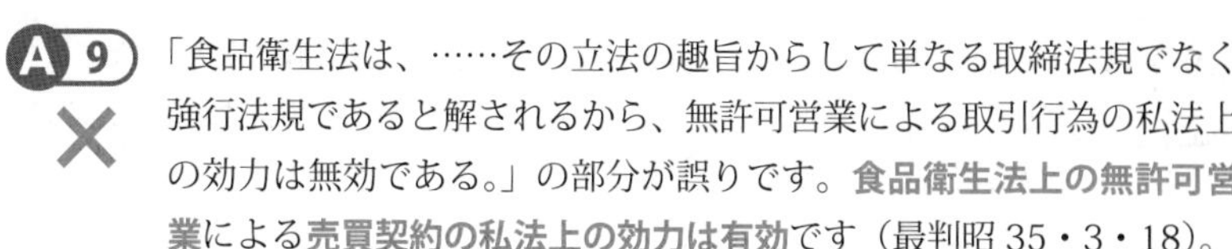

A 9 ×

「食品衛生法は、……その立法の趣旨からして単なる取締法規でなく強行法規であると解されるから、無許可営業による取引行為の私法上の効力は無効である。」の部分が誤りです。**食品衛生法上の無許可営業**による**売買契約の私法上の効力は有効**です（最判昭 35・3・18）。

A 10 ×

選択肢全体が誤りです。前問の解説 A9 を参照してください（最判昭 35・3・18）。

A 11 ○

有毒物質の混入している食品を売買した場合、それによってその食品が一般大衆の購買ルートに乗り、その結果、**公衆衛生を害することが明らかになれば**、**当該売買契約は民法 90 条の規定に反し無効**となります（最判昭 39・1・23）。

A 12 ○

「**免除**」とは、私人の自由な活動領域について、**予め法令または行政行為によって課されている作為義務状態を解除する行為**をいいます。免除の具体例には、納税の免除、児童の就学義務の免除等があります。

A 13 ○

「**特許**」とは、行政行為の直接の相手方に、**新たな権利・地位や包括的な法律関係を設定する行為**をいいます。特許の具体例には、公有水面埋立ての免許、公務員の任命、公企業（ガス・電気等）の許可、鉱業権設定の許可、道路又は河川の占用許可、公益法人の設立の許可等があります。

ワンポイント

「特許」と「認可」は、形成的行為に含まれます。「**形成的行為**」とは、**私人に新たな権利や能力を賦与し、あるいは奪う行為**をいいます。形成的行為に違反する法律行為は、原則として無効です。したがって、特許と認可に反する法律行為は、無効となります。

Q 14
特別区
2008［H20］
★★★

特許とは、法令による一般的禁止を特定の場合に解除する行為で、例として自動車運転免許や医師免許があり、行政庁が自由裁量により特許を拒むことは原則として許されない。

Q 15
特別区
2005［H17］
★★★

認可は、第三者の行為を補充してその法律上の効力を完成させる行為であり、その例としては、農地の権利移転の許可、河川占用権の譲渡の承認がある。

Q 16
特別区
2012［H24］
★★★

認可とは、すでに法令によって課されている一般的禁止を特定の場合に解除する行為をいい、自動車運転の免許や医師の免許がこれにあたるが、無認可の行為は、当然に無効になるわけではない。

Q 17
特別区
2005［H17］
★★★

認可を要する行為を認可なく行った場合は、違法となり、法令の定めるところにより行政上の強制執行が行われ、又、行政罰が科される。

Q 18
国家専門
1989［H1］
★★★

認可は、第三者の法律的行為の効力を補充し、これを完成させる行為にすぎないから、基本たる行為の不成立または無効なときは、それに対する認可によって基本たる行為が有効となることはない。

Q 19
特別区
2005［H17］
★★★

認可の対象となる行為は、私法上の法律行為に限られ、それ自体が公法上の法律行為は認可の対象とはならない。

A 14 ×
選択肢全体が誤りです。本選択肢は、「特許」ではなく「許可」の説明と具体例です。

ワンポイント
特許は、出願を前提としますが、出願の趣旨に反する特許は有効に成立しません。

A 15 ○
「認可」とは、**私人相互間で締結された契約等の法律行為を補充してその効果を完成させる行為**をいいます。「認可」の具体例には、農地の権利移動の許可、公共料金の認可、特許企業の運賃等の認可、土地改良区の設立の認可、河川の流水占用権の譲渡の承認等があります。

A 16 ×
選択肢全体が誤りです。本選択肢は「許可」についての定義ないし具体例です。法律上、認可を必要とするのに、無認可状態で行われた契約は効力を生じません。

A 17 ×
選択肢全体が誤りです。**認可を要する行為を認可なく行った場合は行政行為の効力が生じません**。行政上の強制執行が行われるわけではありません。行政罰の対象となるのは、認可ではなく、許可です。

A 18 ○
私法上の契約に瑕疵がある場合、行政庁による認可があっても、私法上当該契約が有効となることはありません。なぜなら、認可は私人の法律行為（私法上の契約）を補充し、これを完成させる行為にすぎないからです。

A 19 ×
選択肢全体が誤りです。認可の対象となる行為は、私法上の法律行為に限定されず、公法上の法律行為もその対象となります。

Q20 国家一般 1990［H2］★★

免除とは、行政行為によりいったん与えた権利ないし法律上の地位を奪う行為であり、たとえば公務員の罷免はこれに当たる。

2 準法律行為的行政行為

Q21 特別区 2012［H24］★★

公証とは、特定の事実または法律関係の存否について公の権威をもって判断する行為で、法律上、法律関係を確定する効果の認められるものをいい、当選人の決定や租税の更正・決定がこれにあたる。

Q22 国家専門 1981［S56］★★★

行政行為は準法律行為的行政行為と法律行為的行政行為に大別され、確認は前者に該当する。

Q23 特別区 2012［H24］★★

確認とは、特定の事実または法律関係の存在を公に証明する行為のことをいい、選挙人名簿への登録、不動産登記簿への登記、戸籍への記載がこれにあたる。

A20 ×

選択肢全体が誤りです。本選択肢は、「剥権」の定義ないし説明です。「**剥権**」とは、**特許や認可等によって付与された権利ないし法律上の地位を剥奪する行為**をいいます。剥権の具体例には、公務員の罷免、占用許可の取消し等があります。

ワンポイント

「**代理**」とは、**本来、第三者が行うべき行為を国、地方公共団体などの行政主体が代わって行い**、**当該第三者が自ら行った場合と同じ法律上の効果を発生させる行為**をいいます。代理の具体例には、当事者の協議が整わないときに行政庁が代わって行う土地収用裁決等であります。

A21 ×

選択肢全体が誤りです。本選択肢は、「公証」ではなく「確認」に関する定義ないし具体例です。「**公証**」とは、**特定の事実または法律関係の存否について公に証明する行為**をいいます。公証の具体例には、選挙人の名簿への登録、弁護士・建築士の登録、不動産登記簿への登記、戸籍への記載、証明書の交付等があります。

A22 ○

「確認」は、準法律行為的行政行為の中に含まれます。「**準法律行為的行政行為**」とは、**本来は事実行為**であるものに、**法律によって法的効果を付与する行政行為**です。ここでは、意思表示を内容としないので、行政庁には一切の裁量は認められません。

A23 ×

選択肢全体が誤りです。本選択肢は、「確認」ではなく「公証」に関する定義ないし具体例です。「**確認**」とは、**特定の事実又は法律関係の存在に関し争いがある場合**に、**その存否又は真否を確定する行為**をいいます。確認の具体例には、建築確認、所得税の更正・決定、恩給権の裁定、当選人の決定、市町村の境界の裁定等があります。

Q 24
特別区
2008［H20］
★★

確認とは、特定の事実又は法律関係の存在を公に証明する行為であり、例として証明書の交付や選挙人名簿への登録があり、法令の規定により決められた効果が生じるため、行政庁に裁量判断を認める余地はない。

Q 25
国家一般
1990［H2］
★★

公証とは、特定の事実または法律関係の存否を公に証明する行為であり、その法的効果はもっぱら法令によって定められ、行政庁の裁量の余地はない。

A24 ✕

「確認」とは、**特定の事実又は法律関係の存在を公に証明する行為**であり、例として証明書の交付や選挙人名簿への登録があり」の部分が誤りです。本選択肢は、「確認」ではなく「公証」に関する定義ないし具体例です。

A25 ○

「公証」とは、**特定の事実または法律関係の存否を公に証明する行為**であり、その法的効果はもっぱら法令によって定められ、行政庁の意思表示を内容としないので、**行政庁の裁量の余地はありません。**

ワンポイント

「**通知**」とは、**本来は事実行為**にすぎないものに、**法律が一定の法律効果を付与**することによって、**特定又は不特定多数人**に対し、**あることを知らせる行為**をいいます。通知の具体例には、代執行の戒告・通知、納税の督促、土地細目の公告等があります。

「**受理**」とは、**他人の行為を有効な行為として受領する行為**をいいます。受理の具体例には、不服申立ての受理があります。

⑶行政行為の効力

公定力

Q 1
国家一般
2016［H28］
★★★

行政行為は、たとえ違法であっても、当該行政行為が当然無効と認められるものを除いて、適法に取り消されない限り完全にその効力を有するものであり、裁判所も当該行政行為が有効であることを前提として判断しなければならない。

Q 2
特別区
2008［H20］
★★

取り消しうべき瑕疵を有する行政行為は、正当な権限のある行政庁又は裁判所が取り消して初めて効力を失うもので、取り消されるまでは、その行政行為の相手方や行政庁その他の国家機関はこれに拘束される。

Q 3
国家一般
2016［H28］
★★★

行政行為が違法であることを理由として国家賠償の請求をする場合、あらかじめ当該行政行為につき取消し又は無効確認の判決を得なければならない。

「行政行為は、たとえ違法であっても、……適法に取り消されない限り完全にその効力を有するものであり、」の部分が誤りです。「**公定力**」とは、**行政行為が仮に違法**であっても、**裁判所による取消判決**または**行政庁による争訟**ないし、**職権による取消し（撤回も含む）**があるまでは、**当該行為は一応有効**と扱われる効力をいいます。したがって、**公定力によって**、**違法な行政行為**は、一応有効と扱われるのであって、**適法性の推定を受けるわけではありません**。

本選択肢の通りです。当該行政行為が取り消されるまでは、その行政行為の相手方や行政庁その他の国家機関はこれに拘束されます。

ワンポイント

公定力が認められる根拠として、取消訴訟の排他的管轄が挙げられますが、この**取消訴訟の排他的管轄**とは、**行政行為の効力を行政事件訴訟により取り消す**ためには、**それ自体を争う取消訴訟**（行政事件訴訟法8条～35条）でなければならないことをいいます。行政事件訴訟法が、取消訴訟の訴訟形態へ導いているのは、無効確認訴訟等（行政事件訴訟法36条のみ）と異なり、**当該行政行為を一応有効と扱い**法律関係の安定化を図ろうとするものです。

ワンポイント

行政行為は取り消されるまでは有効である（公定力がある）という場合の取消しには、職権による取消しや行政上の不服申立てによる取消しも含まれます。

「あらかじめ当該行政行為につき取消し又は無効確認の判決を得なければならない。」の部分が誤りです。行政処分が違法であることを理由として**国家賠償を請求する**にあたっては、**あらかじめ行政処分の取消し**または**無効確認の判決を得ておく必要はありません**（最判昭36・4・21）。

Q 4
国家総合
1990［H2］
★

刑事裁判において、違法な行政行為によって命じられた業務違反に対する行政刑罰の科刑が争われる場合、行政行為には公定力があるため、当該行政行為の違法を理由に刑罰を免れることはありえないとするのが判例である。

Q 5
特別区
2010［H22］
★★★

行政行為の公定力は、違法な行政行為によって損害を被ったことを理由とする損害賠償請求訴訟には及ばないので、裁判所が判決で行政行為を違法として損害賠償を認めても、行政行為の効力は存続する。

Q 6
特別区
2010［H22］
★★★

行政行為の公定力又は行政行為に対する取消訴訟の排他的管轄制度には、違法性がいかに甚だしい場合でも、相手方が適法に取消訴訟を提起し取消判決を得ない限り、行政行為の事実上の通用に対して救済を求めることができない。

Q 7
特別区
2013［H25］
★★★

行政行為には公定力が認められ、瑕疵があっても正式に取り消されるまでは有効なものとして取り扱われるので、無効な行政行為であっても、無効確認訴訟においてその無効が確認されるまでは、有効なものとして取り扱われる。

×

「行政行為には公定力があるため、当該行政行為の違法を理由に刑罰を免れることはありえないとするのが判例である。」の部分が誤りです。刑事裁判において、違法な行政行為によって命じられた業務違反は、重大かつ明白な瑕疵があると考えられます。したがって、**当該行政行為には公定力がありません。また、行政刑罰を免れるか否かは行政行為の問題とは別次元の問題です**（最判昭 53・6・16 参照）。したがって、刑罰を免れることはありえないと言いきることはできません。

A 5 ○

裁判所が判決で行政行為を違法として損害賠償を認めても、行政行為の効力は存続します。なぜなら、行政行為の公定力は、違法な行政行為によって損害を被ったことを理由とする国家賠償請求訴訟には及ばないからです。

A 6 ×

「違法性がいかに甚だしい場合でも、相手方が適法に取消訴訟を提起し取消判決を得ない限り、行政行為の事実上の通用に対して救済を求めることができない。」の部分が誤りです。**重大かつ明白な瑕疵のある行政行為**については、**当該行政行為に公定力が認められない**以上、**取消訴訟の排他的管轄に服しません**。取消訴訟の排他的管轄に服するのは、取消しうべき瑕疵（軽微な瑕疵ないし通常の瑕疵）のある行政行為に限定されます。

A 7 ×

「無効な行政行為であっても、無効確認訴訟においてその無効が確認されるまでは、有効なものとして取り扱われる。」の部分が誤りです。**無効な行政行為**には、**公定力が及びません**。したがって、無効な行政行為は無効確認訴訟で無効を確認するまでもなく、無効なものとして扱われます。

Q 8
国家一般
1999［H11］
★★

自己所有の土地の上に他人が建築確認を得た場合には、建築確認の公定力によって自己の所有権が否定されるから、当該建築確認の取消訴訟を提起することが認められる。

不可争力

Q 9
特別区
2006［H18］
★★★

行政行為の取消しの訴えは、処分又は裁決があったことを知った日から３か月以内の出訴期間が過ぎないうちに提起しなければならず、これらの期間を経過したときは、行政行為の効力の有無を争うことはできない。

Q 10
特別区
2003［H15］
★★★

不当又は違法な行政行為であっても、不服申立期間や取消訴訟の出訴期間を過ぎると、私人の側からその効力を争うことはできず、行政庁が職権で当該行政行為を取り消すこともできなくなる。

Q 11
国家一般
1987［S62］
★★★

無効の行政行為について不服のある者は、直接裁判所に訴えてその効力を争うことができるが、その訴えの提起には一定期間の制限があり、その期間経過後においては、もはやこれを争うことはできない。

選択肢全体が誤りです。自己所有の土地の上に他人が建築確認を得た場合には、建築確認という行政行為にも公定力は認められます。しかし、これは公法上の法律関係の問題であって、これにより私法上の法律関係にかかわる所有権が否定されるわけではありません。したがって、**自己所有の土地の所有権を確保するために、当該建築確認の取消訴訟を提起することが認められるわけではありません。**

「知った日から3か月以内の出訴期間が過ぎないうちに提起しなければならず」の部分が誤りです。**「不可争力」**とは、**行政行為が行われてから一定の期間が経過**すると、**私人の側から行政行為の効力を争うことができない効力のこと**をいいます。取消訴訟は、原則として、処分があったことを**知った日から6箇月を経過すると**（行政事件訴訟法14条1項）、また、**審査請求**は、同じく**知った日の翌日から起算して、3箇月後**に（行政不服審査法18条1項）、**行政行為の効力を争うことができなくなります。**

「行政庁が職権で当該行政行為を取り消すこともできなくなる。」の部分が誤りです。**行政庁の側から出訴期間経過後、職権による行政行為の取消し（撤回を含む）をすることは妨げません。**なぜなら、不可争力は、私人の側から裁判上争うことのできない訴訟要件の問題だからです。

「無効の行政行為について不服のある者は、……その訴えの提起には一定期間の制限があり、その期間経過後においては、もはやこれを争うことはできない。」の部分が誤りです。**無効等確認訴訟**には、**出訴期間の制限（不可争力）はありません。**

Q12
国家専門
2011［H23］
★★

取消訴訟の排他的管轄に服することのない無効事由たる瑕疵を有する行政行為であっても、出訴期間等の訴訟要件を満たす場合は、これについての取消訴訟を提起することができる。

Q13
特別区
2008［H20］
★★

先行処分に瑕疵があり、先行処分と後行処分が相互に関連する場合は、それぞれが別個の目的を指向し、相互の間に手段目的の関係がないときであっても、先行処分の違法性は必ず後行処分に承継される。

Q14
国家専門
2006［H18］
★★

相互に関連する二つの処分がある場合、先行処分が違法であったときには、いかなる場合であってもその違法性が後行処分に承継されるから、先行処分の違法を理由に後行処分の取消しを求めることができる。

Q15
国家専門
2013［H25］
★★

条例所定の接道要件を満たしていない建築物について、同条例に基づく安全認定（注：建築物の周囲の空地の状況その他土地及び周囲の状況により知事が安全上支障がないと認める処分。これがあれば条例の接道要件に関する規定は適用しないとされている。）が行われた上で建築確認がされている場合、安全認定が取り消されていなくても、建築確認の取消訴訟において、安全認定の違法を主張することは許されるとするのが判例である。

A 12 ○

取消訴訟の排他的管轄に服することのない**無効事由たる瑕疵**（重大かつ明白な瑕疵）を有する行政行為であっても、**出訴期間等の訴訟要件を満たす場合**は、これについての**取消訴訟を提起**することができます。なぜなら、**無効な行政行為**は、**重大かつ明白な瑕疵があることを裁判所が認定**しなければ認められず、**取消訴訟における通常の瑕疵の認定よりも認定のハードルが高い**からです。

A 13 ×

「先行処分の違法性は必ず後行処分に承継される。」の部分が誤りです。**先行する行政行為が取消訴訟の排他的管轄に服する**以上、後続する行政行為の取消訴訟においては、先行する行政行為の違法の主張は原則として切断されます。なぜなら、**取消訴訟の出訴期間を定めた意味が失われる**ことになるからです。

A 14 ×

「いかなる場合であってもその違法性が後行処分に承継されるから、先行処分の違法を理由に後行処分の取消しを求めることができる。」の部分が誤りです。**先行行政行為と後行行政行為が連続した一連の手続を構成し、一定の法律効果の発生をめざしている場合、先行行政行為の違法を理由に後行行政行為の違法が認められる場合**があります（最判昭25・9・15）。

A 15 ○

条例所定の接道要件を満たしていない建築物について、同条例に基づく安全認定が行われたうえで建築確認がされている場合、**安全認定が取り消されていなくても**、**建築確認の取消訴訟**において、**安全認定の違法を主張することは許されます**（最判平21・12・17）。

自力執行力

Q16
国家一般
2008 [H20]
★★★

義務を課す行政行為には、行政目的の早期実現を図る観点から執行力が認められており、相手方が義務を履行しない場合には、行政行為についての法律の根拠とは別に執行力を基礎付ける法律の根拠がなくとも、行政庁自らの判断により、その義務を強制的に実現することができる。

行政庁は、行政行為によって命ぜられた義務を相手方が履行しない場合には、必ず裁判判決の債務名義によらなければ、義務者に対し強制執行を行い、義務の内容を実現することができない。

不可変更力

裁決庁が行う裁決は、実質的に見れば法律上の争訟を裁判するものであっても、行政機関がするのであるから、行政処分に属し、裁決庁は、当該裁決を不当又は違法なものであると認めるときは、自らこれを取り消すことができる。

行政不服審査法上の裁決のような行政行為は、その実質は法律上の争訟を裁判するものであるから、他の一般の行政行為と異なり、特別の規定がない限り裁決庁自ら取り消すことはできない。

A16 ×

「行政行為についての法律の根拠とは別に執行力を基礎付ける法律の根拠がなくとも、行政庁自らの判断により、その義務を強制的に実現することができる。」の部分が誤りです。「**自力執行力**」とは、行政行為によって課された義務を私人が履行しない場合に、**裁判所の裁判判決を得ることなく、行政行為の内容を行政庁が自力で実現しうる効力**のことをいいます。この**自力執行が行われる際**には、**行政行為の根拠規範とは別個の法律の根拠が必要**です。なぜなら、自力執行が行われることは、行政行為よりも私人の権利・利益を侵害する可能性が高いためです。

A17 ×

「必ず裁判判決の債務名義によらなければ、義務者に対し強制執行を行い、義務の内容を実現することができない。」の部分が誤りです。**行政庁**は、行政行為によって命ぜられた義務を相手方が履行しない場合には、**自力執行力を認める法律上の根拠があれば、裁判所を使う必要はありません。**

A18 ×

「裁決庁は、当該裁決を不当又は違法なものであると認めるときは、自らこれを取り消すことができる。」の部分が誤りです。「**不可変更力**」とは、**行政庁が下した判断を行政庁自ら覆すことのできない効力**をいいます。

A19 ○

不可変更力が認められている行政行為には、①**再調査請求に基づく決定**、②**審査請求に基づく裁決**（最判昭 29・1・21）、③**職権による取消し・撤回**があります。

国家専門
2000［H12］
★

裁決庁が一度行った裁決を自ら取り消し、新たに裁決をやり直した場合には、この新たな裁決は、不可変更力に反し違法であり、かつ、公定力を有することもないことから、裁決自体についての重大かつ明白な瑕疵を議論するまでもなく、当然無効となる。

「公定力を有することもないことから、裁決自体についての重大かつ明白な瑕疵を議論するまでもなく、当然無効となる。」の部分が誤りです。**審査庁がいったん行った裁決を取り消し新たに裁決を行った場合、原則として新たな裁決は違法**ですが、**その新たな裁決**は当然無効な場合を除き、適法に取り消されない限り**完全にその効力を有します**（最判昭 30・12・26）。つまり、**不可変更力よりも公定力が優先**するとする判例です。

⑷行政行為における裁量

1 羈束裁量と自由裁量の区別

Q 1
国家一般
2001［H13］
★★★

行政庁の裁量行為は法規（羈束）裁量行為と便宜（自由）裁量行為に二分されるところ、前者については、行政庁にその裁量権の範囲の逸脱又は濫用があった場合には当該行為は裁判所により取り消され得るが、後者については、行政庁の行う政策的判断を尊重するとの観点から司法審査権は及ばない。

Q 2
国家専門
1988［S63］
★★★

自由裁量行為は、法が行政の目的に照らして行政庁の専門的・技術的立場からする裁量を許容する趣旨で認めるものであり、裁量権を誤る行為は不当となるにすぎないが、裁量権の逸脱・濫用があった場合には、違法となるとするのが通説である。

2 羈束（法規）裁量と羈束行為

Q 3
国家一般
1986［S61］
★

農地に関する賃借権の設定移転につき、法律が小作権保護の必要上これに制限を加え、その効力を農地委員会の承認にかからせているのは個人の自由の制限ではあるが、法律が承認について客観的な基準を定めていない以上、承認するか否かは農地委員会の自由裁量に委ねられていると解すべきである。

「……便宜（自由）裁量行為に……、（後者）については、行政庁の行う政策的判断を尊重するとの観点から司法審査権は及ばない。」の部分が誤りです。**便宜（自由）裁量行為**については、**裁量権の範囲の逸脱又は濫用があった場合**には、**例外として、司法審査権が及びます**（行政事件訴訟法 30 条）。

A 2 ○

「**裁量行為**」（**行政裁量**）とは、立法者が法律の枠内で法律の規定が不明確であるため、**行政庁に独自の判断を加える余地を認める**行政行為のことをいいます。この場合は、**行政庁の裁量が認められる**ため、**裁判所は行政庁の判断を第 1 次的に尊重**し、裁量判断の内容上の当否を審査することは一応控えますが、**行政庁の判断に裁量権の踰越又は濫用が認められる場合**には、**司法審査を及ぼす**ことが可能になります。

「承認するか否かは農地委員会の自由裁量に委ねられていると解すべきである。」の部分が誤りです。農地に関する賃借権の設定移転についての市町村農地委員会の承認の有無は、自由裁量ではありません（最判昭 31・4・13）。この判例は、「羈束裁量」に関する判例です。

ワンポイント

「**羈束裁量**」とは、法律で許容されている裁量判断が**通常人（裁判官）の有する日常的な経験則に基づいて判断**できる場合には、**行政庁の裁量を限定すべき裁量**のことをいいます。したがって、この場合には**行政庁の裁量が法律に抵触**し、**裁判所による司法審査により、違法と認定**される傾向が強いです。
「**羈束行為**」とは、法律の規定が明確であれば、**行政庁の裁量を一切認めず**、法の機械的執行として行う行政行為をいいます。この場合には、**裁判所は自ら事実認定**をするなど、**行政庁の判断の適否を独自の立場で積極的に判定することが可能**です。

Q 4
国家一般
1986［S61］
★★

自動車運転手の交通取締法規違反の行為が、法条所定の運転免許取消しの事由に該当するか否かは、道路における危険防止の観点に照らし具体的事案ごとに判断を要するから、もっぱら公安委員会の自由裁量に委ねられるべきものである。

Q 5
特別区
2006［H18］
★★

公衆浴場営業許可の申請が競願関係にある場合には、行政庁は、先願者の申請が許可の要件を満たすものである限り、これに許可を与えなければならないが、申請に関する先願後願の関係は、権限を有する行政庁が申請の受付ないし受理した時を基準として定めるべきである。

Q 6
国家専門
2010［H22］
★★★

法令が毒物及び劇物の輸入業等の登録の許否を専ら設備に関する基準に適合するか否かにかからしめており、毒物及び劇物がどのような用途の製品に使われるかについては直接規制の対象としていない場合であっても、輸入しようとする劇物を使用した製品において、その用途によっては人体に対する危害が生ずる危険性が予測されるときは、当該危険性を理由に輸入業の登録を拒否することができる。

Q 7
特別区
2017［H29］
★★★

最高裁判所の判例では、道路法の規定に基づく車両制限令上の認定を数ヵ月留保したことが争われた事件について、道路管理者の認定は、基本的には裁量の余地のない確認的行為の性格を有することは明らかであるが、当該認定に当たって、具体的事案に応じ道路行政上比較衡量的判断を含む合理的な行政裁量を行使することが全く許容されないものと解するのは相当でないとした。

×

「もっぱら公安委員会の自由裁量に委ねられるべきものである。」の部分が誤りです。自動車運転手の道路交通法違反の行為が、同法所定の**運転免許取消しの事由に該当するか否かの判断**は、**原則として公安委員会の法規裁量（羈束裁量）**に属します（最判昭39・6・4）。

A 5

×

「申請の受付ないし受理した時を基準として定めるべきである。」の部分が誤りです。公衆浴場法に基づく営業許可申請において、**いずれも許可基準を満たす競願関係が生じた場合**、行政庁は、申請の受付ないし受理という行政庁の行為の前後によってこれを定めるべきではなく、**申請の前後により先願者に許可**を与えなければなりません（最判昭47・5・19）。

A 6

×

「その用途によっては人体に対する危害が生ずる危険性が予測されるときは、当該危険性を理由に輸入業の登録を拒否することができる。」の部分が誤りです。毒物及び劇物取締法が定める登録拒否事由に該当しないのに、**行政庁の裁量で登録を拒否することは許されません**（最判昭56・2・26）[ストロングライフ事件]。**この判例**は、**羈束行為ないし羈束裁量に関する判例**なので、行政庁には、「その用途によっては人体に対する危害が生ずる危険性が予測されるとき」という考える際の裁量を認めていません。

A 7

○

道路法および車両制限令に基づいて道路管理者が行う特殊な車両の認定については、原則として裁量の余地はありませんが、例外的に認められる場合があります（最判昭57・4・23）。判例は、「裁量の余地のない確認的行為の性格を有する」と判示しています。つまり、確認は準法律的行政行為なので、裁量の余地はありません。ただし、**行政庁には、時の裁量（時間稼ぎの裁量）は認めているのです。**

Q 8
国家一般
2009［H21］
★★★

土地収用法所定の損失補償に関する訴訟において、裁判所は、収用委員会の補償に関する認定判断に裁量権の逸脱濫用があるかどうかを審理判断するものではなく、証拠に基づき裁決時点における正当な補償額を客観的に認定し、裁決に定められた補償額が当該認定額と異なるときは、裁決に定められた補償額を違法とし、正当な補償額を確定すべきである。

Q 9
国家一般
2005［H17］
★★★

市町村長は、転入届があった場合に、転入した者に新たに当該市町村の区域内に住所を定めた事実があるときであっても、その者の転入により地域の秩序が破壊され住民の生命や身体の安全が害される危険性が高度に認められるような特別の事情がある場合には、住民基本台帳法に規定される届出事項に係る事由以外の事由を理由として転入届を受理しないことが許される。

3 自由裁量

総説

ワンポイント

「**自由裁量処分**」とは、**行政裁量**のうち**純粋に処分庁の政策的・行政的判断に委ねられた処分**です。**裁量が自由**である以上、その処分が妥当か不当かの問題にとどまる限り、**裁判所による司法審査は原則として及びません**。ただし、**裁量権の逸脱または濫用**が認められれば、**違法の問題**となり、**裁判所による司法審査の対象**となります（行政事件訴訟法 30 条）。

土地収用法による補償額の決定については**収用委員会に裁量が認められず**、**裁判所**は、収用委員会の補償に関する認定判断に裁量権の逸脱濫用があるか否かを審理判断するのではなく、**証拠に基づき正当な補償額を客観的に認定**しなければなりません（最判平 9・1・28）。

「その者の転入により地域の秩序が破壊され住民の生命や身体の安全が害される危険性が高度に認められるような特別の事情がある場合には、住民基本台帳法に規定される届由事項に係る事由以外の事由を理由として転入届を受理しないことが許される。」の部分が誤りです。**住民基本台帳法による転入届を法定の届出事項に係る事由以外の事由を理由として不受理とすることはできません**（最判平 15・6・26）。**住民基本台帳法による転入届**は、**覊束行為**です。したがって、転入してくる人物が付近の住民から見て、たとえ危険人物であると映ったとしても、それを理由に転入届を拒否することは認められません。

●—政治的・外交的判断等

Q10
国家専門
2004［H16］
★★★

外国人の在留期間の更新事由が概括的に規定され、その判断基準が特に定められていないのは、申請事由の当否や当該外国人の在留中の行状など判断すべき項目が極めて明確であるからであり、法務大臣の裁量に任せる趣旨ではない。

Q11
国家総合
2003［H15］
★★★

判例は、在留期間更新不許可処分について、出入国管理行政の特色から法務大臣に広汎な裁量が認められているから、日本人の配偶者等の在留資格での申請を本人の意に反して短期滞在に変更する旨の申請として取り扱い、これを許可して短期滞在の在留資格に至った経緯を考慮しないでなされた場合であっても、法務大臣の裁量権の範囲を逸脱し又は濫用するものではないとした。

●—専門技術的判断

Q12
国家総合
2012［H24］
★

最高裁判所は、温泉法に基づく温泉掘さくの許可について、温泉源を保護しその利用の適正化を図る見地から許可を拒む必要があるかどうかの判断は、主として、専門技術的な判断を基礎とする行政庁の裁量により決定されるべきことであるとしている。

Q13
国家総合
1993［H5］
★

清掃法に基づいて市町村長が行なう特別清掃地域内における汚物取扱業の許可は、市町村がその責務である汚物処理の事務を遂行するために、同法の目的である生活環境の保全と公衆衛生上の危害の防止の観点から定めた技術上の基準に基づき決すべきものであり、基本的には裁量の余地のないものであるが、当該市町村の清掃計画との調整のために一定の合理的裁量が認められる。

A10 ×

「申請事由の当否や当該外国人の在留中の行状など判断すべき項目が極めて明確であるからであり、法務大臣の裁量に任せる趣旨ではない。」の部分が誤りです。**外国人の在留期間の更新の有無の判断**は、**法務大臣の裁量の範囲内**にあり、その裁量権の範囲を超えまたはその濫用があれば、裁判所は審査することができます（最大判昭 53・10・4）［マクリーン事件］。

A11 ×

選択肢全体が誤りです。XとAとの長期間の別居のため、Y（法務大臣）がXの在留資格を「**短期滞在**」**に変更**した後、XとAとの**婚姻関係が有効であるとの判決等の事実**があるのに、「**日本人の配偶者等**」**への在留資格の変更申請を考慮する機会を与えない**ことは、Yはその**裁量権の範囲を逸脱し、またはこれを濫用**したものであり、**当該処分は違法**です（最判平 8・7・2）。

A12 ○

温泉の掘さくの許可を拒むか否かの判断は、**原則として、行政庁の裁量に任されています**（最判昭 33・7・1）。

A13 ×

「生活環境の保全と公衆衛生上の危害の防止の観点から定めた技術上の基準に基づき決すべきものであり、基本的には裁量の余地のないものである」の部分が誤りです。旧清掃法 15 条 1 項が、特別清掃地域内においては、その地域の市町村長の許可を受けなければ、汚物の収集、運搬または処分を業として行なってはならないと規定し、**市町村長が許可を与えるかどうかは、市町村がその責務である汚物処理の事務を円滑完全に遂行するのに必要適切であるかどうかという観点**から、**市町村長の自由裁量に委ねられています**（最判昭 47・10・12）。

Q14 国家専門 2010［H22］★★★

児童遊園の設置の認可処分が、児童遊園の周囲の一定範囲では個室付浴場の営業が許されていない状況において、私人による個室付浴場の営業の規制を主たる動機、目的として行われたものであるとしても、それが住民の生活環境を保全するためである場合は、行政権の濫用には該当せず、違法性はない。

Q15 国家総合 2009［H21］★★

原子炉施設の安全性に関する行政庁の判断の適否については、現在の科学技術水準に照らし、原子力委員会等の専門技術的な調査審議において用いられた具体的審査基準に不合理な点があり、あるいは当該原子炉施設が当該具体的審査基準に適合するとした原子力委員会等の調査審議及び判断の過程に看過し難い過誤、欠落があり、行政庁の判断がこれに依拠してされたと認められる場合には、行政庁の当該判断に不合理な点があるものとして、当該判断に基づく原子炉設置許可処分は違法と解すべきである。

Q16 国家一般 2016［H28］★★

原子炉施設の安全性に関する被告行政庁の判断の適否が争われる原子炉設置許可処分の取消訴訟における裁判所の審理及び判断は、原子力委員会等の専門技術的な調査審議及び判断を基にしてされた被告行政庁の判断に不合理な点があるか否かという観点から行われるべきであり、許可処分が行われた当時の科学技術水準に照らして行うべきであるとするのが判例である。

Q17 特別区 2017［H29］★★

最高裁判所の判例では、都知事が小田急小田原線に係る都市計画変更を行う際に、喜多見駅付近から梅ヶ丘駅付近までの区間を一部掘割式とするほかは高架式を採用したのは、周辺地域の環境に与える影響の点で特段問題がないという判断につき著しい誤認があったと認められるため、行政庁にゆだねられた裁量権の範囲を逸脱したものとして違法であるとした。

×

「私人による個室付浴場の営業の規制を主たる動機、目的として行われたものであるとしても、それが住民の生活環境を保全するためである場合は、行政権の濫用には該当せず、違法性はない。」の部分が誤りです。**個室付浴場業の開業を阻止することを主たる目的としてされた知事の児童遊園設置認可処分**は、**行政権の著しい濫用にあたり違法です**（最判昭 53・5・26）。

○

原子炉施設の安全性に関する行政庁の判断の適否については、**現在の科学技術水準**に照らし、原子力委員会等の専門技術的な調査審議において用いられた**具体的審査基準に不合理な点**があり、あるいは**当該原子炉施設が当該具体的審査基準に適合するとした原子力委員会等の調査審議及び判断の過程に看過し難い過誤、欠落があり、行政庁の判断がこれに依拠してされたと認められる場合**には、**行政庁の当該判断に不合理な点がある**ものとして、**当該判断に基づく原子炉設置許可処分は違法**となります（最判平 4・10・29）［伊方原発訴訟］。

×

「許可処分が行われた当時の科学技術水準に照らして行うべきであるとするのが判例である。」の部分が誤りです。行政庁が許可処分を行う際に前提とした**安全性に関する科学的知見が変動した場合、当該処分の取消訴訟**において、**裁判所**は当時の科学技術水準ではなく、**現在の科学技術水準に照らして審理、判断**すべきです（最判平 4・10・29）［伊方原発訴訟］。

A 17

×

「周辺地域の環境に与える影響の点で特段問題がないという判断につき著しい誤認があったと認められるため、行政庁にゆだねられた裁量権の範囲を逸脱したものとして違法であるとした。」の部分が誤りです。**小田急線の一部高架式とする鉄道事業認可**は、**裁量権の範囲を逸脱し又はこれを濫用したものとは認められず、違法とはなりません**（最判平 18・11・2）［小田急電鉄高架橋訴訟］。

ワンポイント

この判例は、行政事件訴訟法 9 条の原告適格に関する最大判平 17・12・7 の判例と同一事件のものです。但し、判例の年月日は異なります。

学校教育・施設利用等

Q18
国家総合
2003［H15］
★★

判例は、いわゆる教科書検定について、学術的、教育的な専門技術的判断が必要であり文部大臣の合理的な裁量にゆだねられるべきものであるから、文部大臣の判断の前提となる教科用図書検定調査審議会の判断において学説状況、教育状況についての認識に過誤があるかどうかについては、裁判所の判断は及ばないとした。

Q19
国家総合
2003［H15］
★★★

判例は、公立学校において、信仰上の理由により剣道実技の履修を拒否した者に対して原級留置処分を行うかどうかの判断は、校長の合理的な教育的裁量にゆだねられるべきものであるが、処分に至る過程において剣道実技の代替措置の是非、その方法、態様等に係る考慮が十分になされていないことから、処分を違法と判断した。

Q20
国家総合
2009［H21］
★★

公立学校の施設は本来学校教育の目的に使用すべきものとして設置されているが、地域の公共施設としての役割をも担うべきものであるから、学校施設の目的外使用を許可するか否かは当該施設の管理者の裁量に委ねられるものの、学校教育上支障がない場合には原則としてこれを許可しなければならない。

Q21
国家総合
2018［H30］
★

公立学校の学校施設の目的外使用許可について、管理者は、学校教育上支障があれば使用を許可することができないのは明らかであるが、そのような支障がない場合には、行政財産である学校施設の目的及び用途と目的外使用の目的、態様等との関係のみならず、地域の公共施設としての役割にも配慮して、原則としてこれを許可しなければならない。

A 18 ×

「文部大臣の判断の前提となる教科用図書検定調査審議会の判断において学説状況、教育状況についての認識に過誤があるかどうかについては、裁判所の判断は及ばないとした。」の部分が誤りです。**高等学校用の教科書図書検定における合否の判定等の判断は、文部大臣の合理的な裁量に委ねられますが、裁量の範囲を逸脱すれば、裁判所の司法判断は及びます**（最判平5・3・16）［第一次家永教科書訴訟］。

A 19 ○

公立学校において、**原級留置処分又は退学処分**を行うかどうかの判断は、**校長の合理的な教育的裁量**にゆだねられます。そして、**信仰上の理由により剣道実技の履修を拒否した者**に対して**原級留置処分を行うかどうかの判断**にあたり、**処分に至る過程において剣道実技の代替措置の是非、その方法、態様等に係る考慮が十分になされていない場合**には、**当該処分は裁量権の範囲を超え又は裁量権の濫用**が認められ、**違法**となり、**裁判所による司法審査が及びます**（最判平8・3・8）［剣道実技拒否事件］。

A 20 ×

「学校教育上支障がない場合には原則としてこれを許可しなければならない。」の部分が誤りです。公立学校の施設は本来学校教育の目的に使用すべきものとして設置されているが、地域の公共施設としての役割をも担うべきものであるから、**学校施設の目的外使用を許可するか否かは当該施設の管理者の裁量に委ねられるものの、学校教育上支障がないからといって当然に許可しなくてはならないものではありません**（最判平18・2・7）。この判例には注意が必要です。

A 21 ×

「そのような支障がない場合には、行政財産である学校施設の目的及び用途と目的外使用の目的、態様等との関係のみならず、地域の公共施設としての役割にも配慮して、原則としてこれを許可しなければならない。」の部分が誤りです。**公立学校の施設の目的外使用を許可するか否かは、当該施設の管理者の裁量にゆだねられおり、学校教育上支障がない場合でも、合理的な裁量判断により許可しないこともできます**（最判平18・2・7）。この判例には注意が必要です。

大学生・公務員・被拘禁者（在監者）

Q22
国家専門
2000［H12］
★★

公立学校において学生を懲戒する行為は、学生の身分得喪に関する行政処分であり、法規裁量に属する行為であることから、裁判所がその適否を審査する場合には、懲戒権者と同一の立場にたって、処分をすべきか否か又はいかなる処分を選択すべきかについて自ら判断をすることになる。

Q23
国家総合
2013［H25］
★

地方公務員法第 28 条に基づく分限処分については、任命権者にある程度の裁量権は認められるけれども、その純然たる自由裁量に委ねられているものではなく、分限制度の目的と関係のない目的や動機に基づいて分限処分をすることが許されないのはもちろん、処分事由の有無の判断についても恣意にわたることを許されず、考慮すべき事項を考慮せず、考慮すべきでない事項を考慮して判断するとか、また、その判断が合理性をもつ判断として許容される限度を超えた不当なものであるときは、裁量権の行使を誤った違法のものであることを免れない。

Q24
国家総合
1991［H3］
★★

条件付採用期間は正式採用に至る過程にある者の職務遂行能力の有無を判定するために設けられた最終段階の職員選択のための期間であるから、条件付採用期間中の職員に対しては正式採用の職員の分限に関する国家公務員法の規定の適用はなく、条件付採用期間中の職員に対する分限免職処分は任命権者の純然たる自由裁量に属し、司法審査の対象とならない。

×

「法規裁量に属する行為であることから、裁判所がその適否を審査する場合には、懲戒権者と同一の立場にたって、処分をすべきか否か又はいかなる処分を選択すべきかについて自ら判断をすることになる。」の部分が誤りです。**この判例は**、「法規裁量」ではなく、「**自由裁量**」**に関するもの**です。したがって、**大学の学生に対する懲戒処分**は、**懲戒権者（学長）の裁量に任されています**（最判昭 29・7・30）。

A23
○

地方公務員法 28 条に基づく分限処分については、**任命権者にある程度の裁量権は認められます**が、その純然たる自由裁量に委ねられるものではなく、**考慮すべき事項を考慮せず**、**考慮すべきでない事項を考慮して判断する（他事考慮）**とか、また、**その判断が合理性をもつ判断として許容される限度を超えた不当なものであるとき**は、**裁量権の行使を誤った違法のものと判断**されます（最判昭 48・9・14）。

×

「条件付採用期間中の職員に対する分限免職処分は任命権者の純然たる自由裁量に属し、司法審査の対象とならない。」の部分が誤りです。**条件付期間採用中の職員（公務員）を分限免職処分にすること**は、任命権者の純然たる自由裁量に委ねられているわけではなく、**裁量権の踰越又は濫用があれば**、**司法審査の対象**となります（最判昭 49・12・17）。

特別区
2012［H24］
★★

懲戒権者の裁量権の行使としてされた公務員に対する懲戒処分の適否を裁判所が審査するにあたっては、懲戒権者と同一の立場に立って、懲戒処分をすべきであったかどうか又はいかなる処分を選択すべきであったかについて決定し、その結果と当該懲戒処分とを比較して、その違法性を判断しなければならない。

「懲戒権者と同一の立場に立って、懲戒処分をすべきであったかどうか又はいかなる処分を選択すべきであったかについて決定し、その結果と当該懲戒処分とを比較して、その違法性を判断しなければならない。」の部分が誤りです。公務員に懲戒事由がある場合に、**懲戒処分の中のいかなる処分を選ぶかは、懲戒権者の裁量に任されていますが、裁量権を逸脱し、これを濫用した場合に限り、司法審査の対象となります**（最判昭 52・12・20）。

ワンポイント

「懲戒権者（行政庁）と同一の立場に立って」という表現は、羈束行為ないし羈束裁量における裁判所の立場（行政庁と同一の立場）を指します。自由裁量の場合には、このような表現は使いません。

(5)瑕疵ある行政行為

1 軽微な瑕疵（総説）

Q1
特別区
2010［H22］
★

最高裁判所の判例では、権限ある者により適法に発せられた外国人退去強制令書において、法令の要請する執行者の署名捺印がない場合には、同令書に基づく執行は違法であるとした。

Q2
国家専門
1999［H11］
★

委員会など合議体の行政庁の意思は、公正な討議を経た後の議決によって形成されるべきであるから、無資格者がそれに参加していた場合には、その数が議決の結果を覆すに足りないときであったとしても、当該議決は無効となる。

瑕疵の治癒

Q3
国家専門
2013［H25］
★★★

瑕疵の治癒とは、ある行政行為が法令の定める要件を満たしていないにもかかわらず、別の行政行為として見るとこれを満たすような場合に、その別の行政行為であるとしてその効力を維持することをいう。

A1 ×

「法令の要請する執行者の署名捺印がない場合には、同令書に基づく執行は違法であるとした。」の部分が誤りです。**権限ある者により適法に発せられた外国人退去強制令書**において、**法令の要請する執行者の署名捺印がない場合でも、同令書に基づく執行は適法です**（最判昭25・12・28）。この判例は、軽微な瑕疵に関するものです。「**軽微な瑕疵ある行政行為**」とは、違法性のある行政行為の一類型ですが、**行政行為の効力を維持することが、一定の要件のもとで認めうる程度の瑕疵あるもの**をいいます。

A2 ×

「その数が議決の結果を覆すに足りないときであったとしても、当該議決は無効となる。」の部分が誤りです。**委員会に無資格者が参加していた場合**には、**その数が議決の結果を覆すに足りないとき**には、**当該議決は無効となりません**（最判昭38・12・12）。この判例も軽微な瑕疵に関するものです。

A3 ×

選択肢全体が誤りです。本選択肢は、「瑕疵の治癒」ではなく「違法行為の転換」に関する定義です。「**瑕疵の治癒**」とは、**行政行為が行われた段階では、軽微な瑕疵が存在していたが、その後、その瑕疵が修正され、その結果、瑕疵がなくなった**ものとして、**適法・有効な行政行為として扱われるもの**をいいます。

Q 4 国家専門 2008［H20］★★★

法人税の更正処分において附記理由が不備であった場合について、後日の当該処分に対する審査請求に係る裁決においてその処分の具体的根拠が明らかにされた場合には、当該附記理由不備の瑕疵は治癒されたこととなる。

Q 5 国家総合 2018［H30］★

道路位置廃止処分が、これにより一部土地が袋地となる点において建築基準法違反の結果を生ずることを看過してされた場合においても、その後の事情の変更によりその違反状態が解消するに至ったときは、当該処分の瑕疵は治癒されたものと解すべきである。

●─違法行為の転換

Q 6 国家総合 2005［H17］★

違法行為の転換とは、ある行政行為が法令の定める要件を満たしていないにもかかわらず、別の行政行為としてみるとこれを満たすような場合に、その別の行政行為であるとしてその効力を維持することである。農地買収計画について、当初適用された根拠条文では違法であるが、別の根拠条文により適法とすることを認めた判例がある。

Q 7 国家専門 2008［H20］★★

行政庁は行政行為を行う際に、行政行為を正当化し得る事実と法的根拠の全部を完全に調査し説明する義務を負うから、行政行為に瑕疵があって違法ないし無効である場合は、これを別の行政行為とみたときは、瑕疵がなく、かつ、目的、手続、内容においても適法要件を満たしていると認められるときであっても、これを当該別の行政行為とみたてて有効なものと扱うことはおよそ認められない。

×

「後日の当該処分に対する審査請求に係る裁決においてその処分の具体的根拠が明らかにされた場合には、当該附記理由不備の瑕疵は治癒されたこととなる。」の部分が誤りです。**法人税の青色申告の更正における附記理由が不備で当該処分に瑕疵がある場合、後日これに対する審査裁決において処分の具体的根拠が明らかにされても、それにより瑕疵は治癒されません**（最判昭 47・12・5、最判昭 47・3・31）。理由附記は、不服申立人が、審査請求するための手掛かりとなるものですから、裁決で理由を附記されても意味がないからです。

A 5

○

道路位置廃止処分が、これにより**一部土地が袋地となる点において建築基準法違反の結果を生ずることを看過してされた場合**においても、**その後の事情の変更によりその違反状態が解消するに至ったときは、当該処分の瑕疵は治癒された**ものと解すべきです（最判昭 47・7・25）。

A 6

○

「**違法行為の転換**」とは、**行政行為がなされたときには、法令の必要な手続的な要件が欠けていたが、その後の事情の変更又は追完**によって**要件が充足され、別の行政行為としてみた場合**には、**瑕疵が無くなり、その行政行為の効力を維持させること**をいいます。そして、判例は、**農地買収計画**について、**当初適用された根拠条文では違法**であるが、**別の根拠条文により適法とすることが認められています**（最大判昭 29・7・19）。

A 7

×

「これを当該別の行政行為とみたてて有効なものと扱うことはおよそ認められない。」の部分が誤りです。**行政行為に瑕疵があって違法ないし無効である場合**に、**これを別の行政行為とみたときは、瑕疵がなく**、かつ、目的、手続、内容においても**適法要件を満たしていると認められるときは**、これを**当該別の行政行為とみたてて有効なものと扱うことは認められています**（最大判昭 29・7・19）。

2 無効な行政行為

重大明白説

ワンポイント

行政処分が当然無効であるための要件は、重大かつ明白な瑕疵がある場合です（最判昭 36・3・7）。

Q 8
国家一般
1998［H10］
★★★

行政行為は、裁判所等によって取り消されない限り、その効力を有するから、行政行為の瑕疵が重大かつ明白である場合であっても、取消訴訟等の手続きを経ないまま、当該行政行為の無効を前提とした法律関係を主張することはできない。

Q 9
国家専門
2013［H25］
★★★

行政処分が当然無効であるというためには、処分に重大かつ明白な瑕疵がなければならず、瑕疵の明白性について、処分成立の当初から、誤認であることが外形上客観的に明白であるだけでなく、行政庁が怠慢により調査すべき資料を見落とすなどの過誤が存在することが必要であるとするのが判例である。

重大説

Q 10
国家専門
2010［H22］
★★★

課税処分に課税要件の根幹に関する内容上の過誤が存在し、徴税行政の安定とその円滑な運営の要請を斟酌してもなお、不服申立期間の徒過による不可争的効果の発生を理由として被課税者に該当処分による不利益を甘受させることが著しく不当と認められる場合には、当該処分は当然無効となる。

「取消訴訟等の手続きを経ないまま、当該行政行為の無効を前提とした法律関係を主張することはできない。」の部分が誤りです。**行政行為の瑕疵が重大かつ明白である場合**には、**取消訴訟等の手続きを経る必要はなく、当該行政行為の無効を主張（無効等確認訴訟）することができます。**

「行政庁が怠慢により調査すべき資料を見落とすなどの過誤が存在することが必要であるとするのが判例である。」の部分が誤りです。**重大かつ明白な瑕疵**があるか否かは、**客観的に判断**すべきであって、行政庁に調査すべき資料を見落とした等、何らかの過誤が存すること等、**主観的に判断してはならない**ということです（最判昭 36・3・7）。

課税処分に課税要件の根幹に関する内容上の過誤が存在し、徴税行政の安定とその円滑な運営の要請を斟酌してもなお、**不服申立期間の徒過による不可争的効果**の発生を理由として被課税者に当該処分による不利益を甘受させることが著しく不当と認められるような例外的事情のある場合には、**当該処分は、当然無効**と解するのが相当である（最判昭 48・4・26）。

(6)附款、職権による取消と撤回

1 附款

●──附款の意義と種類

Q 1
国家一般
2016［H28］
★★★

条件とは、行政行為の効力・消滅を発生確実な事実にかからしめる附款をいう。

Q 2
国家一般
2000［H12］
★★★

行政行為の効果の発生、消滅を将来発生することの不確実な事実にかからせる附款を「不確定期限」という。

Q 3
国家一般
1992［H4］
★★★

法令に附款を付しうる旨の明文の規定がない場合であっても、その行政行為が行政庁の裁量に属すると認められる場合には、行政行為に附款を付すことができる。

「条件とは、……発生確実な事実」の部分が誤りです。「条件」は、附款の一種です。「**附款**」とは、**本体となる行政行為の効果を制限**し、または**義務を課すために意思表示の主たる内容に付加される従たる意思表示**をいいます。そして、「**条件**」とは、**行政行為の効力の発生・消滅を発生不確実な事実**にかからせる意思表示をいいます。この条件には、停止条件と解除条件とがあります。

ワンポイント

「**停止条件**」とは、**事実の発生によって行政行為の効果が発生する附款**をいいます。したがって、**停止条件付行政行為**は、**停止条件が成就した時からその効力を生ずる**ことになります（民法127条1項参照）。たとえば、会社の成立を条件として、放送局の免許を付与する等です。「**解除条件**」とは、**事実の発生によって行政行為の効果が消滅する附款**をいいます。したがって、**解除条件付行政行為**は、**解除条件が成就した時からその効力を失う**ことになります（民法127条2項参照）。たとえば、一定期間内に工事に着手しなければ占用許可が失効することを条件として道路の占用を許可する等です。

「行政行為の効果の発生、消滅を将来発生することの不確実な事実にかからせる附款を『不確定期限』という。」の部分が誤りです。本選択肢は、「不確定期限」ではなく「条件」に関する定義です。「**期限**」とは、**行政行為の効力の発生・消滅を発生確実な事実**にかからせる意思表示をいいます。期限には、始期と終期とがあります。期限の種類には、到来時期が確定している確定期限とともに到来時期が確定していない不確定期限があります。

法令に附款を付しうる明文の規定がない場合でも、その行政行為が行政庁の裁量に属すると認められる場合には、行政行為に附款を付することができます（最判昭38・4・2）。

Q 4

国家一般
2000［H12］
★★★

許可などの授益的行政行為に付加される意思表示で相手方に特別の義務を命ずるものを、行政行為に伴う負担といい、相手方がこれに従わない場合には、当該行政行為の効力が当然に失われる。

Q 5

国家一般
2016［H28］
★★★

行政行為を撤回するためには、あらかじめ撤回権を留保する附款を付さなければならない。

Q 6

国家一般
2016［H28］
★★

附款は、あくまで主たる意思表示に付加された行政庁の従たる意思表示にすぎないから、本来の行政行為による効果以上の義務を相手方に課す負担を付す場合であっても、法律の根拠は不要である。

「相手方がこれに従わない場合には、当該行政行為の効力が当然に失われる。」の部分が誤りです。負担を付した場合、相手方がこれに従わなくても、行政行為の効力は発生します。ただし、行政行為に付随して一定の義務を命ずることになります。この場合、行政庁は、その履行の実現を行政上の強制執行で求めるとか、本体たる行政行為を撤回するなどの方法があります。

ワンポイント

「**負担**」とは、申請に基づく許可・免許等、**相手方に権利利益を付与する授益的行政行為に付加される意思表示**で、**相手方に特別の義務を命ずるもの**をいいます。たとえば、運転免許を付与するに際し、運転者に眼鏡等の使用を義務づける、あるいは、道路の占用許可に当たり一定額の占用料の納付を命ずる等です。

選択肢全体が誤りです。撤回権が発生するのは、**後発的瑕疵**の場合です。撤回権を行使するにあたっては、単に撤回権の留保条項を示すだけで不十分です。**撤回権の留保は例文規定**（法的効力のない規定）です。したがって、**撤回権を行使することのできる実質的事由**（**相手方の帰責性ないし、公益上の必要性**等）**が必要**となります。

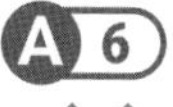

「本来の行政行為による効果以上の義務を相手方に課す負担を付す場合であっても、法律の根拠は不要である。」の部分が誤りです。法律効果の一部を除外するためには、必ず法律の根拠が必要です。なぜなら、法律が予め認めている効果を行政庁の意思で排除するからです。

ワンポイント

「**法律効果の一部除外**」とは、**法令が本体的行政行為に付した効果の一部の発生を除外する意思表示**をいいます。たとえば、自動車道事業の免許付与に際し、通行する自動車の種類の範囲を限定する等です。

●—附款の限界

Q 7
国家専門
1987 [S62]
★★★

附款を付しうる行為は、命令的行為等の法律行為的行政行為に限られるわけではなく、確認や公証等の準法律行為的行政行為にも附款を付しうる。

Q 8
特別区
2006 [H18]
★★★

行政行為の附款は、法律留保の原則により、法律が認めている場合に限り付すことができる。

Q 9
国家専門
2000 [H12]
★★★

附款を付すことができる場合であっても、いかなる内容の附款でも無制限に付すことができるわけではなく、その行政行為の根拠となった法の目的とは無関係な附款を付すことはできないと解されている。

Q 10
国家専門
2011 [H23]
★

行政行為の附款は、行政の弾力的な対応を必要とする場面で用いられることがある 。例えば、風俗営業等の規制及び業務の適正化等に関する法律に基づく風俗営業の許可をするに当たっては、良好な住環境の維持・都市景観の観点から、附款により、キャバレーやゲームセンターなどのネオンの色彩を指定することができる。

Q 11
国家一般
2016 [H28]
★★

附款は行政庁の裁量権行使の一環であるため、裁量権行使についての制約がかかることになり、明文の規定がなくとも、平等原則や比例原則に違反する附款は許されない。

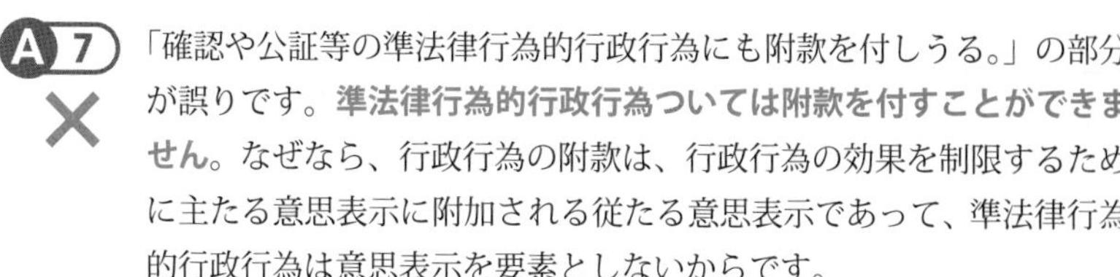

A 7 ×

「確認や公証等の準法律行為的行政行為にも附款を付しうる。」の部分が誤りです。**準法律行為的行政行為ついては附款を付すことができません**。なぜなら、行政行為の附款は、行政行為の効果を制限するために主たる意思表示に附加される従たる意思表示であって、準法律行為的行政行為は意思表示を要素としないからです。

A 8 ×

選択肢全体が誤りです。**附款を付することができる**のは、**法令自体が認めていた場合**（**法定附款**）のほか、**法令が行政庁に裁量を認めている場合**も認められます。したがって、自由裁量行為の場合には附款を付すことができる場合が多いのです。

A 9 ○

附款を付すことができる場合、いかなる内容の附款でも無制限に付すことができるのではなく、その行政行為の根拠となった法の目的とは無関係な附款を付すことはできません。

A 10 ×

「附款により、キャバレーやゲームセンターなどのネオンの色彩を指定することができる。」の部分が誤りです。風俗営業等の規制及び業務の適正化等に関する法律に基づく風俗営業の許可をするにあたっては、良好な住環境の維持・都市景観の観点から、**附款により、キャバレーやゲームセンターなどのネオンの色彩を指定することができません**。なぜなら、「良好な住環境の維持・都市景観」は風俗営業法の立法目的とは直接の関係がないからです。

A 11 ○

本体的行政行為との関係で、**行政行為の附款**は、**法律優位の原則**との関係で**必要最小限度のもの**にとどまらなければならず（比例原則の適用）、また、**平等原則に違反することも許されません**。

●—附款の有効・無効（取消訴訟・無効確認訴訟）

Q 12
特別区
2016［H28］
★★★

附款は、法律の目的を確実に実現するためのものであり、瑕疵ある附款が付けられた場合、それが本体たる行政行為から分離可能であっても、附款だけを対象に取消訴訟を提起することはできない。

Q 13
国家専門
1987［S62］
★★★

附款は行政行為に付された従たる意思表示にすぎないから、附款が無効の場合や違法として取り消された場合でも、その附款が無効となるだけで、行政行為自体の効力には影響を及ぼさない。

2 職権による取消と撤回

●—総説：職権による取消と撤回の差異

Q 14
国家専門
1984［S59］
★★★

行政行為の撤回は、その成立に瑕疵がある行政行為について行なわれるのに対し、行政行為の取消しは、その成立に瑕疵のない行政行為について行なわれる。

Q 15
国家専門
1988［S63］
★★★

行政行為の取消しも、行政行為の撤回も、その効果は原則として行政行為の成立のときにさかのぼり、初めから行政行為がなされなかったのと同様の状態に復する。

A12 ×

「本体たる行政行為から分離可能であっても、附款だけを対象に取消訴訟を提起することはできない。」の部分が誤りです。**附款が行政行為の本体と区分できる場合（あまり重要でない負担の場合）に附款に瑕疵がある場合、附款だけの取消訴訟を提起**することはできます。なぜなら、附款も行政行為の一部である以上、取消訴訟の排他的管轄が及ぶからです。

ワンポイント

附款も行政行為の一部ですから、公定力を有し違法であっても一応有効です。

A13 ×

「その附款が無効となるだけで、行政行為自体の効力には影響を及ぼさない。」の部分が誤りです。**附款が行政行為の本体と不可分の関係にある場合（条件、期限、重要な意味をもつ負担）に附款に瑕疵がある場合、附款だけの取消訴訟を提起することはできません。**ここでは、附款とともに行政行為全体も瑕疵を帯び、**行政行為全体の取消訴訟を提起**することになります（但し、その瑕疵が重大かつ明白な瑕疵である場合には、附款の無効確認訴訟を提起することになります）。

×

選択肢全体が誤りです。**職権による取消は原始的瑕疵**であるのに対し、**職権による撤回は後発的瑕疵**にあたります。

×

「行政行為の撤回も、その効果は原則として行政行為の成立のときにさかのぼり、初めから行政行為がなされなかったのと同様の状態に復する。」の部分が誤りです。**職権による取消**は、**侵害的行政行為**については、**その効果には遡及効があります**が、**職権による撤回**は、**その効果には遡及効はありません。**

Q16 国家専門 1988［S63］★★★

行政行為の取消しは、処分庁および上級監督行政庁その他法律上正当な権限を有するものがこれをすることができるのに対し、行政行為の撤回は原則として処分庁のみがこれをなしうる。

Q17 国家専門 1995［H7］★★★

行政行為を行なった行政庁は、自ら行政行為が違法または不当であったと判断した場合でも原則として、これを取り消すことはできない。

●—職権による取消し

Q18 特別区 2010［H22］★★★

行政行為の取消しとは、瑕疵なく成立した行政行為の有する持続的効力を以後の事情の変化により、これ以上維持することが妥当でないと判断される場合に、処分庁がその効力を失効させることである。

Q19 国家専門 1998［H10］★★★

行政行為の効力は取消訴訟の出訴期間の経過により確定するから、重大かつ明白な瑕疵がない限り、その経過後において行政庁が職権による取消しをすることはできないと解されている。

Q20 国家一般 2002［H14］★★★

行政庁が行う行政行為はすべて法律に従ってなされるべきであるから、法律上、明文で瑕疵ある行政行為を当該行政庁が取り消すことができる旨が規定されていなければ、当該行政庁はその行政行為を取り消すことはできない。

Q21 国家専門 2015［H25］★★★

法律上、明文で違法な行政行為を行政庁が取り消すことができる旨が規定されていなければ、行政庁は自ら行った違法な行政行為を職権で取り消すことはできないと一般に解されている。

A16 ○

職権による取消は、**処分庁のみならず**、**監督庁である上級行政庁**、**その他法律上正当な権限を有する行政庁**も行うことができますが、**職権による撤回**は、**処分庁のみ**行うことができます。

A17 ×

選択肢全体が誤りです。行政行為を行なった行政庁は、自ら行政行為が違法であると判断した場合のみならず、**不当であったと判断した場合にも**、原則として、**職権による取消と撤回が可能**です。

A18 ×

「行政行為の取消しとは、瑕疵なく成立した行政行為」の部分が誤りです。「**職権による取消し**」とは、**行政行為の成立段階で瑕疵**（**原始的瑕疵**）がある場合に、**行政庁**がこれを**取消す**ことにより**遡及効が発生**し、行政行為成立以前の法律関係に戻すことをいいます。

A19 ×

選択肢全体が誤りです。**職権による取消し**には、争訟による取消し（取消訴訟・不服申し立て）と異なり、**不可争力の問題**（**期間制限の問題**）**は生じません**。

A20 ×

「法律上、明文で瑕疵ある行政行為を当該行政庁が取り消すことができる旨が規定されていなければ、当該行政庁はその行政行為を取り消すことはできない。」の部分が誤りです。**行政行為の職権による取消しには**、**法律の特別の根拠を必要としません**（通説）。

A21 ×

選択肢全体が誤りです。明文規定の有無を問わず、**原処分**については、**処分行政庁は職権による取消しができます**。しかし、**裁決・決定**については**不可変更力が発生する**ので、**行政庁**は、**職権による取消しができません**。

Q22 違法な行政処分については、当該行政処分の違法性が判明した場合、処分庁は、その固有の権限として、職権によってこれをいつでも自由に取り消すことができ、その際、違法な行政処分を維持することによって得られる公益や法的安定性を考慮する必要はない。

国家専門
2002［H14］
★★

Q23 いったんなされた行政行為には公定力があり、行政行為に対する国民の信頼を保護する必要があるから、当初から瑕疵のある行政行為を行政庁が職権で取り消す場合にも、取消しの効果は処分時にはさかのぼらないのが原則である。

国家一般
1998［H10］
★★★

Q24 授益的処分の取消しは相手方の信頼を害し不利益を及ぼすことになるので、授益的処分の取消しの効果は、過去に遡及することはなく、常に将来に向かってのみ生じる。

特別区
2013［H25］
★★

Q25 行政行為の取消しの効果は遡及するので、ある私人に対する営業免許が取り消された場合、当該私人は当初から無免許営業をしていたことになり、罰則の適用がある。

国家専門
1992［H4］
★★★

職権による撤回

Q26 行政行為の撤回は、行政行為が成立当初から瑕疵を有することを理由として、その効力を成立時に遡って失わせることである。

特別区
2005［H17］
★★★

×

「違法な行政処分を維持することによって得られる公益や法的安定性を考慮する必要はない。」の部分が誤りです。**授益的行政行為**や**第三者の法的地位に重要な影響を及ぼす行政行為**については、**特段の公益上の必要がある場合**（最判昭33・9・9）、あるいは、**相手方に帰責性がある場合**でなければ、**取消すことができません**。それに対して、**侵益的行政行為**（相手方に義務を課したりその他不利益を課す場合）の場合には、原則として、**職権による取消しを自由に行うことができます**（**取消し自由の原則**）。なぜなら、取消しにより、私人にとって不利益が解消されるからです。

A23
×

「当初から瑕疵のある行政行為を行政庁が職権で取り消す場合にも、取消しの効果は処分時にはさかのぼらないのが原則である。」の部分が誤りです。**侵益的行政行為**の場合には、**職権による取消しの効果**は**遡及**します。これに対し、**授益的行政行為**の場合には、**将来に向かって行政行為の効果が取り消される**（**将来効**）**と解する余地**があります。

A24
×

「授益的処分の取消しの効果は、過去に遡及することはなく、常に将来に向かってのみ生じる。」の部分が誤りです。**授益的行政行為**の場合には、**職権による取消しの効果**は常に遡及するわけではなく、**将来に向かって行政行為の効果が取り消される**（**将来効**）**と解する余地**があります（**遡及効が制限される場合**があります）。

A25
○

私人に対する営業免許が職権により取り消された場合、当該私人は当初から無免許営業（私人の側に帰責性がある）をしていたことになり、**罰則の適用があります**。

A26
×

選択肢全体が誤りです。「**職権による撤回**」とは、行政行為の成立時には瑕疵はありませんが、**その後の事情に変化**（**後発的瑕疵**）**が発生**した場合、これを撤回することで**将来効を発生**させて、**当該行政行為の効力を失わせることをいいます**。

Q 27
国家総合
2005［H17］
★★★

旧優生保護法に基づく医師会による指定医師の指定の撤回によって、当該指定の相手方の被る不利益を考慮しても、なおそれを撤回すべき公益上の必要性が高いと認められる場合には、法令上その撤回について直接明文の規定がなくとも、医師会は、その権限において当該指定を撤回することができるとするのが判例である。

Q 28
国家総合
2010［H22］
★★★

判例は、授益的行政行為（行政処分）の撤回につき、与えられた利益の剥奪であるとして、侵害留保原理に基づき、撤回を認める個別的な法律上の根拠を要求している。

Q 29
特別区
2002［H14］
★★★

行政行為の撤回は、いかなる場合であっても、行政行為を行った行政庁とその上級行政庁のいずれもが行うことができる。

Q 30
特別区
2002［H14］
★★★

授益的行政行為の撤回は、撤回によって相手方の被る不利益より、それを撤回すべき公益上の必要性が高いと認められる場合であっても、法令上明文の規定がなければ行うことができない。

A 27 ○

行政行為の職権による撤回には、**法律の特別の根拠を必要としません**（通説）。判例も、**法令上医師免許処分の撤回について直接明文の規定がなくても**、**医師会**はその権限で旧優生保護法に基づく**指定医師の指定を撤回できる**としています（最判昭 63・6・17）［実子あっせん指定医取消事件］。

A 28 ×

選択肢全体が誤りです。**授益的行政行為**について、**法令にその撤回を認める規定がない場合でも、当該行政行為の撤回は許されます**（最判昭 63・6・17）［実子あっせん指定医取消事件］。

A 29 ×

選択肢全体が誤りです。**撤回権**は**処分庁のみ**が行使することができ、**監督庁は行使できません**。ただ、監督行政庁は、原則として、処分行政庁に対して、撤回の命令を出すことはできます。それが限度です。

ワンポイント

侵益的行政行為の場合（相手方に義務を課したりその他不利益を課す場合）には、職権による撤回を自由に行うことができます（撤回自由の原則）。
授益的行政行為の場合には、撤回は私人に不利益な効果を生じさせることになるため、①行政行為の撤回によって**行政行為の相手方の被る不利益を公益上の必要性が上回る場合**（最判昭 63・6・17）、または、②処分の相手方に**帰責性が存在する場合**に、撤回が認められます（通説）。

A 30 ×

「授益的行政行為の撤回は、……法令上明文の規定がなければ行うことができない。」の部分が誤りです。**行政行為の撤回によって行政行為の相手方の被る不利益を考慮しても**、なお**それを撤回すべき公益上の必要性が高いと認められる場合**には、**法令上その撤回について直接明文の規定がなくても**、**行政庁は**その権限において当該行政行為を**撤回することができます**（最判昭 63・6・17）［実子あっせん指定医取消事件］。

Q31 特別区 2005［H17］ ★★★

最高裁判所の判例では、行政行為の撤回による損失について、法律に補償の規定がない場合には、利益状態を同じくする類似の事例につき法律に補償の規定があっても、その類推適用により補償を求めることはできないとした。

Q32 特別区 2011［H23］ ★★

行政財産たる土地につき使用許可により与えられた使用権は、それが期間の定めのない場合であれば、当該行政財産本来の用途又は目的上の必要を生じたときはその時点で原則として消滅すべきであり、使用権者は、特別の事情のない限り、取消しによる使用権喪失に関する補償を求めることはできない。

Q33 特別区 2002［H14］ ★★

授益的行政行為の撤回は、それ自体不利益処分であるから、当該行政行為の撤回を行うについては、行政手続法により聴聞手続を執ることが定められている。

Q34 特別区 2005［H17］ ★★

相手方たる私人にとって不利益な内容を持つ行政行為については、争訟の裁断行為のように不可変更力を備えている場合であっても、自由に撤回することができる。

A 31 ×

「利益状態を同じくする類似の事例につき法律に補償の規定があっても、その類推適用により補償を求めることはできないとした。」の部分が誤りです。**行政行為の撤回による損失**について、法律に補償の規定がない場合には、**利益状態を同じくする類似の事例につき法律に補償の規定があれば、その類推適用により補償を求めることはできます**（最判昭49・2・5）。

A 32 ○

都有行政財産たる土地につき使用許可によって与えられた使用権が、期間の定めのない場合、当該使用権は当該行政財産本来の用途または目的上の必要を生じたときに原則として消滅します。また、**使用権者**は、**撤回による土地使用権喪失について補償を請求することはできません**（最判昭49・2・5）。

A 33 ○

授益的行政行為の撤回の際には、**行政手続法**により**聴聞手続を執ることが定められています**（行政手続法13条1号イ）。

A 34 ×

「争訟の裁断行為のように不可変更力を備えている場合であっても、自由に撤回することができる。」の部分が誤りです。**争訟の裁断行為のような裁決には不可変更力があるので、撤回することはできません。**

ワンポイント

不可変更力が認められる行政行為は、審査請求に基づく裁決、再調査請求に基づく決定、職権による取消し、撤回です。

行政手続法

1 総説

Q1 国家一般 2009［H21］★★

行政手続法の目的は、行政運営における公正の確保と透明性の向上のための手続及び公法上の権利関係に関する訴訟の手続を定め、もって公法上の権利関係の保護に資することである。

2 処分

総説（申請に対する処分と不利益処分との差異）

Q2 国家専門 2012［H24］★★★

行政庁は、申請に対する許可・認可等の処分を行う場合の審査基準の策定とその原則公表が義務付けられているが、不利益処分を行う場合の処分基準の策定とその公表は努力義務にとどめられている。

Q3 国家一般 2001［H13］★★

行政庁は、申請により求められた許認可等を拒否する処分及び不利益処分をする場合には、申請者又は名あて人に対し、原則として当該処分と同時に、当該処分の理由を示さなければならないが、処分が書面で行われるときであっても、その理由は口頭で示せば足りる。

Q4 国家専門 2011［H23］★★

行政処分に手続違反があった場合、当該手続違反は、その行政処分の取消事由ないし無効事由とはならないが、当該手続違反を理由に国家賠償請求をすることはできるとするのが判例である。

「公法上の権利関係に関する訴訟の手続を定め、もって公法上の権利関係の保護に資することである。」の部分が誤りです。**行政手続法の立法目的**は、**行政運営における公正の確保と透明性**（行政上の意思決定について、その内容及び過程が国民にとって明らかであることをいう。）**の向上を図り**、もって**国民の権利利益の保護に資すること**（行政手続法１条１項）です。

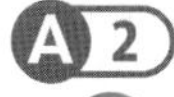

申請に対する許可・認可等の処分を行う場合の**審査基準の策定とその公表**は**義務づけ**られています（５条）が、**不利益処分を行う場合の処分基準の策定とその公表**は、**努力義務**にとどめられています（12条１項）。

「処分が書面で行われるときであっても、その理由は口頭で示せば足りる。」の部分が誤りです。行政庁は、**申請により求められた許認可等を拒否する処分**及び**不利益処分をする場合**には、申請者又は名あて人に対し、**原則として当該処分と同時に**、**当該処分の理由を示さなければならず**、**処分が書面**で行われるときには、**その理由も書面**でなければなりません（８条１項・２項、14条１項・３項）。

「行政処分に手続違反があった場合、当該手続違反は、その行政処分の取消事由……とはならない」の部分が誤りです。行政処分に手続違反があった場合、当該手続違反は、その行政処分の無効事由とはなりませんが、取消事由となる場合が多いです。

申請に対する処分

Q 5
国家専門
2005［H17］
★★★

行政庁は、申請により求められた許認可等をするかどうかを判断するための審査基準を定める際には、当該許認可等の性質に照らしてできる限り具体的に定めなければならないが、審査基準をあらかじめ公表する必要はない。

Q 6
特別区
2012［H24］
★★

道路運送法に定める個人タクシー事業の免許にあたり、多数の申請人のうちから少数特定の者を具体的個別的事実関係に基づき、選択してその免許申請の許否を決しようとするときには、同法は抽象的な免許基準を定めているにすぎないのであるから、行政庁は、同法の趣旨を具体化した審査基準を設定し、これを公正かつ合理的に適用すべきである。

Q 7
国家専門
2009［H21］
★★★

行政庁は、申請がその事務所に到達してから当該申請に対する処分をするまでに通常要すべき標準的な期間を定めるよう努めるとともに、これを定めたときは、公にしておかなければならない。

A5 ×

「審査基準をあらかじめ公表する必要はない。」の部分が誤りです。行政庁は、**審査基準を定める**に当たっては、許認可等の性質に照らして**できる限り具体的なものとしなければなりません**（5条2項）。また、行政庁は、行政上特別の支障があるときを除き、法令により申請の提出先とされている機関の事務所における備付けその他の適当な方法により**審査基準を公にしておかなければなりません**（5条3項）。

A6 ○

行政庁が多数の者のうちから少数特定の者を選択して免許を与える場合には、内部的にせよ法定の抽象的な免許基準を**具体化した審査基準を設定**し、これを公正かつ合理的に適用しなければなりません。また、**個人タクシー事業の免許申請の許否手続**について抽象的な免許基準だけでは足りず、**申請人に主張、立証の機会を与える必要があります**（最判昭46・10・28）［個人タクシー事件］。

ワンポイント

①**この判例は行政手続法制定前のもので、審査基準を公にすることまで要求していません。**また、申請に対する処分について、**聴聞の機会を付与している**点で、**行政手続法の規定とは異なります。**

②要件の認定又は効果の選択に関する裁量が広く認められる処分については、裁判所は、行政庁の判断が全く事実の基礎を欠くかどうか、および社会通念上著しく妥当を欠くかどうかの審査に加えて、公正な手続によって裁量権が行使されたかどうかも審査すべきです（最判昭46・10・28）［個人タクシー事件］。

A7 ○

行政庁は、申請がその事務所に到達してから当該申請に対する処分をするまでに**通常要すべき標準的な期間**を定めるよう**努めなければなりません**。ただ、**これを定めたとき**は、これらの当該申請の提出先とされている機関の事務所における備付けその他の適当な方法により**公にしておかなければなりません**（6条）。

Q 8
国家一般
2011［H23］
★★

行政庁は、事務所に到達した申請が、申請書に必要な書類が添付されていないなど、申請の形式上の要件に適合しないものであるときは、申請を受理せず、申請書を申請者に返戻することとされている。

Q 9
国家総合
2019［R1］
★

行政不服審査法においては、審査庁に対し、審査請求書の記載事項に不備があるときであっても、原則として、これを直ちに却下せず、審査請求人に補正を命ずることを義務付けている。また、これと同様に、行政手続法においても、行政庁は、形式上の要件に適合しない申請であっても、これを直ちに拒否してはならず、速やかに申請者に補正を命じなければならないこととしている。

Q 10
国家専門
2008［H20］
★★★

行政庁は、申請を認容する処分又は申請を拒否する処分をする場合は、申請者に対し、同時に、当該処分の理由を示さなければならない。

Q 11
国家専門
1995［H7］
★★★

行政庁は、申請を拒否する場合には申請者に対し理由を示さなければならないが、書面をもって拒否するときであっても、その理由は口頭で示せば足りる。

×

「申請を受理せず、申請書を申請者に返戻することとされている。」の部分が誤りです。**申請の形式上の要件に適合しない申請**については、**速やかに**、**申請をした者に対し相当の期間を定めて当該申請の補正を求め**、又は**当該申請により求められた許認可等を拒否**しなければなりません（7条1項）。

×

「行政手続法においても、……これを直ちに拒否してはならず、速やかに申請者に補正を命じなければならないこととしている。」の部分が誤りです。ただし、行政不服審査法に関する前段の記述は正しいです（行政不服審査法19条、23条）。**申請の形式上の要件に適合しない申請**については、**速やかに**、**申請をした者に対し相当の期間を定めて当該申請の補正を求め**、又は**当該申請により求められた許認可等を拒否しなければなりません**（7条1項）。

A 10

×

「行政庁は、申請を認容する処分……は、申請者に対し、同時に、当該処分の理由を示さなければならない。」の部分が誤りです。行政庁は、申請により求められた**許認可等を拒否する処分**をする場合は、**申請者に対し**、**同時に**、**当該処分の理由を示さなければなりません**（8条1項本文）。

ワンポイント

行政庁が、申請により求められた許認可等を拒否する場合に理由付記を必要とする趣旨は、拒否事由の有無についての**行政庁の判断の慎重と公正妥当を担保してその恣意を抑制する**とともに、拒否の理由を申請者に知らせることによって、その**不服申立てと取消訴訟を提起する便宜を与える**ことです（最判昭60・1・22）。

×

「書面をもって拒否するときであっても、その理由は口頭で示せば足りる。」の部分が誤りです。**行政庁**は、**申請により求められた許認可等を拒否する処分を書面でするときは**、**その理由も**、**書面により示さなければなりません**（8条2項）。

Q12 国家一般 2011 [H23] ★★★

行政手続法は、申請拒否処分に付記すべき理由の程度については規定していないが、例えば、旅券法が求める一般旅券発給拒否通知書に付記すべき理由としては、いかなる事実関係に基づきいかなる法規を適用したのかを、申請者が記載自体から了知し得るものである必要があるとするのが判例である。

Q13 国家専門 2015 [H27] ★★

申請に対して拒否処分をする場合において、行政手続法は、申請者に対し、聴聞や弁明の機会を与えなければならないとしている。

Q14 国家専門 2005 [H17] ★

行政庁は、申請に対する処分であって、申請者以外の者の利害を考慮すべきことが当該法令において許認可等の要件とされているものを行う場合には、必ず公聴会を開催しなければならない。

不利益処分

Q15 国家総合 1993 [H5] ★★★

憲法31条の定める法定手続きの保障は、直接には刑事手続きに関するものであるが、行政手続きについてはそれが刑事手続きではないとの理由のみで、そのすべてが当然に同条による保障の枠外にあると判断することは相当ではなく、私人の所有権に対する重大な制限である工作物の使用禁止命令が一切の事前手続きを経ずして課せられることは、原則として許されないとするのが判例である。

旅券法に基づく一般旅券の発給拒否通知書に附記すべき理由としては、単に発給拒否の根拠規定を示すだけでは足りず、**申請者が記載自体から了知し得るものである必要**があります（最判昭 60・1・22）。

「聴聞や弁明の機会を与えなければならないとしている。」の部分は誤りです。**申請に対して拒否処分をする場合**には、明文規定がないことから、不利益処分の場合と異なり、申請者に対し、**聴聞や弁明の機会を与える聴聞や弁明の機会を与える必要はありません。**

「必ず公聴会を開催しなければならない。」の部分は誤りです。行政庁は、申請に対する処分であって、申請者以外の者の利害を考慮すべきことが当該法令において許認可等の要件とされているものを行う場合には、**必要に応じ**、**公聴会の開催**その他の適当な方法により**当該申請者以外の者の意見を聴く機会を設けるよう努めなければ**なりません（10条）。

「一切の事前手続きを経ずして課せられることは、原則として許されないとするのが判例である。」の部分が誤りです。**憲法31条の定める法定手続の保障**は、直接には刑事手続に関するものですが、**行政手続**については、それが刑事手続ではないとの理由のみで、**そのすべてが当然に同条による保障の枠外にあると判断することできません。**しかし、**新東京国際空港の安全確保に関する緊急措置法3条1項**に基づく**私人の所有権に対する重大な制限である工作物の使用禁止命令**は、その相手方に対し**事前に告知、弁解、防御の機会を与える旨の規定がありません**が、それにより、**本法3条1項が憲法31条の法意に反するわけではありません**（最大判平 4・7・1）［成田新法事件］。

Q16
国家専門
2012［H24］
★★

行政上の不利益処分は、その処分を受ける者以外にも重大な権利侵害や義務を課す効果をもたらす場合があることから、相手方が不特定ないわゆる一般処分を行う場合であっても、行政手続法の不利益処分に関する規定が適用される。

Q17
特別区
2016［H28］
★★★

行政庁は、不利益処分をするかどうかについて法令の定めに従って判断するために必要とされる基準を定め、かつ、必ずこれを公にしておかなければならず、その基準を定めるに当たっては、不利益処分の性質に照らしてできる限り具体的なものとするよう努めなければならない。

Q18
特別区
2016［H28］
★

名あて人の資格又は地位を直接にはく奪する不利益処分をしようとするときは、当該不利益処分の名あて人となるべき者について、聴聞の手続を執らなければならないが、公益上、緊急に不利益処分をする必要があるため、当該手続を執ることができないときは、意見陳述手続の適用が除外されている。

「相手方が不特定ないわゆる一般処分を行う場合であっても、行政手続法の不利益処分に関する規定が適用される。」の部分が誤りです。「**不利益処分**」とは、**行政庁**が、法令に基づき、**特定の者を名あて人として、直接に、これに義務を課し、又はその権利を制限する処分**をいいます（2条4号）。したがって、**不特定多数人に向けられた不利益処分**（**一般処分**）は、**行政手続法上の不利益処分に当たりません**。

「……基準を定め、かつ、必ずこれを公にしておかなければならず、……不利益処分の性質に照らしてできる限り具体的なものとするよう努めなければならない。」の部分が誤りです。行政庁は、**処分基準**を定め、かつ、これを**公にしておくよう努めなければなりません**（12条1項）。これに対し、行政庁は、処分基準を定めるに当たっては、**不利益処分の性質に照らしてできる限り具体的なものとしなければなりません**（12条2項）。

ワンポイント

①許認可等の取消しの場合など、名あて人となるべき者に及ぼす**不利益の程度が大きい処分をしようとする場合**には、当該名あて人に対して、**口頭による意見陳述等の手続**（**聴聞**）を執らなければなりません（13条1項1号）。

②**口頭による意見陳述等の手続**（**聴聞**）**を必要とする場合**は、（ⅰ）**許認可等を取り消す**（**撤回含**）**不利益処分をしようとするとき**。（ⅱ）**名あて人の資格又は地位を直接にはく奪する不利益処分をしようとするとき**。（ⅲ）**名あて人が法人**である場合における**その役員の解任を命ずる不利益処分**、名あて人の業務に従事する者の解任を命ずる不利益処分又は名あて人の会員である者の除名を命ずる不利益処分をしようとするとき（国土交通大臣による道路公団総裁の解任、社会福祉法人に対して行う解散を命令する処分等）の**3つ**です。

許認可等の取消しの場合など、**名あて人となるべき者に及ぼす不利益の程度が大きい処分**をしようとする場合には、原則として、口頭による意見陳述等の手続（聴聞）を必要とします。しかし、公益上、緊急に不利益処分をする必要があるため、当該手続を執ることができないときは、意見陳述手続の適用が除外されています（13条2項1号）。

Q19 特別区 2016［H28］★★★

行政庁は、許認可等を取り消す不利益処分をしようとするときは、当該不利益処分の名あて人となるべき者について、弁明の機会を付与しなければならず、弁明は、弁明を記載した書面を提出してするものとする。

Q20 国家専門 1998［H10］★★★

青色申告の承認取消通知に理由附記が要求されている趣旨は、行政庁の判断の慎重と公正・妥当を期して恣意を抑制するとともに、相手方に不服申立ての便宜を与えることにあるから、附記すべき理由としては、処分の根拠規定、当該号数を示せば足りるとするのが判例である。

Q21 国家専門 2009［H21］★★★

行政庁は、不利益処分をする場合には、いかなるときも、その名あて人に対し、当該不利益処分の理由を示さなければならない。

Q22 特別区 2016［H28］★★★

行政庁は、不利益処分をする場合には、その名あて人に対し、処分後相当の期間内に、当該不利益処分の理由を示さなければならないが、不利益処分を書面でするときであっても、その理由は口頭によることができる。

Q23 特別区 2016［H28］★★

行政庁は、聴聞及び弁明の機会の付与を行うに当たって、当事者から不利益処分の原因となる事実を証する資料の閲覧を求められた場合、第三者の利害を害するおそれがあるときに限り、その閲覧を拒むことができる。

×

「行政庁は、許認可等を取り消す不利益処分をしようとするときは、……弁明の機会を付与しなければならず、」の部分が誤りです。行政庁は、**許認可等を取り消す不利益処分**をしようとするときは、当該不利益処分の名あて人となるべき者については、**聴聞の機会を付与**しなければなりません（13条1項1号イ）。

A 20
×

「附記すべき理由としては、処分の根拠規定、当該号数を示せば足りるとするのが判例である。」の部分が誤りです。行政庁が**不利益処分をする場合**に示す理由附記の内容および程度は、**処分の相手方がその記載から了知しうるものでなければなりません**。したがって、**青色申告の承認取消通知に附記すべき理由**としては、処分の根拠規定、当該号数を示すだけではなく、**処分の相手方がその記載から了知しうるものでなければなりません**（最判昭49・4・25）。

A 21
×

選択肢全体が誤りです。行政庁は、不利益処分をする場合には、その名あて人に対し、同時に、当該不利益処分の理由を示すことを原則とします（14条1項本文）が、**処分をすべき差し迫った必要がある場合は理由は不要です**（14条1項但し書き）。

A 22
×

「その理由は口頭によることができる。」の部分が誤りです。**不利益処分を書面**でするときは、**その理由は、書面により示さなければなりません**（14条3項）。

A 23
×

「第三者の利害を害するおそれがあるときに限り、その閲覧を拒むことができる。」の部分が誤りです。**当事者等による文書閲覧を行政庁が拒むことができる場合**は、①**第三者の利益を害するおそれがあるとき**、②**その他正当な理由があるとき**です（18条1項後段）。

Q24
国家専門
2008［H20］
★★★

聴聞の通知があった時から聴聞が終結するまでの間、当事者は、行政庁に対し、当該事案についてした調査の結果に係る調書等の閲覧を求めることができ、さらに、聴聞の期日における審理の進行に応じて必要となった資料の閲覧をも求めることができる。

Q25
国家総合
2019［R1］
★★★

聴聞手続では、聴聞の通知を受けた者は、聴聞の通知があったときから聴聞終結までの間、行政庁に対し、当該事案についてした調査の結果に係る調書その他の資料の閲覧を求めることができるが、この場合、行政庁は、第三者の利益を害するおそれがあるときその他正当な理由があるときは、その閲覧を拒むことができる。

Q26
国家専門
2005［H17］
★★★

弁明の機会の付与手続は、書面主義が採られており、不利益処分の名宛人となる当事者が、弁明書、証拠書類等を提出することによって防御権を行使することになるが、聴聞手続と同じように当事者には文書閲覧権が認められている。

Q27
国家専門
2008［H20］
★

聴聞の当事者又は参加人である者が聴聞を主宰することができないだけでなく、当事者の補佐人又は参加人の補佐人も聴聞を主宰することができない。

A 24 ○

当事者及び当該不利益処分がされた場合に**自己の利益を害されることとなる参加人（当事者等）**は、**聴聞の通知があった時から聴聞が終結する時までの間、行政庁に対し**、当該事案についてした調査の結果に係る調書その他の**当該不利益処分の原因となる事実を証する資料の閲覧を求めることができます**（18 条 1 項前段）。そして、**文書閲覧を求める期日**については、**聴聞の通知があった時から聴聞が終結する時以降も**、当事者等が聴聞の期日における審理の進行に応じて**必要となった資料の閲覧を更に求めることを妨げません**（18 条 2 項）。

A 25 ○

本選択肢の通りです。**聴聞手続**では、**聴聞の通知を受けた者は**、**聴聞の通知があったときから聴聞終結までの間**、行政庁に対し、**当該事案についてした調査の結果に係る調書その他の資料の閲覧を求めることができますが**、この場合、行政庁は、**第三者の利益を害するおそれがあるときその他正当な理由があるとき**は、**その閲覧を拒むことができます**（18 条 1 項）。

A 26 ×

弁明の機会の付与手続は、……聴聞手続と同じように当事者には文書閲覧権が認められている。」の部分が誤りです。**弁明の機会の付与手続において、当事者には文書閲覧権が認められていません**（31 条で 18 条の準用はありません。）。

A 27 ○

聴聞を主宰することができないのは、聴聞の当事者又は参加人である者に限定されません。聴聞の主宰が禁じられているのは、①当該聴聞の当事者又は参加人、②①に規定する者の配偶者、四親等内の親族又は同居の親族、③①**に規定する者の代理人**又は**聴聞に出頭した補佐人**、④①～③に規定する者であった者、⑤①に規定する者の後見人、後見監督人、保佐人、保佐監督人、補助人又は補助監督人、⑥参加人以外の関係人です（19 条）。

Q28 国家一般 2001［H13］ ★★

行政手続法は、不利益処分を行う場合に、当該処分の名あて人となるべき者について、意見陳述のための手続として、聴聞又は弁明の機会の付与を定め、原則として、不利益処分については聴聞の手続を保障し、例外として、軽微な不利益処分として限定列挙したものについては、弁明の機会の付与で足りることとしている。

Q29 国家一般 1999［H11］ ★

「聴聞」に比べ略式の手続きである「弁明の機会の付与」は、簡易迅速な手続きを確保すること等の理由により、弁明書、証拠書類等の書面の提出によって防御権を行使することになっているから、当該手続きにおいて、口頭による意見陳述がなされることはない。

Q30 国家一般 2018［H30］ ★

弁明の機会の付与は、聴聞と比較してより略式の手続であり、弁明の機会の付与を行う場合、行政庁は、不利益処分の名宛人となるべき者に対して、当該不利益処分の原因となる事実まで通知する必要はない。また、弁明は、原則として書面で行われる。

3 命令等

Q31 国家専門 2014［H26］ ★★★

行政手続法上同一目的で複数の者に対し行政指導をしようとするときに行政機関が定めることとされている行政指導指針は、意見公募手続の対象となる「命令等」に含まれない。

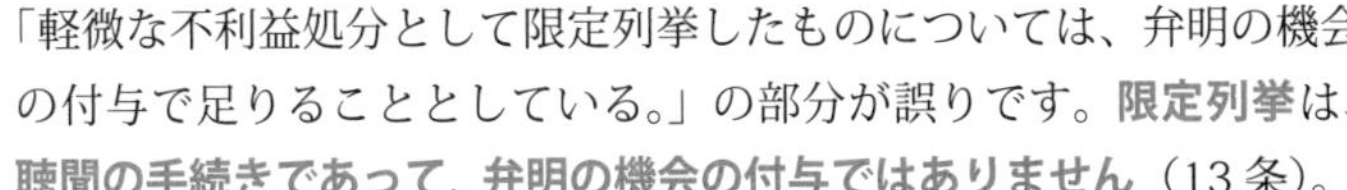

A28 ×

「軽微な不利益処分として限定列挙したものについては、弁明の機会の付与で足りることとしている。」の部分が誤りです。**限定列挙**は、**聴聞の手続きであって、弁明の機会の付与ではありません**（13条）。

A29 ×

「当該手続きにおいて、口頭による意見陳述がなされることはない。」の部分が誤りです（29条1項）。**弁明の機会の付与**は、弁明を記載した書面を提出してするだけでなく、**行政庁が口頭ですることを認めれば可能です**（29条1項）。

A30 ×

「弁明の機会の付与を行う場合、行政庁は、不利益処分の名宛人となるべき者に対して、当該不利益処分の原因となる事実まで通知する必要はない。」の部分が誤りです。行政庁が、弁明書の提出期限までに相当な期間をおいて、不利益処分の名あて人となるべき者に対し、**書面により通知**しなければならないものは、**①予定される不利益処分の内容及び根拠となる法令の条項**、**②不利益処分の原因となる事実**、**③弁明書の提出先及び提出期限**です（30条）。

A31 ×

「行政指導指針は、意見公募手続の対象となる『命令等』に含まれない。」の部分が誤りです。行政規則の一つである行政指導指針は「命令等」に含まれます。

ワンポイント

意見公募手続の対象となる命令等とは、**内閣または行政機関が定める**、**①法律に基づく命令（処分の要件を定める告示を含む）または規則**、**②審査基準**、**③処分基準**、**④行政指導指針**を指します（以上2条8号）。

Q32 国家専門 2009［H21］★★★

行政庁は、私人の権利義務に直接影響を及ぼす命令を定める場合は行政手続法上の意見公募手続を行わなければならないが、行政上の内部基準として用いられる、行政指導指針や不利益処分についての処分基準を定める場合は、当該手続を行う必要はない。

Q33 国家一般 2012［H24］★★

行政機関は、法規命令を制定しようとする場合は行政手続上の意見公募手続を行わなければならないが、許認可に当たっての審査基準や不利益処分についての処分基準を定めようとする場合に当該意見公募手続を実施するか否かの判断は、各機関の長に委ねられている。

Q34 国家一般 2018［H30］★

行政手続法上、命令等を定める機関は、命令等を定めた後においても、当該命令等の規定の実施状況、社会経済情勢の変化等を勘案し、必要に応じ、当該命令等の内容について検討を加え、その適正を確保するよう努めなければならないとされている。

4 地方公共団体への適用

Q35 国家専門 2011［H23］★★★

地方公共団体の機関が法律や条例に基づいて行う処分については、当該地方公共団体において行政手続法の趣旨にのっとり必要な措置を講ずるよう努めることとされ、行政手続法の適用が除外されている。

×

「行政上の内部基準として用いられる、行政指導指針や不利益処分についての処分基準を定める場合は、当該手続を行う必要はない。」の部分が誤りです。前問の解説 A31 ワンポイント を参照してください。

×

「許認可に当たっての審査基準や不利益処分についての処分基準を定めようとする場合に当該意見公募手続を実施するか否かの判断は、各機関の長に委ねられている。」の部分が誤りです。**当該意見公募手続を実施するか否かの判断**は、**各機関の長の自由裁量ではありません**（38条1項参照）。

○

命令等制定機関は、命令等を定めた後においても、当該命令等の規定の実施状況、社会経済情勢の変化等を勘案し、**必要に応じ、当該命令等の内容について検討を加え、その適正を確保するよう努めなければなりません**（38条2項）。

「地方公共団体の機関が法律……に基づいて行う処分については、……必要な措置を講ずるよう努めることとされ、行政手続法の適用が除外されている。」の部分が誤りです。**地方公共団体の機関がする処分**（その根拠となる規定が**条例又は規則**に置かれているものに限る。）及び**行政指導**、**地方公共団体の機関に対する届出**（2条第7号の通知の根拠となる規定が**条例又は規則**に置かれているものに限る。）並びに地方公共団体の機関が**命令等を定める行為**については、**行政手続法の適用はありません**（3条3項）。

地方公共団体の機関が行う行政指導には、行政手続法の行政指導に関する章の規定は適用されないが、同法は、地方公共団体に対し、適用除外とされた手続について、同法の規定の趣旨にのっとり、行政運営における公正の確保と透明性の向上を図るため必要な措置を講ずるよう努めなければならないとしている。

地方公共団体は、行政手続条例を制定する法的義務はありませんが、努力義務はあります。地方公共団体は、**適用除外とされた処分**（その根拠となる規定が**条例又は規則**に置かれているものに限る。）、**行政指導及び届出**（2条第7号の通知の根拠となる規定が**条例又は規則**に置かれているものに限る。）並びに**命令等を定める行為**に関する手続について、……**必要な措置を講ずるよう努めなければなりません**（46条）。

行政の実効性確保の手段 (1)行政上の強制執行

1 総説

Q1
国家一般
2000［H12］
★★★

行政上の強制執行は、物理的に私人の自由を拘束し又は財産権を侵害することになるから、侵害留保の原則からすれば当然法律の根拠を必要とするが、その前提たる義務賦課行為について法律の根拠がある場合、強制執行には法律の根拠を必要とせず、現行法上もそのように規定されている。

2 代執行

Q2
特別区
2012［H24］
★★★

行政代執行法は行政上の強制執行に関する一般法であり、行政庁が自ら義務者のなすべき行為を行う場合には、個別法に特別な代執行の定めがなければならない。

Q3
国家一般
2013［H25］
★★★

行政代執行法に基づく代執行の対象となる義務は法律により直接成立する義務に限定され、行政庁によって命ぜられた行為は対象とならない。

「強制執行には法律の根拠を必要とせず、現行法上もそのように規定されている。」の部分が誤りです。「**行政上の強制執行**」とは、**直接法令の規定により命じられた義務**あるいは**行政行為によって命じられた義務を私人が履行しない場合**に、行政庁が私人に対し**有形力を行使**して**強制的に義務の実現をはかる**作用をいいます。これは、「**自力救済禁止の原則**」**の例外**です。**行政行為の法律の授権**とともに、**行政上の強制執行**をするにあたっては、**法律の授権が別途必要**となります。なぜなら、行政上の強制執行は、行政行為よりも私人の権利・利益を侵害する可能性が高いからです。

選択肢全体が誤りです。「**代執行**」とは、行政庁が、**代替的作為義務**を履行しない者に代わって、**自ら又は第三者をしてこれをなさしめる強制執行制度**をいいます。**行政代執行**を行うにあたって、**その根拠となる法律は、行政代執行法**です。行政上の強制執行によって課される義務はさまざまなものがあるので、行政代執行法ですべて対応しうるわけではありません。

選択肢全体が誤りです。代替的作為義務が発生する根拠は、**代替的作為義務**が、「**法律（法律の委任に基く命令、規則及び条例を含む）により直接に命ぜられた行為**」の場合と、「**法律に基き行政庁により命ぜられた行為**（他人が代わってなすことのできる行為に限る）」の場合です（行政代執行法２条）。

ワンポイント

条例に基づく義務で代執行が可能なのは、法律の委任に基づく条例に限られず、**自主条例に基づく代執行も認められます**（通説）。

Q 4
特別区
2012［H24］
★★★

法律により直接に命ぜられ、又は法律に基づき行政庁により命ぜられた代替的作為義務又は不作為義務を義務者が履行しない場合、行政庁は、自ら義務者のなすべき行為をなし、又は第三者にこれをなさしめることができる。

Q 5
国家総合
1982［S57］
★★

市庁舎の一部分の使用許可が取り消された場合、それまでの使用者は当該部分の明渡し義務を負うが、市長は当該義務の不履行に対しては代執行をすることはできない。

Q 6
国家専門
2007［H19］
★★

行政代執行は、他の手段によってその履行を確保することが困難であることが要件の一つとなっているが、この場合の「他の手段」に当たるものとして、行政罰、他の強制執行手段及び民事上の強制執行が挙げられるとする点で学説は一致している。

Q 7
特別区
2012［H24］
★★

行政庁は、法律により直接に命ぜられた行為を義務者が履行しない場合、不履行を放置することが著しく公益に反すると認められるときであっても、他の手段によってその履行を確保することが困難でなければ、代執行はできない。

A 4 ×

「不作為義務を義務者が履行しない場合、行政庁は、自ら義務者のなすべき行為をなし、又は第三者にこれをなさしめることができる。」の部分が誤りです。**不作為義務は、代執行の対象に含まれません。**ここに、「**代替的作為義務**」とは、**下命（命令）**により**私人に対して一定の行動を命じることで個別・具体的に発生する作為義務**をいいます。

ワンポイント

道路の占用許可が取り消されただけではたりず、除却命令が出されなければ、代替的作為義務は発生しません。なぜなら、代替的作為義務が具体的に発生しなければ代執行はできないからです。

A 5 ○

庁舎の明け渡しないし立退く義務は行政代執行によりその履行が確保される行政上の義務といえません（大阪高決昭 40・10・5）。なぜなら、**庁舎の明渡ないし立退く義務**は、**非代替的作為義務**ですから、**行政代執行によってその履行が確保される行政上の義務にあたらない**からです。なお、この判例は下級審の判例ですが、最高裁判決がないのでこの判例が確定判例であり、本試験ではこの下級審から出題されています。

A 6 ×

「この場合の『他の手段』に当たるものとして、行政罰、他の強制執行手段及び民事上の強制執行が挙げられるとする点で学説は一致している。」の部分が誤りです。**代執行が認められるための要件**として、**代替的作為義務**であること以外に、「**他の手段によってその履行を確保することが困難**」であること、かつ「**その不履行を放置することがいちじるしく公益に反すると認められるとき**」です（行政代執行法 2 条）。

A 7 ○

本選択肢の通りです。前問の解説 A6 を参照してください（2 条）。

Q 8
国家一般
2000 [H12]
★★★

行政代執行とは、私人の側の代替的作為義務が履行されない場合、行政庁が自ら義務者のなすべき行為をし又は第三者をしてこれをなさしめ、これに要した費用を義務者から徴収する制度をいい、義務の不履行があれば実力行使ができ、代執行の前にその戒告及び通知は必要ない。

Q 9
国家専門
1984 [S59]
★★

行政代執行法における代執行を行なうには、相当の履行期限を定め、その期限までに履行がなされないときは、代執行をなすべき旨を、あらかじめ戒告しなければならないが、この戒告は文書で行なっても口頭で行なってもよい。

Q 10
特別区
2004 [H16]
★

行政庁は、事前に裁判所から代執行令書の交付を受けなければ、代執行を行うことができない。

Q 11
特別区
2012 [H24]
★★

代執行を実施する場合、緊急の必要があるときは、義務者に対する戒告を省略することができるが、義務者に対する代執行令書による通知は、代執行の時期や執行責任者の氏名が記載されるので省略することができない。

Q 12
特別区
2009 [H21]
★★

行政庁は、期限までに履行がなされないときは代執行をなすべき旨を、予め文書で戒告しなければならないが、この戒告に対して不服のある者は、行政不服申立てをすることはできるが、取消訴訟を提起することはできない。

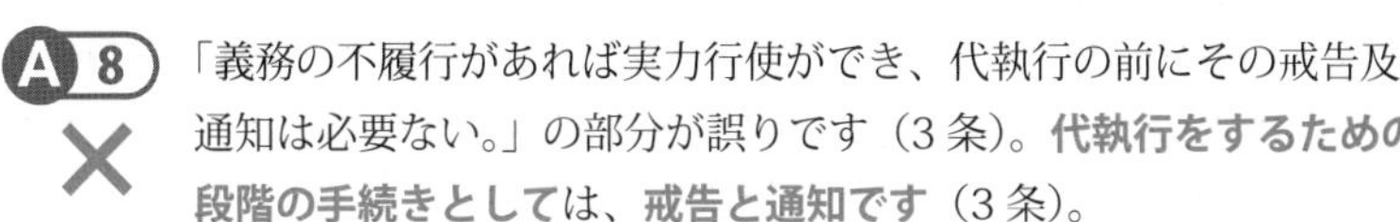

A8 ×

「義務の不履行があれば実力行使ができ、代執行の前にその戒告及び、通知は必要ない。」の部分が誤りです（3条）。**代執行をするための前段階の手続きとしては、戒告と通知です**（3条）。

A9 ×

「この戒告は文書で行なっても口頭で行なってもよい。」の部分が誤りです。**戒告は予め文書で戒告しなければなりません**（3条1項）。

A10 ×

選択肢全体が誤りです。代執行令書の作成・交付は、行政庁自らが行います。

ワンポイント

義務者が、行政庁から戒告を受けて、指定の期限までにその義務を履行しないときは、当該行政庁は、代執行令書には、**①代執行をなすべき時期**、**②代執行のために派遣する執行責任者の氏名**及び**③代執行に要する費用の概算による見積額**を記載して**義務者に通知**しなければなりません（行政代執行法3条2項）。

A11 ×

「義務者に対する代執行令書による通知は、代執行の時期や執行責任者の氏名が記載されるので省略することができない。」の部分が誤りです。**戒告・通知の手続をとらずに、代執行をすることができる場合**とは、**非常の場合**又は**危険切迫の場合**において、**当該行為の急速な実施について緊急の必要**があるときです（3条3項）。

A12 ×

「この戒告に対して不服のある者は、……取消訴訟を提起することはできない。」の部分が誤りです。**戒告と通知**は、**ともに準法律行為的行政行為**にあたり、これに不服のある者は、**行政不服申立てまたは取消訴訟を提起**することができます。

Q13 特別区 2009［H21］ ★★★

代執行のために現場に派遣される執行責任者は、その者が執行責任者たる本人であることを示すべき証票を携帯する必要はなく、要求があったときは、事後にこれを呈示すればよい。

Q14 特別区 2015［H27］ ★★

行政代執行とは、義務者が代替的作為義務を履行しない場合、他の手段によってその履行を確保することが困難であるとき、行政庁自らが義務者の義務を履行できるとするものであるが、代執行に要した費用を義務者から徴収することはできない。

Q15 特別区 2009［H21］ ★★

行政庁は、代執行に要した費用については、義務者に対し文書でその納付を命じなければならないが、義務者がこれを履行しないときは、国税滞納処分の例により徴収することができ、国税及び地方税に次ぐ順位の先取特権を有する。

3 強制徴収

Q16 特別区 2007［H19］ ★★★

行政上の強制徴収とは、行政上の金銭給付義務が履行されない場合に、行政庁が一定の期限を示して過料を予告することで義務者に心理的圧迫を加え、その履行を将来に対して間接的に強制することをいう。

×

「証票を携帯する必要はなく、要求があったときは、事後にこれを呈示すればよい。」の部分が誤りです（4条）。代執行のために現場に派遣される**執行責任者**は、その者が**執行責任者たる本人であることを示すべき証票を携帯し、要求があるときは、何時でもこれを呈示しなければなりません**（4条）。

A 14

×

「代執行に要した費用を義務者から徴収することはできない。」の部分が誤りです。**代執行に要した費用**は、**国税滞納処分の例により、徴収することができます**（6条1項）。

A 15

○

本選択肢の通りです。**代執行に要した費用**については、**行政庁**は、**国税及び地方税に次ぐ順位の先取特権**を有します（6条2項）。

A 16

×

「行政庁が一定の期限を示して過料を予告することで義務者に心理的圧迫を加え、その履行を将来に対して間接的に強制することをいう。」の部分が誤りです。本選択肢は、「強制徴収」ではなく「執行罰」の定義です。「**強制徴収**」は、**課税処分などの行政行為が課される**ことにより発生する**金銭債務**を**履行できない場合**に行うものです。

ワンポイント

強制徴収の一連の手続は、行政庁が強制的に債務者の財産を差押さえ、換価し、債権に充当する流れとなります。

Q17 国家専門 1990［H2］ ★★

国税債権の徴収については、国税徴収法が徴収手続きを定めており、国税債権以外の行政上の金銭債権の強制徴収についても、他の法律で特に適用を排除する旨の規定がないかぎり国税徴収法の規定が適用される。

Q18 国家一般 2013［H25］ ★★★

金銭債権について、法律が行政上の強制徴収の手段を設けている場合であっても、この手段によることなしに、一般の金銭債権と同様に、民事上の強制執行を行うことができるとするのが判例である。

Q19 国家総合 2016［H28］ ★★★

農業共済組合が組合員に対して有する保険料債権等の徴収方法について、当該組合に租税に準ずる簡易迅速な行政上の強制徴収の手段が与えられていたとしても、行政上の強制徴収は行政庁に特権を付与したにすぎないため、当該組合は、かかる行政上の強制徴収の手続によることなく、一般私法上の債権と同様に民事上の強制執行の手段により債権の実現を図ることができるとするのが判例である。

4 執行罰

Q20 国家専門 1992［H4］ ★★★

執行罰とは、不作為義務、非代替的作為義務の不履行に対して一定額の過料を課すことを通告して、間接的に義務の履行を促し、なお義務を履行しないときには、これを強制的に徴収する義務履行確保の制度である。

Q21 特別区 2002［H14］ ★★★

行政上の執行罰は、罰金に処することを予告することにより義務者に心理的圧迫を加え、義務の履行を確保しようとするものであり、その例として砂防法の間接強制がある。

A17 ×

「国税債権以外の行政上の金銭債権の強制徴収についても、他の法律で特に適用を排除する旨の規定がないかぎり国税徴収法の規定が適用される。」の部分が誤りです。**国税徴収法**は、国税債権の徴収にかかわる手続を定めるものですが、これは、**国税債権以外の行政上の金銭債権の強制徴収に適用される一般法ではありません**。したがって、**他の法律で特段の規定がないかぎり、国税徴収法の規定は適用されません**。

A18 ×

「この手段によることなしに、一般の金銭債権と同様に、民事上の強制執行を行うことができるとするのが判例である。」の部分が誤りです。**行政庁（農業共済組合）が行政上の強制徴収の手段を与えられている場合に**、**民事訴訟法上の強制手段により債権の実現を図ることは許されません**（最大判昭 41・2・23）。

A19 ×

「当該組合は、かかる行政上の強制徴収の手続によることなく、一般私法上の債権と同様に民事上の強制執行の手段により債権の実現を図ることができるとするのが判例である。」の部分が誤りです。前問の解説 A18 を参照してください（最大判昭 41・2・23）。

A20 ○

「**執行罰**」とは、**非代替的作為義務**、**不作為義務**の不履行に対し、**過料を課すことを通告**し、当該期間内に義務が履行されない場合に**過料を徴収する制度**をいいます。

A21 ×

「行政上の執行罰は、罰金に処すること。」の部分が誤りです。本選択肢にある「**罰金**」は、刑法９条に定められている**刑罰の一種**であり、**義務の不履行に対する強制手段ではありません**。

Q22 国家一般 2013［H25］★★★

一定額の過料を課すことを通じて間接的に義務の履行を促す執行罰は、行政罰の一類型であり、相手方の義務の不履行の状態が続いているからといって、反復して課すことはできない。

Q23 国家一般 2015［H27］★★★

執行罰について、相手方が義務を履行するまでこれを反復して科すことは、二重処罰を禁止した憲法第 39 条に違反する。

5 直接強制

Q24 特別区 2007［H19］★★★

直接強制とは、行政上の義務を義務者が履行しない場合に、行政庁が義務者の身体又は財産に直接実力を加え、義務を履行されたのと同一の状態を実現することをいい、個別法に根拠がある場合のみ認められる。

Q25 特別区 2015［H27］★★★

直接強制とは、目前急迫の必要があって義務を命じる暇がない場合、行政機関が相手方の義務の不履行を前提とすることなく、直接、国民の身体や財産に実力を加え、行政上必要な状態を作り出す作用をいう。

Q26 国家一般 2013［H25］★★★

直接強制は、義務者が義務を履行しない場合に、直接、義務者の身体又は財産に実力を行使して、義務の履行があった状態を実現するものであるが、直接強制について一般法は制定されておらず、個別法の定めによっている。

Q27 特別区 2002［H14］★★★

行政上の直接強制は、代執行又は執行罰のいずれかにより目的を達成できる場合であっても、これを行うことができる。

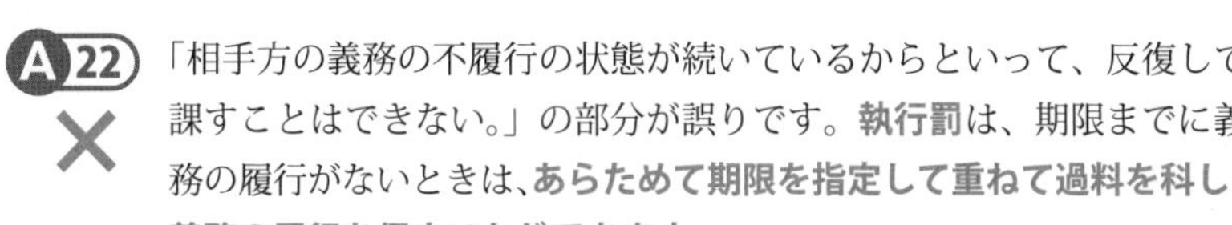

A22 ×

「相手方の義務の不履行の状態が続いているからといって、反復して課すことはできない。」の部分が誤りです。**執行罰**は、期限までに義務の履行がないときは、**あらためて期限を指定して重ねて過料を科し、義務の履行を促すことができます。**

A23 ×

「執行罰について、相手方が義務を履行するまでこれを反復して科すことは、二重処罰を禁止した憲法第39条に違反する。」の部分が誤りです。**執行罰**について、**相手方が義務を履行するまでこれを反復して科すことは、二重処罰を禁止した憲法39条に違反しません。**

A24 ○

「**直接強制**」とは、**行政行為としての下命**により、**作為義務を課し**、または**禁止**により、**不作為義務を課し**、これに対し、私人がこれを履行しない場合に、**直接、私人の身体または財産に実力を加えることによって、義務の内容を実現する制度**をいいます。

A25 ×

選択肢全体が誤りです。本選択肢は、「直接強制」ではなく「即時強制」に関する説明です。

A26 ○

直接強制をするにあたっては、**個別の法律の根拠を必要とします**。なぜなら、直接強制は、人権侵害の危険性が高いからです。

A27 ×

選択肢全体が誤りです。**直接強制**は、私人に対する権利・利益の侵害の程度が他の行政上の強制執行と比較して著しく高いため、**個別の法律の根拠を前提**に、**他の強制執行によって目的が達成できない場合**（**補充性の原則**）に認められ、**その行使も目的達成のための必要最小限度**にとどまらなければなりません（**比例原則**）。

Q 28
国家一般
2015［H27］
★★★

直接強制は、法律を根拠規範としなければならず、条例を根拠規範とすることはできない。

Q 29
国家専門
1992［H4］
★★★

行政行為により義務を課せられた者の身体または財産に直接力を行使して義務の履行があった状態を実現する直接強制は、人権侵害のおそれが大きいため、現在、直接強制を認めた法律はまったくない。

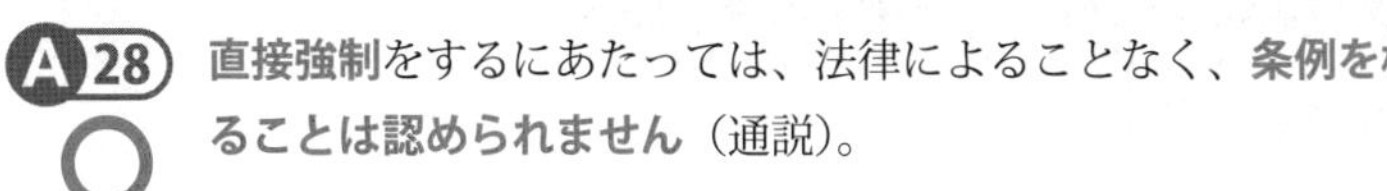

A28 ○

直接強制をするにあたっては、法律によることなく、**条例を根拠にすることは認められません**（通説）。

A29 ×

「現在、直接強制を認めた法律はまったくない。」の部分が誤りです。直接強制を認めた法律として、代表的なものは、成田国際空港の安全確保に関する緊急措置法（成田新法）があります。

(2)即時強制

Q1
特別区
2015［H27］
★★★

即時強制とは、義務者が義務を履行しない場合、義務者の身体や財産に実力を加え、義務の内容を実現する作用をいうが、苛酷な人権侵害を伴うおそれが強いため、例外的に最小限、個別法に特別の定めが置かれている。

Q2
特別区
2011［H23］
★★★

行政上の強制執行の定めは法律の専権事項であり、条例で強制執行の権限を創設することはできないので、即時強制の根拠を条例で定めることは、緊急避難的な措置であっても許されない。

「即時強制とは、義務者が義務を履行しない場合」の部分が誤りです。**「即時強制」**とは、行政庁が、**目前急迫の障害を排除する緊急の必要**がある場合に、**相手方の義務の存在を前提とせずに**、直接に身体または財産に実力を行使して、行政目的の実現を図る作用をいいます。**相手方の義務の存在を前提としない点**が、**行政上の強制執行との違い**です。

ワンポイント

①即時強制は国民の身体、財産に向けられた公権力性を有する行為ですから、法律の根拠を必要とします。

②即時強制には法の一般原則である比例原則が妥当し、目的を達成するための必要最小限の有形力の行使にとどまらなければなりません。

「即時強制の根拠を条例で定めることは、緊急避難的な措置であっても許されない。」の部分が誤りです。**地方公共団体の制定する条例を根拠とする即時強制は認められます**。たとえば、放置自転車の移動保管等がその例です。

ワンポイント

即時強制を認めたものとしては、鉄道地内にみだりに立ち入る罪を犯した者に対しては、鉄道係員が旅客および公衆を車外又は鉄道地外に退去させることができると定めた鉄道営業法 42 条 1 項 3 号があります（最大判昭 48・4・25）。

Q 3
特別区
2011［H23］
★★★

即時強制は、執行機関の裁量に委ねられ、その要件、内容の認定や実力行使の程度、態様、方法を選択する場合、法規の趣旨・目的を厳格に解釈し、相手方の人権侵害を最小限にとどめるよう配慮しなければならないが、比例原則は適用されない。

Q 4
国家一般
1991［H3］
★★★

行政上の即時強制は急迫の不正を除くことが目的ではあるが、人の身体または財産に強制を加えるものであるから、それがいかなる即時強制であっても、これを行なうには裁判官の発する令状によらなければならない。

Q 5
特別区
2011［H23］
★★★

身柄の収容や物の領置などの即時強制が実施され、継続して不利益状態におかれている者は、行政不服申立て又は取消訴訟によって不利益状態の排除を求めることができる。

Q 6
国家一般
2009［H21］
★★

火災の際の消防活動により損害を受けた者がその損失の補償を請求し得るためには、その損害を与えた処分等が、火災が発生しようとし、若しくは発生し、又は延焼のおそれがある消防対象物及びこれらのもののある土地以外の消防対象物及び土地に対しなされたものであり、かつ、その処分等が消火若しくは延焼の防止又は人命の救助のために緊急の必要があるときになされたものであることを要する。

A 3 ×

「比例原則は適用されない。」の部分が誤りです。**即時強制は、執行機関の裁量**にゆだねられ、その要件、内容の認定や実力行使の程度、態様、方法を選択する場合、**法規の趣旨目的を厳格に解釈し、相手方の人権侵害を最小限にとどめるよう配慮しなければなりません**（**比例原則**）（最大判昭 48・4・25）。

ワンポイント

即時強制については、行政手続法の適用はありません。なぜなら、即時強制は、事実行為であるため、行政手続法２条４号イにより、行政手続法の不利益処分に該当しないからです。

A 4 ×

「これを行なうには裁判官の発する令状によらなければならない。」の部分が誤りです。**即時強制を行うにあたっては**、**裁判官の発する令状を必ずしも必要としません**。

A 5 ○

公権力性を有する事実行為（即時強制）の中で、法律に基づいて実施する身柄の収容、物の領置などの、**いわゆる継続性を有する事実行為に不服のある場合**には、**行政不服申立て**あるいは**行政事件訴訟法に基づく取消訴訟等を提起して救済を求めることができます**。

ワンポイント

違法な即時強制により損害を受けた場合には、国家賠償請求が認められる余地があります。

A 6 ○

火災の際の消防活動により損害を受けた場合において、**客観的に延焼の可能性がなかったと認められるとき**は、たとえ消防団長が延焼のおそれがあると判断して破壊した場合であっても、**損害を受けた者**は、**消防法 29 条 3 項に基づいて損失補償を請求することができます**（最判昭 47・5・30）。

行政の実効性確保の手段 (3)行政罰

1 総説

Q1
国家一般
1985［S60］
★★★

行政罰は、過去の行政法上の義務違反に対する場合のほか、将来にわたって義務の履行を強制するためにも科せられる。

Q2
特別区
2013［H25］
★★

行政罰は行政刑罰と行政上の秩序罰との2種類に分けられ、行政刑罰として禁錮、罰金、拘留、科料、没収を科すことはできるが、懲役を科すことはできない。

Q3
国家専門
1990［H2］
★★★

所得税法をはじめとする各税法に規定されている各種加算税は、経済的負担を課することによって申告および納付義務の不履行を防止するために設けられた、各税法上の義務違反に対する行政上の制裁である。

Q4
国家専門
2007［H19］
★★

行政上の勧告や命令に従わない者がある場合に、社会的制裁を期待して、その事実を情報公開の一環として公表し、行政への協力を促す手法がとられることがあるが、その公表は、公表される者にとっては実質的に不利益処分に当たるので、これらの者に対して弁明等の事前手続を行うことが義務付けられている。

A1 ×

「行政罰は、……将来にわたって義務の履行を強制するためにも科せられる。」の部分が誤りです。**行政罰**とは、**過去の義務違反に対する制裁**です。これに対し、**行政上の強制執行**（**執行罰**を含む）は、**将来に向かって義務の実現をはかろうとする制度**です。

A2 ×

「行政刑罰として……懲役を科すことはできない。」の部分が誤りです。行政罰を２種類に分けると、行政刑罰と秩序罰です。**行政刑罰**として**禁錮**、**罰金**、**拘留**、**科料**、**没収**そして、**懲役**を科すこともできます。

A3 ○

所得税法をはじめとする各税法に規定されている**各種加算税**は、**経済的負担を課すること**によって**申告および納付義務の不履行を防止するために設けられた**、各税法上の義務違反に対する**行政上の制裁**です。

A4 ×

「その公表は、公表される者にとっては実質的に不利益処分に当たるので、これらの者に対して弁明等の事前手続を行うことが義務付けられている。」の部分が誤りです。「**公表**」とは、**行政上の勧告や命令に従わない者**に対し、社会的制裁を期待して、**その事実を情報公開の一環として行われるもの**で、**行政への協力を促す手法**です。これは、**違反者に社会的制裁を加え**、**履行を確保することを目的**とするものです。

ワンポイント

公表はそれ自体一定の事実・名前の公表というだけの行為であり、国民に義務を課したり、権利を剥奪する行為ではなく、国民の身体・財産に直接実力を行使する行為でもありません。したがって、**行政手続法が定める「不利益処分」には該当しない**ので、**弁明等の事前手続を行うことが義務付けられているわけではありません。**

Q5 国家一般 2015 [H27] ★★★

行政刑罰と行政上の秩序罰を併科することは、二重処罰を禁止した憲法第 39 条に違反する。

Q6 国家専門 1982 [S57] ★★★

行政罰も一種の罰であるから、過料も含めこれを科するためには、常に法律の根拠がなければならない。

2 行政刑罰

Q7 特別区 2013 [H25] ★★★

行政刑罰は、反社会的・反道義的性質の行為に対して、行為者の道義責任の追及のため又は社会的悪性の矯正のために科されるものである。

Q8 国家一般 1990 [H2] ★★★

行政刑罰は、単なる命令禁止違反に対する制裁であるから、行政刑罰として利用することができるのは、刑法に刑名のある刑罰のうち拘留・科料に限られる。

Q9 国家一般 1979 [S54] ★★★

行政刑罰は、原則として刑事罰と同様に法律の根拠を必要とするが、行政庁がその裁量によって科することのできる過料などの例外がある。

Q10 特別区 2005 [H17] ★★★

行政刑罰では、二重処罰の禁止の原則は適用されないため、同一事実に対し行政上の目的を達するまで繰り返し科すことができる。

Q11 国家一般 1990 [H2] ★★★

行政刑罰も一種の刑罰であるから、行政刑罰を科するためには法律の根拠が必要である。

A5 ×
行政刑罰と行政上の秩序罰を併科することは、二重処罰を禁止した憲法39条に違反しません。

A6 ×
選択肢全体が誤りです。行政罰を科するためには、常に法律の根拠がなければならないのではなく、**軽微な秩序違反に科せられる秩序罰について**は、**条例を根拠とする場合があります。**

A7 ×
選択肢全体が誤りです。「**行政刑罰**」とは、**行政上の過去の義務違反に対する制裁**として刑罰が課される場合をいいます。これに対し、「**刑事罰**」とは、**反社会的・反道義的性質の行為**に対して、**行為者の道義責任の追及**のため又は**社会的悪性の矯正**のために科されるものをいいます。

A8 ×
「行政刑罰として利用することができるのは、刑法に刑名のある刑罰のうち拘留・科料に限られる。」の部分が誤りです。**行政刑罰**には、**死刑、懲役、禁錮、罰金、拘留、科料、没収**があります（刑法9条）。

A9 ×
「行政刑罰は、……行政庁がその裁量によって科することのできる過料などの例外がある。」の部分が誤りです。「**過料」は、行政刑罰の一種ではありません。**

A10 ×
行政刑罰は、**刑罰である以上、二重処罰の禁止の原則は適用されます**（憲法39条）。

A11 ○
行政刑罰は、人権侵害の危険性が高いので、法律の根拠を必ず必要とします。

Q12 国家一般 1990［H2］★★★

行政刑罰と懲戒罰とはそれぞれその目的を異にするが、権力の基礎を同じくすることから、両者を併科することはできない。

Q13 国家専門 2000［H12］★★★

「行政刑罰」とは、行政上の義務違反に対して科される、懲役、禁固、罰金・科料等の刑法に刑名のある刑罰をいうが、刑事罰のように、犯人の悪性に対する道義的責任の追求のために科されるものではないことから、刑事罰について定めた刑法総則の規定は原則として適用されない。

Q14 特別区 2005［H17］★★★

行政刑罰では、行為者以外の責任者を罰することがあるが、これは責任者が行為者に代わって責任を負う代位責任である。

Q15 特別区 2005［H17］★★★

行政刑罰では、行政目的の実現を確保するため法人にも犯罪能力を認めており、違反行為者だけでなくその事業主である法人も処罰されることがある。

Q16 国家専門 2003［H15］★

道路交通法第 70 条の安全運転義務は、同法の他の各条に定められている運転者の具体的個別的義務を補充する趣旨で設けられていることから考えると、他の各条の義務違反の罪のうち過失犯処罰の規定を欠く罪の過失犯たる内容を有する行為についても、同法第 70 条の過失犯の構成要件を充たす限り、その処罰規定が適用される。

Q17 特別区 2005［H17］★★★

行政刑罰は、行政上の秩序を保つために、主観的悪性に対して科される制裁であるから、必ず犯意を要件とする。

A 12 ×

「行政刑罰と懲戒罰とは……両者を併科することはできない。」の部分が誤りです。**行政刑罰と懲戒罰**は、**それぞれ、目的を異にするので、両者を併科することはできます。**

A 13 ×

「刑事罰について定めた刑法総則の規定は原則として適用されない。」の部分が誤りです。**行政刑罰**については、原則として**刑法総則の適用があります。**

A 14 ×

「行政刑罰では、……これは責任者が行為者に代わって責任を負う代位責任である。」の部分が誤りです。**現実の行為者**のほか、**その者を使用する事業主体**も**罰する両罰規定**（道路交通法 123 条等）が定められていますが、この場合、**事業主体**は、現実の行為者に代わって責任を負う代位責任はなく、**自己責任を負います。**

A 15 ○

行政法規における事業主処罰規定について、**事業主が従業者の選任・監督について無過失であることの証明**がなされた場合には、**事業主は処罰されません。**（最判昭 32・11・27）。したがって、**違反行為者だけでなく、その事業主である法人も処罰されることがあります。**

A 16 ○

道路交通法 70 条の安全運転義務は、**同法の他の各条に定められている運転者の具体的個別的義務を補充する趣旨**で設けられていることから考えると、他の各条の義務違反の罪のうち**過失犯処罰の規定を欠く罪の過失犯たる内容を有する行為**についても、**同法 70 条の過失犯の構成要件を充たす限り、その処罰規定が適用されます**（最判昭 48・4・19）。

A 17 ×

行政刑罰が科されるためには、行為者に犯意は必ずしも必要ではありません。

Q18 国家一般 2015［H27］★★★

行政刑罰は、刑法以外の法律に規定された犯罪であるが、刑法に刑名のある罰を科すものであるから、原則として刑事訴訟法の規定の適用がある。

Q19 国家一般 1979［S54］★★★

行政刑罰は原則として刑事罰と同様に、刑事訴訟法に定める手続によって科されるが、道路交通法に定める刑事罰に関する即決裁判手続などの特例がある。

3 秩序罰

Q20 特別区 2013［H25］★★★

行政上の秩序罰は、行政上の義務が履行されない場合に、一定の期限を示して過料を科すことを予告することで義務者に心理的圧迫を加え、その履行を将来に対して間接的に強制するものである。

Q21 国家専門 2000［H12］★★★

「秩序罰」とは、軽微な行政上の義務違反に対して過料を科すことをいい、当該制裁は刑罰ではないが、法律に基づいた適正手続の保障の観点から、これを科すには刑事訴訟の手続による必要がある。

行政刑罰は、原則として、**刑事訴訟法の適用があります。**

A19 ○

ダイバージョンを制度化した例として、**道路交通法上の反則金制度**があります。「**犯罪の非刑罰的処理**」（**ダイバージョン**）とは、**大量に発生する行政犯の場合**には、刑罰によって対応するのではなく、**行政犯の非刑罰的処理の仕組みを設け、これに応じない者のみを選別して起訴する制度**をいいます。

ワンポイント

①ダイバージョンに関する国税犯則調査の手続は、刑事手続ではなく、一種の行政手続です（最大決昭44・12・3）。
②反則金を納付した者が、後に違法駐車をしたのは自分ではないとして、警視総監または道府県警察本部長の行う反則金の納付の通告に不服のある者は、抗告訴訟によるべきではなく、刑事手続きによるべきです（最判昭57・7・15）。

A20 ×

選択肢全体が誤りです。本選択肢は、「秩序罰」ではなく「執行罰」に関する記述です。「**秩序罰**」とは、行政上の秩序の維持のために**軽微な違反に対する制裁**として、**過料等の金銭的負担を課す罰**をいいます。

ワンポイント

秩序罰には、①登録、通知、届出などの手続を怠った場合に、科される過料等（住民基本台帳法52条2項など）、②普通地方公共団体または普通地方公共団体の長は、その条例中に、条例に違反した者またはその規則中に、規則に違反した者に対し、5万円以下の過料を科す旨の規定を設けることができます（法令に特別の定めがあるものを除く）（地方自治法14条3項、同法15条2項）。

「『秩序罰』とは、……法律に基づいた適正手続の保障の観点から、これを科すには刑事訴訟の手続による必要がある。」の部分が誤りです。秩序罰（過料）は刑罰ではありませんので、**過料を科すにあたり刑法総則、刑事訴訟法の適用はありません。**

Q22 国家専門 1995［H7］★★★

過料を科するには、法令に別段の定めがないかぎり、刑事訴訟の手続きによる必要があり、裁判所の判断を通さずに行政行為により過料を科することはできない。

Q23 国家一般 2015［H27］★★★

地方公共団体の条例・規則違反に対する過料は、非訟事件手続法の規定により、他の法令に別段の定めがある場合を除いて、過料に処せられるべき者の住所地の地方裁判所によって科されることになる。

Q24 国家総合 2013［H25］★★

法人税法に基づく追徴税（当時）と罰金の併科について、判例は、追徴税は、納税義務違反の発生を防止し、納税の実を挙げる趣旨に出た行政上の措置であり、刑罰として、これを課す趣旨でないことは明らかであるとして、憲法第 39 条に反するものではないとしている。

Q25 国家一般 2000［H12］★★

旧法人税法に基づく追徴税は、過少申告・不申告による納税義務違反の事実があれば、やむを得ない事由のない限り、その違反の法人に対し課されるもので、法人に対して制裁的意義を有するものであるから、刑罰と追徴税を併科することは憲法第 39 条の二重処罰の禁止に違反するとするのが判例である。

Q26 国家一般 2015［H27］★★

行政刑罰と行政上の秩序罰を併科することは、二重処罰を禁止した憲法第 39 条に違反する。

×

「過料を科するには、……刑事訴訟の手続きによる必要があり、裁判所の判断を通さずに行政行為により過料を科することはできない。」の部分が誤りです。**国の法律違反に対する秩序罰**については、**地方裁判所**が**非訟事件手続法**に基づいて科することになります。これに対し、**条例・規則に基づく秩序罰**については、**普通地方公共団体の長**が、**過料の処分**をするにあたっては、**行政行為の形式**で**地方自治法**に基づいて科することになります。

A 23

×

「地方公共団体の条例・規則違反に対する過料は、……過料に処せられるべき者の住所地の地方裁判所によって科されることになる。」の部分が誤りです。前問の解説A23を参照してください。

ワンポイント

普通地方公共団体の長がした過料の処分に不服がある者は、行政事件訴訟法に基づいて取消訴訟（行政事件訴訟法３条２項）を提起することができます。

A 25

○

追徴税（課税要件事実の隠蔽・仮装による申告納税義務違反に対して課せられる重加算税）と**刑罰たる罰金**とを**併科**することは、**憲法39条（二重処罰の禁止の原則）に反しません**（最大判昭33・4・30）。

A 25

×

「刑罰と追徴税を併科することは憲法第39条の二重処罰の禁止に違反するとするのが判例である。」の部分が誤りです。**追徴税**（課税要件事実の隠蔽・仮装による申告納税義務違反に対して課せられる重加算税）と**刑罰たる罰金**とを**併科**することは、**憲法39条（二重処罰の禁止の原則）に反しません**（最大判昭33・4・30）。

A 26

×

選択肢全体が誤りです。**秩序罰としての過料**と**刑罰としての罰金**、**拘留**とを**併科**することは、**憲法31条、39条後段に反しません**（最判昭39・6・5）。

(4)行政調査

1 総説

Q1
国家一般
1990［H2］
★★★

相手方の意に反する行政機関の行なう立入検査については、法律または条例に根拠がなければ実施できないこととされている。

Q2
国家専門
2012［H24］
★★

行政調査は国民の権利・自由を不当に害するおそれがあることから、憲法における適正手続の規定が当然に適用されるほか、行政手続法においても、行政調査についての一般的手続の規定が置かれている。

Q3
国家総合
2011［H23］
★★

犯則事件の調査においては刑事訴訟手続に準じて直接強制を行うことが可能であり、犯則事件の調査によって収集された資料を基礎に行政処分を行うことを認めると、実質的に行政調査における調査方法の制約を潜脱することになるから、収税官吏が犯則嫌疑者に対し国税犯則取締法に基づく調査を行った場合に、課税庁が当該調査により収集された資料を同人に対する課税処分及び青色申告承認の取消処分を行うために利用することは許されない。

A 1 ○

任意調査は、相手方が調査に応ずるか否かを任意に決定できるので、この場合には、**法律等の根拠は不要**ですが、**強制調査**を行うにあたっては、**法律の根拠を必要**とします。

A 2 ×

「憲法における適正手続の規定が当然に適用されるほか、行政手続法においても、行政調査についての一般的手続の規定が置かれている。」の部分が誤りです。**行政調査手続**については、**行政手続法の適用はありません**（行政手続法 3 条 1 項 14 号により適用除外）。

A 3 ×

「課税庁が当該調査により収集された資料を同人に対する課税処分及び青色申告承認の取消処分を行うために利用することは許されない。」の部分が誤りです。**収税官吏**が**犯則嫌疑者**に対し**国税犯則取締法に基づく調査**を行った場合に、課税庁が当該調査により収集された資料を同人に対する**課税処分及び青色申告承認の取消処分を行うために利用することは許されます**（最判昭 63・3・31）。

ワンポイント

犯罪捜査のために行政調査を行うことは、許されません。なぜなら、犯罪捜査の場合には、通常の行政調査と場合と異なり、強力な捜査権が認められるため、犯罪捜査への転用により、人権侵害が生じるおそれがあるからです。

Q 4 国家総合 2011［H23］★★

法人税法が規定する質問又は検査の権限は、犯罪の証拠資料を取得収集し、保全するためなど、犯則事件の調査あるいは捜査のための手段として行使することは許されないところ、当該質問又は検査の権限の行使に当たって、取得収集される証拠資料が後に犯則事件の証拠として利用されることが想定できた場合には、当該質問又は検査の権限が犯則事件の調査あるいは捜査のための手段として行使されたと評価することができ、当該権限の行使は違法である。

Q 5 国家一般 1996［H8］★★

行政調査は、その後に続くべき行政処分の要否、内容を決定するための情報収集であり、行政調査が違法に行われた場合には、後続する当該行政処分もまた当然に違法性を帯びる。

2 警察関係

Q 6 国家専門 2003［H15］★★★

警察官職務執行法に基づく職務質問に附随して行う所持品検査は、任意手段として許容されるものであるから、捜索に至らない程度の行為であり、強制にわたらないものであっても、所持人の承諾がなければ、一切許容されないと解すべきである。

Q 7 国家総合 2015［H27］★★★

警察官職務執行法第２条第１項に基づく職務質問に付随して行う所持品検査について、捜索に至らない程度の行為は、強制にわたらない限り、たとえ所持人の承諾がなくても、所持品検査の必要性、緊急性、これによって侵害される個人の法益と保護されるべき公共の利益との権衡などを考慮し、具体的状況の下で相当と認められる限度において許容される場合があると解すべきである。

×

「当該質問又は検査の権限が犯則事件の調査あるいは捜査のための手段として行使されたと評価することができ、当該権限の行使は違法である。」の部分が誤りです。法人税法に規定する**質問又は検査の権限の行使**にあたって、**取得収集される証拠資料**が後に**犯則事件の証拠として利用されることが想定できたとしても**、そのことによって直ちに、**その質問又は検査の権限**が**犯則事件の調査あるいは捜査のための手段として行使されたことにはなりません**（最決平16・1・20）。最判昭63･3･31の判例と異なり、かなり微妙な判例です。注意が必要です。

A 5 ×

「行政調査が違法に行われた場合には、後続する当該行政処分もまた当然に違法性を帯びる。」の部分が誤りです。**行政調査が違法に行われた場合**には、それが公序良俗に違反する方法で資料を収集するなどの重大な違法性がないかぎり、**後続する行政処分に当然にその瑕疵は承継されません**。

×

「捜索に至らない程度の行為であり、強制にわたらないものであっても、所持人の承諾がなければ、一切許容されないと解すべきである。」の部分が誤りです。**警察による所持品検査**は、**所持人の承諾がなくとも**、**捜索に至らない程度の行為**は、**強制にわたらない限り**、**行うことができます**（最判昭53・6・20）［明治公園爆弾事件・松江相銀米子支店強奪事件］。

○

職務質問に付随して行う所持品検査について、**捜索に至らない程度の行為**は、**所持人の承諾がなくても**、個人の法益と保護されるべき公共の利益との権衡などを考慮し、**許容される場合があります**（最判昭53・6・20）［明治公園爆弾事件・松江相銀米子支店強奪事件］。

Q 8
国家総合
1998［H10］
★★★

警察官職務執行法２条１項に基づく職務質問に付随して行う所持品検査は、任意手段として許容されるのが原則であるから、たとえ所持品検査の必要性、緊急性が高い状況の下にあったとしても、所持人の承諾なくして同人の施錠のされていないバッグのチャックを開けて内部を一べつする行為は許されないとするのが判例である。

Q 9
国家総合
2006［H18］
★★★

警察官職務執行法第２条第１項に基づく職務質問に付随して行う所持品検査について、捜索に至らない程度の行為であるならば、所持品検査の必要性、緊急性、これによって侵害される個人の法益と保護されるべき公共の利益の権衡等を考慮し、具体的状況の下で相当と認められるならば、強制にわたるものであっても許容される場合があると解される。

Q 10
国家総合
2011［H23］
★★★

警察官による自動車の一斉検問は、警察法第２条第１項が「交通の取締」を警察の責務として定めていることに照らすと、交通の安全及び交通秩序の維持などに必要であって、一般的に許容されるべきものであるから、それが強制力を伴い、任意手段によらないものであっても、その態様において自動車の利用者の自由を不当に制約するとはいえない場合は、適法と解すべきである。

Q 11
国家一般
1996［H8］
★★

任意調査は、それが相手方の任意の協力を求める形で行われ、相手方の自由を不当に制約することにならない方法・態様で行われるかぎり、国民の権利・自由の干渉にわたるおそれのある事項についても、これを行うことができるとするのが判例である。

×

「警察官職務執行法２条１項に基づく職務質問に付随して行う所持品検査は、任意手段として許容されるのが原則である」の部分は正しいです。それ以外の部分が誤りです。**警察官**が、銀行強盗の容疑が濃厚な者を深夜に検問の現場から警察署に同行して職務質問中、容疑を確かめる緊急の必要上、**承諾がないままその者の所持品であるバッグの施錠されていないチャックを開披し内部を一べつしたにすぎない行為**は、**適法な行為です**（最判昭53・6・20）［明治公園爆弾事件・松江相銀米子支店強奪事件］。

A 9

×

「強制にわたるものであっても許容される場合があると解される。」の部分が誤りです。**警察官職務執行法による所持品検査**は、**所持人に対して強制的に行うことはできません**（最判昭53・9・7）。

×

「それが強制力を伴い、任意手段によらないものであっても、その態様において自動車の利用者の自由を不当に制約するとはいえない場合は、適法と解すべきである。」の部分が誤りです。**自動車の一斉検問**は、**強制力を伴う手段は許されない**ことはいうまでもなく、**強制力の伴わない任意手段によれば、無制限に許されるわけでもありません**（最決昭55・9・22）。

A 11

○

任意調査は、それが**相手方の任意の協力を求める形**で行われ、**相手方の自由を不当に制約することにならない方法・態様**で行われる限り、**国民の権利・自由の干渉にわたるおそれのある事項についても、行うことができます**（最決昭55・9・22）。

Q 12
国家総合
2011［H23］
★★

新東京国際空港の安全確保に関する緊急措置法（当時）第3条第3項に基づく立入り等は、同条第1項に基づく使用禁止命令が既に発せられている工作物についてその命令の履行を確保するために必要な限度においてのみ認められるものであり、その立入りの必要性は高いこと、立入りには職員の身分証明書の携帯及び提示が要求されていること、立入り等の権限は犯罪捜査のために認められたものと解釈してはならないと規定され、刑事責任追及のための資料収集に直接結び付くものではないこと、強制の程度、態様が直接的物理的なものではないことを総合判断すれば、裁判官の発する令状を要しないとしても憲法第35条の法意に反するものとはいえない。

3 税務関係

Q 13
国家一般
1990［H2］
★★★

行政機関の行なう立入検査については、いかなる場合でも司法官憲の発する令状が必要であるとするのが判例である。

Q 14
国家総合
2006［H18］
★★★

憲法第35条第1項は、本来、主として刑事責任追及の手続における強制について、それが司法権による事前の抑制の下に置かれるべきことを保障した趣旨であるが、ある手続が刑事責任追及を目的とするものでないとの理由のみで、その手続における一切の強制が当然に同項による保障の枠外にあると判断することは相当ではない。

Q 15
国家一般
1996［H8］
★★★

所得税法に基づいてなされる行政調査は課税要件事実を認定して公平な課税を図るためのものであり、刑事責任の追求を目的とするものではない以上、当該調査の手続きに係る強制については、当然に刑事手続きにおける令状主義を規定した憲法35条1項の保障の枠外にあるとするのが判例である。

○
新東京国際空港の安全確保に関する緊急措置法（当時）第3条第3項に基づく立入り等は、同条第1項に基づく使用禁止命令が既に発せられている工作物についてその命令の履行を確保するために必要な限度においてのみ認められるものであり、……**立入り等の権限は犯罪捜査のために認められたものと解釈してはならないと規定**され、**刑事責任追及のための資料収集に直接結び付くものではないこと、強制の程度、態様が直接的物理的なものではないこと**を総合判断すれば、**裁判官の発する令状を要しない**としても**憲法第35条の法意に反するものとはいえません**（最大判平4・7・1）［成田新法事件］。この成田新法事件は、憲法31条と35条と2つの論点に関連します。

×
選択肢全体が誤りです。**行政機関の行う立入検査**については、**司法官憲が発する令状を必要としない場合があります**（最大判昭30・4・27）。

○
所得税法に基づいてなされる行政調査は、**刑事手続における令状主義を規定した憲法35条1項の保障の枠内**にあります（最大判昭47・11・22）［川崎民商事件］。

×
「所得税法に基づいてなされる行政調査は課税要件事実を認定して公平な課税を図るためのものであり、」の部分は正しいです。それ以外の部分が誤りです。**収税官吏による所得税検査に関する手続に裁判官の令状は不要です**（最大判昭47・11・22）［川崎民商事件］。

Q 16
国家専門
2003［H15］
★★

所得税法に基づく帳簿書類の検査は、性質上、刑事責任追及のための資料の取得収集に直接結び付く作用を一般的に有するものではあるが、専ら刑事手続に関するものである憲法第35条の規定は行政手続には適用されないことから、同条が当該検査に適用される余地はない。

Q 17
国家専門
1992［H4］
★

所得税法上の質問検査権については、その範囲、程度、時期、場所等実施の細目についての特段の規定がないので、これら細目については質問検査の必要があり、かつこれと相手方の私的利益との衡量において社会通念上相当な限度にとどまるかぎり、権限ある税務職員の合理的な選択に委ねられているが、確定申告期間経過前の質問検査は法律上許されない。

Q 18
国家一般
2007［H19］
★

罰則により実効性が担保される行政調査にあっては、事前の告知が法律上一律の要件とされており、実施の日時、場所、調査の理由及び必要性が事前に対象者に告知されていない限り、当該行政調査によって収集された証拠に基づく行政処分は違法性を有するとするのが判例である。

Q 19
国家総合
1991［H3］
★★

国税犯則事件の調査は一種の行政手続きではあるが、実質的には租税犯の捜査としての機能を営むものであって、租税犯捜査の特殊性や技術性から専門的知識と経験を有する収税官吏に認められた特別の捜査手続きとしての性質を有するものであるから、その手続きにおいては憲法38条の供述拒否権の保障が及ぶ。

選択肢全体が誤りです。**所得税法に基づく帳簿書類の検査**は、性質上、**刑事責任追及のための資料の取得収集に直接結び付く作用を一般的に有するものではありません**。また、もっぱら刑事手続に関するものである**憲法35条の規定は当該検査に適用される余地はあります**（最大判昭47・11・22）[川崎民商事件]。

「確定申告期間経過前の質問検査は法律上許されない。」の部分が誤りです。**所得税法上の質問検査を確定申告期間経過前に行うことは、法律上許されます**（最決昭48・7・10）[荒川民商事件]。

選択肢全体が誤りです。所得税法234条1項の**税務調査における質問検査権における実施の日時場所の事前通知、調査の理由および必要性の個別的、具体的な告知**については、**質問検査を行ううえで一律の要件とされているものではありません**（最決昭48・7・10）[荒川民商事件]。

A 19 ○

本選択肢の通りです（最判昭59・3・27）。**国税犯則取締法上の質問調査の手続**は、……一種の行政手続であって、刑事手続ではないが、**その手続自体が捜査手続と類似し**、……上記**調査手続**は、**実質的には租税犯の捜査としての機能を営むもの**です。したがって、**国税犯則取締法上の質問調査の手続**は、……**実質上刑事責任追及のための資料の取得収集に直接結びつく作用を一般的に有するもの**であって、**憲法38条1項の規定による供述拒否権の保障が及びます**（最判昭59・3・27）。

法律によって与えられた調査権限は、当該調査を必要とする行政決定のために用いられなければならず、他の目的のために用いることは許されないから、国税犯則取締法に基づく収税官吏の調査により収集された資料を、課税庁が同じ者に対する課税処分のために利用することは許されないとするのが判例である。

「国税犯則取締法に基づく収税官吏の調査により収集された資料を、課税庁が同じ者に対する課税処分のために利用することは許されないとするのが判例である。」の部分は誤りです。**国税犯則取締法に基づく収税官吏の調査により収集された資料を、課税庁が同じ者に対する課税処分のために利用することは許されます**（最判昭 63・3・31）。

行政指導

1 総説（種類等）

Q 1
特別区
2011［H23］
★★★

行政指導とは、行政機関がその任務において一定の行政目的を実現するため、特定の者に一定の作為又は不作為を求める指導、勧告、処分、助言に該当する行為である。

Q 2
特別区
2011［H23］
★★★

行政指導の最大の効用は、法律の不備や欠陥を補って新しい行政需要に機敏に対応するところにあるため、行政機関の所掌事務の範囲外の事項でも行政指導を行うことができる。

Q 3
国家専門
2001［H13］
★★★

行政指導のうち、知識や情報などを提供するいわゆる助成的指導については法律の根拠は特に要しないが、相手方の権利・利益を実質的に制限するいわゆる規制的指導については、行政手続法において、具体的な法律上の根拠を必要とする旨が定められている。

2 根拠規範の要否

Q 4
国家専門
2010［H22］
★★★

行政指導は事実行為であり、相手方に対する直接の強制力を有するものではないが、私人の権利利益を侵害する場合もあることから、行政指導には原則として法律の具体的根拠が要求されるとするのが判例である。

Q 5
国家一般
1994［H6］
★★★

行政指導は、法律の不備を補って行政庁が新しい行政需要に機敏に対応し、行政責任を全うできるようにするところにメリットがあると考えられており、具体的な法律上の根拠をもつものはない。

A1 ×

「行政指導とは、……処分、……該当する行為である。」の部分が誤りです。「**行政指導**」とは、行政機関がその**任務又は所掌事務の範囲内**において一定の行政目的を実現するため特定の者に一定の作為又は不作為を求める**指導、勧告、助言その他の行為**であって**処分に該当しないもの**をいいます（行政手続法２条６号）。**行政指導**は、行政処分と異なり、**相手方の任意の協力を前提とするものです**。

A2 ×

「行政機関の所掌事務の範囲外の事項でも行政指導を行うことができる。」の部分が誤りです。前問の解説 A1 を参照してください。

A3 ×

「相手方の権利・利益を実質的に制限するいわゆる規制的指導については、行政手続法において、具体的な法律上の根拠を必要とする旨が定められている。」の部分が誤りです。**規制的行政指導**は、**法律に基づいて行われることが多い**ですが、**規制法律の存在しない場合に行われることもあります**。

「行政指導には原則として法律の具体的根拠が要求されるとするのが判例である。」の部分が誤りです。**行政指導**は、**非権力的行為形式**ですから、それを行うについて**法律の根拠は不要**です。特に**助成的行政指導**、**授益的行政指導**については、**法律の根拠は不要**です。

A5 ×

「行政指導は、……具体的な法律上の根拠をもつものはない。」の部分が誤りです。前問の解説 A4 を参照してください。

Q 6
国家専門
2001［H13］
★★★

行政指導のうち、知識や情報などを提供するいわゆる助成的指導については法律の根拠は特に要しないが、相手方の権利・利益を実質的に制限するいわゆる規制的指導については、行政手続法において、具体的な法律上の根拠を必要とする旨が定められている。

3 行政指導の限界（法の一般原則との関係含む）

Q 7
国家一般
2013［H25］
★★★

行政指導は、法律の根拠は必要ないから、行政機関がその任務又は所掌事務の範囲を逸脱せずに行い、かつ、その内容があくまでも相手方の任意の協力によって実現されるものであれば、制定法の趣旨又は目的に抵触するようなものであっても、違法とはならない。

Q 8
特別区
2016［H28］
★★★

最高裁判所の判例では、地方公共団体の工場誘致施策について、施策の変更があることは当然であるから、損害を補償するなどの代償的措置を講ずることなく施策を変更しても、当事者間に形成された信頼関係を不当に破壊するものとはいえず、地方公共団体に不法行為責任は一切生じないとした。

4 行政手続法関係

Q 9
国家一般
2000［H12］
★★★

建物所有者から給水装置新設工事申込みに対し市の側でこれを受理せず申込書を返戻したのは、当該建物の建築基準法違反状態を是正して建築確認を受けた上で申込みをするよう一応の勧告をしたものにすぎず、かつ、申込者の側でその後これに関して何らの措置を講じないまま放置していたという場合であっても、水道法上の給水義務に違反し、市は不法行為責任を負うとするのが判例である。

「相手方の権利・利益を実質的に制限するいわゆる規制的指導については、行政手続法において、具体的な法律上の根拠を必要とする旨が定められている。」の部分が誤りです。**規制的指導**については、**法律の根拠は原則として不要です**。行政手続法においても、その旨を定める規定はありません。ただし、**行政指導への不服従に対する制裁を行うためには、法律の根拠が必要です**。

「制定法の趣旨又は目的に抵触するようなものであっても、違法とはならない。」の部分が誤りです。**行政指導**は、**法律優位の原則に服します**。**法の明文や法の一般原則に抵触する指導は許されません**。たとえば、行政指導によって特定人に対して不平等な取り扱いをすることは、違法です。

選択肢全体が誤りです。**工場誘致の行政指導を信頼した企業**が、**多大の資金を工場建設に投入**しており、**政策が変更されれば積極的損害を被る場合**に、損害の補償の代償措置を講ずることなく、**当該政策を変更することは違法となり**、**私人に損害が発生すれば損害を補償する必要があります**（最判昭56・1・27）。

「水道法上の給水義務に違反し、市は不法行為責任を負うとするのが判例である。」の部分が誤りです。**建物所有者から給水装置新設工事申込みに対し市の側でこれを受理せず申込書を返戻**したのは、**当該建物の建築基準法違反状態を是正して建築確認を受けたうえで申込みをするよう一応の勧告**をしたものにすぎず、かつ、**申込者の側で**その後これに関して**何らの措置を講じないまま放置**していたという場合、**市**は、水道法上の**給水義務に違反し**、**不法行為責任を負うものではありません**（最判昭56・7・16）。

Q 10
国家総合
2007［H19］
★★★

行政指導として教育施設の充実に充てるために事業主に対して寄付金の納付を求めることは、強制にわたるなど事業主の任意性を損なうことがあるとしても直ちに違法ということはできないが、行政指導に従わない者に対する給水拒否等の制裁措置を背景に教育施設負担金の納付を事実上強制しようとする場合には、違法な公権力の行使となる。

Q 11
国家専門
2014［H26］
★★★

行政手続法は、行政指導の内容はあくまでも相手方の任意の協力によってのみ実現されるものであり、行政指導に携わる者は、その相手方が行政指導に従わなかったことを理由として、不利益な取扱いをしてはならない旨を定めている。

Q 12
国家総合
2014［H26］
★★★

水道事業者としての市町村の長は、宅地開発に係る指導要綱を事業主に順守させるため行政指導を継続する必要がある場合は、同要綱に従わないことを理由として事業主らとの給水契約の締結を拒否することができるとするのが判例である。

Q 13
特別区
2011［H23］
★★★

申請の取下げ又は内容の変更を求める行政指導にあっては、行政指導に携わる者は、行政上特別の支障があるときに限り、申請者が当該行政指導に従う意思がない旨を表明しても当該行政指導を継続しなければならない。

Q 14
国家一般
2017［H29］
★★★

行政指導は相手方の任意の協力によってのみ実現されるものであるから、行政指導に携わる者は、相手方に行政指導に応じるよう説得を重ねることは、一切許されず、また、その相手方が行政指導に従わなかったことを理由として、不利益な取扱いをしてはならない。

A 10 ×
「強制にわたるなど事業主の任意性を損なうことがあるとしても直ちに違法ということはできない」の部分が誤りです。**教育施設の充実にあてるために、行政指導として宅地開発の事業主に対して寄付金の納付を求めることが**、住民の生活環境を乱開発から守ることを目的としても、**法律または条例に定められていない金銭の納付を求めることについて、当該行政指導が強制にわたるなど事業主の任意性を損なうことがあれば、行政指導の限度を超える違法な公権力の行使にあたります**（最判平5・2・18）［武蔵野市教育施設負担金事件］。

A 11 ○
行政指導に携わる者は、その相手方が行政指導に従わなかったことを理由として、不利益な取扱いをしてはなりません（行政手続法32条2項）。

A 12 ×
「同要綱に従わないことを理由として事業主らとの給水契約の締結を拒否することができるとするのが判例である。」の部分が誤りです（最決平1・11・8）。**水道事業者たる地方公共団体が、宅地開発要綱に基づく行政指導に従わなかった建築業者の建築物**に関して、それを理由として**給水契約の締結を拒否することは許されません**（最決平1・11・8）［武蔵野市マンション事件］。

A 13 ×
選択肢全体が誤りです。**申請の取下げ又は内容の変更を求める行政指導**において、**行政指導に携わる者**は、**申請者が当該行政指導に従う意思がない旨を表明した場合**でも、**当該行政指導を継続**して、**当該申請者の権利の行使を妨げることをしてはなりません**(行政手続法33条)。

A 14 ×
「行政指導に携わる者は、相手方に行政指導に応じるよう説得を重ねることは、一切許されず」の部分が誤りです。**建築主**に対し、**建築物の建築計画につき一定の譲歩、協力を求める行政指導を行い、建築主が任意にこれに応じている場合に、建築計画に対する確認処分を留保することは、直ちに違法な措置とはいえません**（最判昭60・7・16）。

Q 15
国家総合
2015［H27］
★★★

建築基準法に基づく建築確認について、建築主が、いったん行政指導に応じた場合でも、その後、建築主事に対し、建築確認申請に対する処分を留保されたままでの行政指導にはもはや協力できないとの意思を真摯かつ明確に表明し、当該申請に対し直ちに応答すべきことを求めたときは、特段の事情が存在しない限り、それ以後の当該行政指導を理由とする当該申請に対する処分の留保は違法となるとするのが判例である。

Q 16
国家専門
2014［H26］
★★★

行政手続法は、行政指導に携わる者は、その相手方に対し、書面で当該行政指導の趣旨、内容及び責任者を明確にしなければならない旨を定めており、口頭で行政指導を行うことは認められない。

Q 17
特別区
2019［R1］
★★★

行政指導に携わる者は、当該行政指導をする際に、行政機関が許認可等に基づく処分をする権限を行使し得る旨を示すときは、その相手方に対して、当該権限を行使し得る根拠となる法令の条項、当該法令の条項に規定する要件を示せば足りる。

Q 18
国家専門
2011［H23］
★★★

行政指導が口頭でされた場合において、その相手方から当該行政指導の趣旨・内容及び責任者を記載した書面の交付を求められたときは、当該行政指導に携わる者は、行政上特別の支障がない限り、これを交付しなければならない。

A 15 ○

行政指導に対して**建築主**が、**もはや協力できないとの意思を真摯かつ明確に表明し**、**当該確認申請に対し直ちに応答すべきことを求めている**のに、**行政側**がその後、行政指導が行われているとの理由で**建築確認処分を留保すること**は、特段の事情が存在しない限り、**違法**です（最判昭60・7・16）。

ワンポイント

①許認可等をする権限又は許認可等に基づく処分をする権限を有する行政機関が、当該権限を行使することができない場合又は行使する意思がない場合においてする行政指導にあっては、行政指導に携わる者は、当該権限を行使し得る旨を殊更に示すことにより相手方に当該行政指導に従うことを余儀なくさせるようなことをしてはなりません（行政手続法34条）。

②私人が、認可の要件を充たしているために、許認可申請を行政庁側が認めなければならないにもかかわらず、同時に行われていた行政指導に従わなければ、許認可を拒否することをほのめかすことは認められません（行政手続法34条）。

A 16 ×

「口頭で行政指導を行うことは認められない。」の部分が誤りです。**行政指導に携わる者**は、**その相手方**に対して、**当該行政指導の趣旨**及び**内容**並びに**責任者**を**明確に示さなければなりません**（行政手続法35条1項）。また、**行政指導は口頭ですることができます**（35条3項）。

A 17 ×

「当該権限を行使し得る根拠となる法令の条項、当該法令の条項に規定する要件を示せば足りる。」の部分が誤りです。**行政指導に携わる者**は、**当該行政指導をする際**に、**行政機関が許認可等をする権限**又は**許認可等に基づく処分をする権限を行使し得る旨を示すとき**は、**その相手方**に対して、①**当該権限を行使し得る根拠となる法令の条項**、②前号（①号）の条項に規定する**要件**、③**当該権限の行使が前号**（②号）**の要件に適合する理由を示す必要があります**（行政手続法35条2項）。

A 18 ○

行政指導が口頭でされた場合において、その相手方から、**当該行政指導の趣旨**及び**内容**並びに**責任者**等の事項を記載した**書面の交付を求められたとき**は、**当該行政指導に携わる者**は、行政上特別の支障がない限り、これを**書面**で交付しなければなりません（行政手続法35条3項）。

Q19
特別区
2011［H23］
★★★

行政指導は、相手方に対して、当該行政指導の趣旨及び内容並びに責任者を明確に示さなければならないので、行政指導を行う場合は、口頭ではなく、書面を交付しなければならない。

Q20
国家専門
2001［H13］
★★★

行政手続法によれば、同一の行政目的を実現するため一定の条件に該当する複数の者に対し行政指導をする際に、当該指導を効率的に実施する趣旨から、あらかじめこれらの行政指導に共通してその内容となるべき事項を定めることができ、これを定めた場合には、行政上特別の支障がない限り、公表しなければならない。

Q21
国家一般
2017［H29］
★★★

同一の行政目的を実現するため一定の条件に該当する複数の者に対し行政指導をしようとするときに、これらの行政指導に共通してその内容となるべき事項を定めた行政指導指針は、原則として意見公募手続の対象とはならない。

Q22
国家総合
2018［H30］
★★★

行政手続法上、法令に違反する行為の是正を求める行政指導（その根拠となる規定が法律又は条例に置かれているものに限る。）の相手方は、当該行政指導が当該法律又は条例に規定する要件に適合しないと思料するときは、当該行政指導をした行政機関に対し、その旨を申し出て、当該行政指導の中止その他必要な措置をとることを求めることができる。

Q23
国家一般
2017［H29］
★★

法令に違反する行為の是正を求める行政指導の根拠となる規定が法律に置かれている場合、当該行政指導の相手方は、当該行政指導が当該法律に規定する要件に適合しないと思料するときは、当該行政指導をした行政機関に対し、その旨を申し出て、当該行政指導の中止を求めることができる。また、当該申出を受けた行政機関は応答義務を負うと一般に解されている。

A 19 ×

「行政指導を行う場合は、口頭ではなく、書面を交付しなければならない。」の部分が誤りです。前問の解説A18を参照してください。

A 20 ×

「当該指導を効率的に実施する趣旨から」の部分が誤りです。同一の行政目的を実現するため**一定の条件に該当する複数の者に対し行政指導をしようとするときは、行政機関**は、あらかじめ、**事案に応じ、行政指導指針を定め**、かつ、**行政上特別の支障がない限り**、これを**公表しなければなりません**。(行政手続法36条)。

A 21 ×

「行政指導指針は、原則として意見公募手続の対象とはならない。」の部分が誤りです。**行政指導指針**は、**意見公募手続の対象となる「命令等」に該当します**(行政手続法36条・39条)。

A 22 ×

「行政手続法上、法令に違反する行為の是正を求める行政指導(その根拠となる規定が……条例に置かれているものに限る。)」の部分が誤りです。**行政手続法上、法令に違反する行為の是正を求める行政指導の根拠となる規定は法律に置かれているものに限られています**(行政手続法36条の2第1項)。

ワンポイント

法令に違反する行為の是正を求める行政指導の根拠となる規定が法律に置かれている場合、当該行政指導相手方は、当該行政指導が当該法律に規定する要件に適合しないと思料するときは、当該行政指導をした行政機関に対し、その旨を申し出て、当該行政指導の中止その他必要な措置をとることを求めることができます(行政手続法36条の2第1項)。

A 23 ×

「当該申出を受けた行政機関は応答義務を負うと一般に解されている。」の部分が誤りです。当該行政機関は、行政手続法36条の2第1項の規定による**申出があったときは**、**必要な調査を行い**、**当該行政指導が当該法律に規定する要件に適合しないと認めるときは**、**当該行政指導の中止その他必要な措置をとらなければなりません**(行政手続法36条の2第3項)。

Q24 国家一般 2017［H29］★★

何人も、法令に違反する事実があり、その是正のためにされるべき行政指導がされていないと思料する場合は、当該行政指導の根拠となる規定が法律に置かれているときに限り、当該行政指導をする権限を有する行政機関に対し、その旨を申し出て、当該行政指導をすることを求めることができる。

5 国家賠償請求との関係

Q25 国家専門 2010［H22］★★★

行政指導として、一定規模以上の宅地開発を行おうとする事業主に対して教育施設の充実のための寄付金の納付を求めることは、その目的が乱開発から生活環境を守るためという正当なものである場合は、事業主に事実上当該寄付金の納付を強制するものであっても、違法ということはできないとするのが判例である。

6 行政指導に対する取消訴訟

Q26 国家総合 2012［H24］★★★

医療法上行政指導として定められた病院開設中止の勧告は、運用の実情等に照らすと、これに従わない場合には相当程度の確実さをもって病院を開設しても保険医療機関の指定を受けることができなくなるという結果をもたらすものであり、当該勧告を受けた者はその結果病院の開設自体を断念せざるを得ないことになるが、行政指導はあくまで直接に法的権利及び義務を発生させるものではないことから、抗告訴訟の対象となる行政処分に当たらない。

○

何人も、法令に違反する事実がある場合において、その是正のためにされるべき処分又は行政指導がされていないと思料する場合は、当該処分又は行政指導の根拠となる規定が法律に置かれているときに限り、当該処分をする権限を有する行政庁又は当該行政指導をする権限を有する行政機関に対し、その旨を申し出て、当該処分又は行政指導をすることを求めることができます（行政手続法 36 条の 3 第 1 項）。

ワンポイント

当該行政庁又は行政機関は、行政手続法 36 条の 3 第 1 項の規定による申出があったときは、必要な調査を行い、その結果に基づき必要があると認めるときは、当該処分又は行政指導をしなければなりません（行政手続法 36 条の 3 第 3 項）。

×

「事業主に事実上当該寄付金の納付を強制するものであっても、違法ということはできないとするのが判例である。」の部分が誤りです。行政指導は、国家賠償法 1 条の「公権力の行使」にあたります（広義説、判例・通説）。教育施設の充実にあてるために、行政指導として宅地開発の事業主に対して寄付金の納付を求めることが、住民の生活環境を乱開発から守ることを目的としても、法律または条例に定められていない金銭の納付を求めることは、当該行政指導が強制にわたるなど事業主の任意性を損なう程度であれば、違法な公権力の行使にあたります（最判平 5・2・18）［武蔵野市教育施設負担金事件］。

「行政指導はあくまで直接に法的権利及び義務を発生させるものではないことから、抗告訴訟の対象となる行政処分に当たらない。」の部分は誤りです。行政指導が違法であれば、原則として、私人は、その取消しを求めて取消訴訟を提起することはできません（最判昭 38・6・4）。しかし、医療法（改正前）30 条の 7 の規定に基づき都道府県知事が病院を開設しようとする者に対して行う病院開設中止の勧告は、抗告訴訟の対象となる行政処分にあたります（最判平 17・7・15）。

行政契約

1 行政契約の法的性格

Q 1
国家一般
1997［H9］
★★

各種の国公営サービスの利用関係や、官庁用建物の建築請負契約のように、行政主体が私人との間に個別的・具体的な法律関係を設定する場合には、一方的な行政行為によって私人に義務を課したり権利を与えたりするのではなく、私人との合意に基づいて公法上の契約によってこれを行うことが多い。

Q 2
国家一般
1997［H9］
★★★

行政主体が私人との契約によって行政活動をすることには、私人の意思を尊重し契約締結を私人の任意にゆだねるという側面はあるものの、いったん契約が結ばれればその範囲内で私人の活動の自由を拘束するものであるから、行政契約は、行政指導のような非権力的活動とは異なり、権力的活動に分類される。

Q 3
国家一般
1997［H9］
★★

行政庁の公権力行使の権限について、法律上裁量が認められている場合であっても、いかなる場合にも権限の行使はしない旨の合意を私人との間に交わすことは違法であり、行政庁に対して法的拘束力を持たない。

Q 4
国家一般
2015［H27］
★★

行政契約は、契約や協定の当事者のみを拘束するのが原則であるが、建築基準法上の建築協定や、都市緑地法上の緑地協定等のように、私人間で協定を締結し、行政庁から認可を受けることにより、協定の当事者以外の第三者に対しても効果を持つものがある。

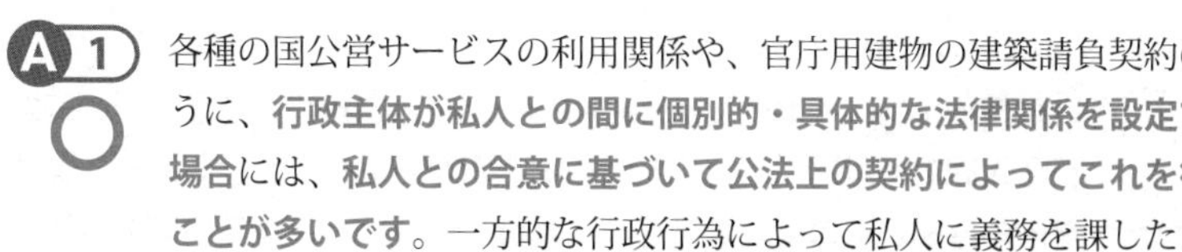

A1 ○

各種の国公営サービスの利用関係や、官庁用建物の建築請負契約のように、**行政主体が私人との間に個別的・具体的な法律関係を設定する場合には、私人との合意に基づいて公法上の契約によってこれを行うことが多いです**。一方的な行政行為によって私人に義務を課したり権利を与えたりする方法は限られています。

A2 ×

「行政契約は、行政指導のような非権力的活動とは異なり、権力的活動に分類される。」の部分が誤りです。**行政契約**は、行政指導と同様に**非権力的行為形式に分類されます**。

A3 ×

「いかなる場合にも権限の行使はしない旨の合意を私人との間に交わすことは違法であり、行政庁に対して法的拘束力を持たない。」の部分が誤りです。行政庁の公権力の行使を行う権限について、法律上裁量が認められている場合にも、**権限の行使はいかなる場合にも行わない旨の合意を私人との間に交わす行政契約は可能です**。

A4 ○

行政契約は、原則として、契約や協定の当事者のみを拘束するのですが、**協定の当事者以外の第三者に対しても法的効果を及ぼす行政契約は認められています**。たとえば、**建築基準法上の建築協定**や、**都市緑地法上の緑地協定等のような行政契約**です。

2 給付行政（法律優位の原則含む）

Q 5
国家一般
1992［H4］
★

公法上の契約には、単に当事者間の利害調整の見地から定められている私法規定はそのままの形では適用できない場合がある。

Q 6
国家一般
2015［H27］
★★★

行政契約には、基本的には民法の契約法理が適用されるが、その契約が私人間で一般的に用いられている売買契約であったとしても、契約自由の原則がそのまま貫徹されるわけではなく、平等原則等の行政法の一般原則が適用される。

Q 7
国家一般
1997［H9］
★★

行政契約を結ぶかどうかについては、行政主体の側にも私人の側にも選択の余地があるから、水道事業者たる地方公共団体が、宅地開発要綱に基づく行政指導に従わなかった建築業者の建築物に関して、それを理由として給水契約の締結を拒否したとしても、給水拒否に公益上の必要性が認められるかぎりは許される。

本選択肢の通りです。**平等性・中立性・公益性などの要請**から、民法の法定解除権が制限される例など、**一定の修正が加えられる場合があります。**

法律優位の原則は、**あらゆる行政活動に妥当します**ので、**行政契約にも適用されます。**したがって、**法の一般原則である平等原則や比例原則に従わなければなりません。**

ワンポイント

①行政契約は、民法上の契約締結自由の原則や相手方選択の自由の原則が修正を受ける場合があります。
②行政契約は、平等原則に基づく公正な取扱いから、給付条件は、法律または条例で定められるケースが多く、法律または条例に定めのない場合には、要綱、告示などの形式で客観的・一般的に定められます。
③給付行政上の行政契約は、行政の側が定める供給条件に即して締結される附合契約の形態をとる場合がほとんどで、個人の希望によって給付内容が変わる余地はほとんどなく、一律平等に締結されるケースが多いです。

「水道事業者たる地方公共団体が、……それを理由として給水契約の締結を拒否したとしても、給水拒否に公益上の必要性が認められるかぎりは許される。」の部分が誤りです。水道水の供給契約については、法律により**行政の側**に契約の強制が定められ、**正当な理由がなければ水道水の供給を拒んではなりません**（水道法15条1項）。

ワンポイント

①宅地開発要綱に基づく行政指導に従わなかった建築業者の建築物に関して、それを理由として給水契約の締結を拒否することは許されません（最判平1・11・8）。
②給付行政においては、行政行為の形式ではなく、行政契約がこの分野での主要な行為形式です。

Q 8
国家一般
2011［H23］
★★

給付行政については、特別の規定がない限り契約方式を採ることとされており、国による補助金の交付や社会保障の給付は、いずれも給付を受ける相手方との契約に基づいて行われている。

Q 9
国家専門
2002［H14］
★★

生活保護や社会保険などの社会保障行政は、国民に対し便益を給付する行政の分野に属し、その実態は、国民と対等な関係に立って行われるものであって公権力の行使によって営まれるものではないことから、行政作用の形式として、行政行為という形式は採用されておらず、すべて行政上の契約という形式によっている。

3 規制行政

Q 10
国家一般
2011［H23］
★★

公害防止を目的に地方公共団体が事業者と公害防止協定を締結し、法律の定めより厳しい規制を行っている例がみられるが、このような協定に基づき、その違反に対して刑罰を科すことや地方公共団体の職員に強制力を伴う立入検査権を認めることはできない。

Q 11
国家一般
2019［R1］
★★

廃棄物の処理及び清掃に関する法律に基づく都道府県知事の許可を受けた処分業者が、公害防止協定において、協定の相手方に対し、その事業や処理施設を将来廃止する旨を約束することは、処分業者自身の自由な判断で行えることであり、その結果、許可が効力を有する期間内に事業や処理施設が廃止されることがあったとしても、同法に何ら抵触するものではないとするのが判例である。

×

「国による補助金の交付や社会保障の給付は、いずれも給付を受ける相手方との契約に基づいて行われている。」の部分が誤りです。**給付行政において、行政行為の形式で行われるものがあります**。たとえば、①老人介護における要介護認定は、介護保険法27条に基づきます。②生活保護の給付決定は、生活保護法19条に基づきます。③国が行う補助金の交付決定は、補助金適正化法6条に基づきます。

A 9
×

「生活保護や社会保険などの社会保障行政は、……行政行為という形式は採用されておらず、すべて行政上の契約という形式によっている。」の部分は誤りです。前問の解説A8を参照してください。

A 10
○

公害防止協定に違反した者に対して、刑罰を科したり、地方公共団体の職員に強制力を伴う立入検査権を認めることはできません。なぜなら、行政契約によって、公権力性を創出することは許されないからです。

ワンポイント

①規制行政について、行政契約の形態で行われるものがあります。公害防止協定等がその代表です。それ以外のほとんどは、行政行為の形式で行われています。
②公害防止を目的に地方公共団体が事業者と公害防止協定を締結し、法律の定めより厳しい規制を行うことはできます。

A 11
○

処分業者が、**公害防止協定**において、**協定の相手方に対し、その事業や処理施設を将来廃止する旨を約束すること**は、**処分業者自身の自由な判断**で行えることであり、その結果、許可が効力を有する期間内に事業や処理施設が廃止されることがあったとしても、**廃棄物の処理及び清掃に関する法律に何ら抵触するものではありません**。したがって、**本件期限条項が本件協定が締結された当時の廃棄物処理法の趣旨に反することはありません**（最判平21・7・10）。

ワンポイント

「随意契約」とは、国、地方公共団体などが競争入札によらずに任意で決定した相手方と契約を締結することをいいます。

Q12 国家一般 2019［R1］★★

随意契約によることができる場合として法令に列挙された事由のいずれにも該当しないのに随意契約の方法により締結された契約は、違法というべきことが明らかであり、私法上も当然に無効になるとするのが判例である。

Q13 国家一般 2015［H27］★★

国の契約等を規律する会計法では、入札参加者を限定しないで競争入札を行い、予定価格の範囲内で国にとって最も有利な価格を提示した者を落札させる一般競争入札が原則となっていたが、不誠実な者が落札する場合が増加していることに鑑み、同法が改正され、現在では、不誠実な者を排除し、信頼性の高い者を選択することができることが長所とされる指名競争入札が原則となっている。

Q14 国家一般 2019［R1］★★

公共施設等を効率的かつ効果的に整備するとともに、国民に対する低廉かつ良好なサービスの提供を確保するため、行政機関は、公共施設等に係る建設、製造、改修、維持管理、運営などの事業を民間事業者に実施させることができるが、これらの事業を特定の事業者に一括して委ねることは認められておらず、各事業ごとに事業者を選定し、個別に契約を締結する必要がある。

「随意契約の方法により締結された契約は、違法というべきことが明らかであり、私法上も当然に無効になるとするのが判例である。」の部分が誤りです。**普通地方公共団体が随意契約の制限に関する法令に違反して締結した契約**は、地方自治法施行令167条の2第1項の**掲げる事由のいずれにも当たらないことが何人の目にも明らかである場合や契約の相手方において随意契約の方法によることが許されないことを知り又は知り得べかりし場合**など、当該契約を無効としなければ随意契約の締結に制限を加える法令の趣旨を没却する結果となる**特段の事情が認められる場合に限り、私法上無効となります**(最判昭62・5・19)。

「指名競争入札が原則となっている。」の部分が誤りです。入札参加者を限定しないで競争入札を行い、予定価格の範囲内で国にとって最も有利な価格を提示した者を落札させる**一般競争入札が原則**となっています(会計法29条の3第1項、地方自治法234条第2項)。したがって、**随意契約**は、**法令の規定によって認められた場合にのみ行うことができます。**

「これらの事業を特定の事業者に一括して委ねることは認められておらず、各事業ごとに事業者を選定し、個別に契約を締結する必要がある。」の部分が誤りです。**本選択肢の事業を特定の民間事業者に一括して委ねる(一括発注)こと**、さらに、**契約期間が年度を超えた長期契約をすることも可能です。**

5 行政主体間の契約等

Q15
国家一般
1992［H4］
★★

地方公共団体が締結する行政契約の場合、契約の締結権者は、原則として当該地方公共団体の長ではなく、当該地方公共団体そのものである。

Q16
国家一般
2011［H23］
★★

明治憲法下においては、行政主体が一方当事者である契約は公法上の契約とされ、民法の適用が一切排除されていたが、現行憲法下においては、官庁用建物の建築に係る請負契約や官庁事務用品の購入に係る売買契約など、行政主体が一方当事者となる場合でも、民法の契約法理が適用されている。

Q17
国家一般
2011［H23］
★

地方公共団体は、協議により規約を定め、その事務の一部を他の地方公共団体に委託することができるが、これは行政主体間において契約方式を採っている一例である。

6 法律留保の原則と行政契約に関する訴訟

ワンポイント

法律の根拠なくして締結された行政契約は有効です。

Q18
国家一般
2015［H27］
★★★

行政契約は、行政作用の一形態であるため行政事件訴訟法上の「行政庁の公権力の行使」に当たると一般に解されている。このことから、行政契約に対して不服のある者は、民事訴訟ではなく、抗告訴訟で争うこととなる。

A 15 ×

選択肢全体が誤りです。地方公共団体が締結する行政契約の主体は、当該地方公共団体ですが、**行政契約の締結権者**は、**原則として当該地方公共団体の長です**（地方自治法 147 条、149 条 2 号、6 号）。

ワンポイント

①行政契約には、行政主体と私人との間に締結されるもののみではなく、行政主体相互間において締結されるものも含まれます。たとえば、②国有財産たる土地の地方公共団体への売払い、③国や公共団体が、公共組合、公社、そして、場合によっては民間企業に事務を委託して行政上の事務処理を行わせることもあります。

A 16 ×

「明治憲法下においては、……民法の適用が一切排除されていた」の部分が誤りです。**明治憲法下**においても、**行政主体が一方当事者である契約は公法上の契約とされ、民法の適用が認められていました。**

A 17 ○

地方公共団体は、**協議により規約を定め**、**その事務の一部を他の地方公共団体に委託することができます**。これは、行政主体間において契約方式を採っている一例です。

A 18 ×

選択肢全体が誤りです。行政契約は、非権力的行為形式ですから、行政事件訴訟法 3 条 1 項の「行政庁の公権力の行使」にあたらないので、抗告訴訟（取消訴訟）の手続きを採ることはできません。したがって、**その契約が公法上の契約であれば**、**公法上の当事者訴訟**（行政事件訴訟法 4 条）**の定める手続**により、また、**私法上の契約であれば**、**民事訴訟法の定める手続によって訴訟を提起**することになります。

行政計画

1 総説：非拘束的計画と拘束的計画

Q 1
特別区
2009［H21］
★★★

行政計画とは、行政機関が定立する計画であって、一定の行政目標を設定しその実現のための手段・方策の総合的調整を図るものであり、法的拘束力の有無により拘束的計画と非拘束的計画とに分類でき、非拘束的計画の例としては、都市計画や土地区画整理事業計画がある。

Q 2
特別区
2009［H21］
★★

行政計画は、行政機関、他の行政主体、国民に対し、誘導・説得という作用力を持ち、行政の計画的遂行を保障するものであるため、その策定にはすべて法律の根拠が必要である。

Q 3
特別区
2016［H28］
★★

行政計画とは、行政権が一定の目的のために目標を設定し、その目標を達成するための手段を総合的に提示するものであり、私人に対して法的拘束力を持つか否かにかかわらず、法律の根拠を必要としない。

2 行政計画に対する取消訴訟

取消訴訟の対象とならないもの

Q 4
国家総合
2007［H19］
★★

都市計画法の規定に基づく用途地域指定の決定が告示され、その効力が生ずると、当該地域内においては、建築物の用途、容積率、建ぺい率等につき従前と異なる基準が適用され、これらの基準に適合しない建築物については、建築確認を受けることができないことになるから、地域指定の決定は、被指定地域の住民等利害関係者に広く一般的な制約を課すものであるとみるのが相当であり、行政庁の処分に当たる。

「非拘束的計画の例としては、……土地区画整理事業計画がある。」の部分が誤りです。行政計画とは、行政活動に先行して、行政機関が定立する計画であって、一定の行政目標を設定しその実現のための手段・方策の総合的調整を図るものをいいます。**土地区画整理事業計画**は、**拘束的計画です**。

「その策定にはすべて法律の根拠が必要である。」の部分が誤りです。**「非拘束的計画」（目標計画）**とは、**行政庁が行政の実現すべき目標を創出するもの**をいいます。**この種の計画**は、**国民の権利を直接に制限しないので**、**法律の根拠は不要です**。

「私人に対して法的拘束力を持つか否かにかかわらず、法律の根拠を必要としない。」の部分が誤りです。**「拘束的計画」（統制計画）**とは、**直接国民の権利・自由を制限する拘束力を有するもの**をいいます。**拘束的計画**は、**その策定には法律の根拠を要します**。たとえば、都市計画決定にあたり、市街化区域と市街化調整区域を区別する場合があります。

「地域指定の決定は、被指定地域の住民等利害関係者に広く一般的な制約を課すものであるとみるのが相当であり、行政庁の処分に当たる。」の部分が誤りです。**都市計画法に基づく都市計画としての工業地域指定の決定**は、**抗告訴訟の対象となる行政処分にあたりません**(最判昭 57・4・22)。

●—取消訴訟の対象となるもの

Q5
国家専門
2017［H29］
★★

土地区画整理法に基づく土地区画整理組合の設立の認可は、単に設立認可申請に係る組合の事業計画を確定させるだけのもめではなく、その組合の事業施行地区内の宅地について所有権又は借地権を有する者を全て強制的にその組合員とする公法上の法人たる土地区画整理組合を成立せしめ、これに土地区画整理事業を施行する権限を付与する効力を有するものであるから、抗告訴訟の対象となる行政処分に当たる。

Q6
国家一般
2001［H13］
★★★

土地区画整理法に基づく土地区画整理事業計画の決定は、これが公告されることにより、施行地区内において宅地、建物等を所有する者が、土地の形質の変更、建物等の新築、改築、増築等につき一定の制限を受けるなど、特定個人の権利義務に変動を及ぼすものであるから、施行地区内において不動産を所有又は賃借する者は、土地区画整理事業計画の決定段階で抗告訴訟を提起することができる。

Q7
国家総合
2017［H29］
★★★

市町村の施行に係る土地区画整理事業の事業計画の決定は、特定の個人に向けられた具体的な処分とは異なり、事業計画自体では利害関係者の権利にどのような影響を及ぼすかが必ずしも具体的に確定されておらず、その法的効果は一般的、抽象的なものにすぎないから、抗告訴訟の対象となる行政処分に当たらない。

3 手続的統制

Q8
特別区
2016［H28］
★

行政計画の策定において、計画策定権者に対して広範囲を裁量が認められるため、手続的統制が重要になることから、公聴会の開催や意見書の提出などの計画策定手続は、個別の法律のみならず行政手続法にも規定されている。

A 5 ○

土地区画整理法に基づく土地区画整理組合の設立の認可は、その組合の事業施行地区内の宅地について所有権又は借地権を有する者を全て強制的にその組合員とする公法上の法人たる土地区画整理組合を成立させ、これに土地区画整理事業を施行する権限を付与する効力を有するので、**抗告訴訟の対象となる行政処分にあたります**（最判昭60・12・17）。

A 6 ○

土地区画整理法に基づく土地区画整理事業計画の決定は、これが公告されることにより、**施行地区内において宅地、建物等を所有する者が、土地の形質の変更、建物等の新築、改築、増築等につき一定の制限を受けるなど、特定個人の権利義務に変動を及ぼす**以上、**施行地区内において不動産を所有又は賃借する者**は、**土地区画整理事業計画の決定段階で抗告訴訟を提起することができます**（最判平4・11・26）

A 7 ×

「事業計画自体では利害関係者の権利にどのような影響を及ぼすかが必ずしも具体的に確定されておらず、その法的効果は一般的、抽象的なものにすぎないから、抗告訴訟の対象となる行政処分に当たらない。」の部分が誤りです。**土地区画整理法上の土地区画整理事業計画の決定**には、**抗告訴訟の対象となる処分性が認められます**（最大判平20・9・10）。

A 8 ×

「公聴会の開催や意見書の提出などの計画策定手続は、個別の法律のみならず行政手続法にも規定されている。」の部分が誤りです。**行政計画の策定**において、**公聴会の開催や意見書の提出などの計画策定手続は、行政手続法に規定されていません。**

行政救済法

(1)国家賠償法第１条

1 国家賠償法第１条の成立要件

●—総説

Q 1
国家一般
1999［H11］
★★

明治憲法では、国家賠償の根拠規定がなく、公務員による不法行為が非権力的作用について行われた場合であっても、国または公共団体の賠償責任は、民法の規定によっても認められることはなかった。

Q 2
国家一般
1991［H3］
★★★

国家賠償法による国または公共団体の責任は公務員の選任監督者としての責任ではないから、国または公共団体が当該公務員の選任監督について注意を怠らなかった場合でも、国または公共団体は賠償責任を免れない。

Q 3
特別区
2008［H20］
★★

代位責任説とは、国の賠償責任の性質について、公権力の行使として行われる公務の執行には違法な加害行為を伴う危険が内在しているので、この危険の発現である損害は、危険を引き受けた国が自ら責任を負うと解する説である。

選択肢全体が誤りです。**大日本国憲法**のもとでは、**権力的行為形式の行政**については、**国家無答責の状態（国家はいかなる責任も負わない）**にありました。しかし、**非権力行為形式の行政**については、**遊動円棒の腐敗による児童の転落事故に対する市の責任を土地工作物責任として、民法 717 条により認めています**（大判大 5・6・1）。

国家賠償法 1 条には、民法 715 条 1 項但し書きのような免責規定はありません（最判昭 44・2・18）。**日本国憲法**では、**国民主権**の下、**公務員の不法行為により国民が損害を受けた場合**には、**国又は公共団体**に、**その賠償を求めることができます**（憲法 17 条）。そして、この憲法 17 条の規定を受けて、**国家賠償法が制定**されました。

A 3 ×

選択肢全体が誤りです。本選択肢は、「代位責任説」ではなく「自己責任説」の説明です。**国家賠償法 1 条に基づく責任**は、国または公共団体の自己責任を定めたものではなく、**代位責任を定めた規定**です（最判昭 44・2・18）。「**自己責任説（少数説）**」とは、公権力の行使として行われる公務の執行には、違法な加害行為を伴う危険が内在しているので、この危険の現れである損害は、危険を引き受けた国又は公共団体が自ら責任を負うという考え方です。**ここでの公務員は、国または公共団体の手足として活動するにすぎないということです。**

●—総説

Q4 特別区 2008［H20］★★

国家賠償法で規定する公務員には、身分上の公務員である国家公務員又は地方公務員だけでなく、国又は地方公共団体から権力的な行政の権限を委任された民間人も含まれる。

Q5 特別区 2012［H24］★★★

加害行為及び加害行為者の特定は、損害賠償責任発生の根幹となるので、公務員による一連の職務上の行為の過程において他人に被害を生ぜしめた場合に、それが具体的にどの公務員のどのような違法行為によるものであるかを特定できないときは、国又は公共団体は、損害賠償の責を負うことはない。

●—公権力の行使と違法性−行使：作為

Q6 国家専門 2006［H18］★★★

国家賠償責任を発生させる「公権力の行使」の「公権力」は、行政権に属する権力を指し、立法権及び司法権に属する権力は含まれない。

公務員には、**国家公務員**、**地方公務員**のほか、**民間人であっても、権力的な行政の権能を委任されている者**は、その権限を行使するかぎり、これに含まれます。

ワンポイント

①弁護士会の行う懲戒は、国家賠償法１条１項にいう公権力の行使にあたります(東京地判昭 55・6・18・東京高判平 19・11・29)。
②公権力の行使をゆだねられた者であれば、アルバイトの職員もこれに含まれます。

「それが具体的にどの公務員のどのような違法行為によるものであるかを特定できないときは、国又は公共団体は、損害賠償の責を負うことはない。」の部分が誤りです。**公務員**が一連の職務上の行為の過程で他人に被害を与えたが、**具体的に加害行為者および加害行為を特定できない場合**、その一連の行為のうちの**いずれかに行為者の故意または過失による違法行為があったのでなければ被害が生ずることはなかったと認められ**、かつ、それがどの行為であるにせよこれによる被害につき**行為者の属する国または公共団体が法律上賠償の責任を負うべき関係が存在するとき**は、**国または公共団体**は、加害行為不特定の故をもって**国家賠償法または民法上の損害賠償責任を免れません**（最判昭 57・4・1）。

「『公権力』は、……立法権及び司法権に属する権力は含まれない。」の部分が誤りです。**公権力の行使**には、**行政権の行使**のみならず、**立法権、司法権の行使（裁判官の行う裁判）をも含みます**（最判昭 43・3・15）。

ワンポイント

国家賠償法１条１項にいう「公権力の行使」には、①権力的な行政活動である行政行為、行政上の強制執行、即時強制等のみならず、②非権力的な行政活動の中の行政指導、医療行為の中の予防接種行為、国公立学校における教育活動等が含まれます（最判昭 58・2・18、最判昭 62・2・6）。

Q 7
特別区
2012［H24］
★★★

国家賠償法にいう公権力の行使とは、国家統治権の優越的意思の発動たる行政作用に限定され、公立学校における教師の教育活動は、当該行政作用に当たらないので、国家賠償法にいう公権力の行使には含まれない。

Q 8
国家一般
2014［H26］
★★★

保健所に対する国の嘱託に基づいて地方公共団体の職員である保健所勤務の医師が国家公務員の定期健康診断の一環としての検診を行った場合において、当該医師の行った検診又はその結果の報告に過誤があったため受診者が損害を受けたときは、国は、国家賠償法第１条第１項による損害賠償責任を負う。

Q 9
国家専門
1998［H10］
★

裁判官がした争訟の裁判について、国の損害賠償責任が肯定されるのは、違法または不当な目的をもって裁判をしたなど、特別な事情がある場合に限られるが、刑事事件において、上告審で確定した有罪判決が再審で取り消され無罪判決が確定した場合には、この特別の事情があるとされ、国は賠償責任を負う。

公権力の行使と違法性－行使：不作為

Q 10
国家専門
2015［H27］
★★★

国又は公共団体の不作為は、国家賠償法第１条の「公権力の行使」とはいえないが、権限の不行使が著しく不合理と認められる場合は、民法上の不法行為責任を免れるものではない。

選択肢全体が誤りです。**公権力の行使**には、**公立学校における教師の教育活動も含まれます**（最判昭 62・2・6）。

選択肢全体が誤りです。**国の嘱託の保健所勤務の医師**（**県の職員**）が、**国家公務員の定期健康診断の一環として行った検査**により、**受診者が損害を受けた場合、当該検診行為**は**公権力の行使にあたりません**ので、**国は国家賠償責任を負いません**（最判昭 57・4・1）。

A 9 ×

「刑事事件において、上告審で確定した有罪判決が再審で取り消され無罪判決が確定した場合には、この特別の事情があるとされ、国は賠償責任を負う。」の部分が誤りです。**再審**によりそれまでの有罪判決が取り消されて**無罪判決が確定した場合**、有罪判決を下した裁判官の裁判行為は、**当然に違法となるのではなく**、**当該裁判官**が、**違法または不当な目的で裁判をしたなど、裁判官がその付与された権限の趣旨に明らかに背いてこれを行使したものと認めうるような特別の事情**があれば、国家賠償法上**違法となります**（最判平 2・7・20）。

ワンポイント

行政指導は、国家賠償法 1 条の「公権力の行使」にあたります（最判平 5・2・18）［武蔵野市教育施設負担金事件］。行政指導 5国家賠償請求との関係 A25 の解説を参照してください。

A 10 ×

選択肢全体が誤りです。**国又は公共団体の不作為**は、国家賠償法第 1 条の「**公権力の行使**」**に該当する場合があります**。

ワンポイント

警察官がナイフを携帯する個人を帰宅させる際には、ナイフを提出させるべきであったにもかかわらず、それを怠ったがために当該個人が傷害事件をおこした場合、傷害結果と警察官の当該懈怠行為との間には相当因果関係が認められます（最判昭 57・1・19）。

Q 11
国家一般
2000 [H12]
★★★

警察官が海岸に漂着した不発弾を回収しなかったため、それをたき火にくべた中学生がその爆発で死亡・負傷した場合、国家賠償法第１条の「職務を行う」は公務員の作為と解されることから、当該警察官が不発弾の回収をしなかったことによって生じた損害について国又は公共団体は賠償責任を負わない。

Q 12
国家総合
2002 [H14]
★★★

警察法第２条が個人の生命、身体及び財産の保護を警察の責務としていることにかんがみると、一般公衆に利用されている海浜やその付近の海底に砲弾類が投棄されたまま放置されている場合には、現実に人身事故等の発生する危険があるか否かにかかわらず、警察官が警察官職務執行法第４条に基づいて積極的に砲弾類を回収するなどの措置を採らないことは、国家賠償法第１条第１項の適用上違法となる。

Q 13
国家総合
2013 [H25]
★★★

宅地建物取引業法は、免許を付与した宅地建物取引業者の人格・資質等を一般的に保証し、ひいては当該業者の不正な行為により個々の取引関係者が被る具体的な損害の防止、救済を制度の直接的な目的とするものであるから、知事による宅地建物取引業者への免許の付与・更新が、同法所定の免許基準に適合しない場合は、県は、当該業者の不正行為により損害を被った取引関係者に対して、国家賠償法第１条第１項に基づく損害賠償責任を負う。

「国家賠償法第１条の『職務を行う』は公務員の作為と解されることから、当該警察官が不発弾の回収をしなかったことによって生じた損害について国又は公共団体は賠償責任を負わない。」の部分が誤りです。**砲弾類の爆発による人身事故等の発生を未然に防止することは、その職務上の義務でもある**以上、警察官が**その作為義務の不履行**（不作為）に基づいて**発生した損害**について、**国または公共団体が賠償責任を負わなければなりません**（最判昭59・3・23）。

「現実に人身事故等の発生する危険があるか否かにかかわらず、警察官が警察官職務執行法第４条に基づいて積極的に砲弾類を回収するなどの措置を採らないことは、国家賠償法第１条第１項の適用上違法となる。」の部分が誤りです。**一般公衆に利用されている海浜やその付近の海底に砲弾類が投棄されたまま放置されている場合**には、**現実に人身事故等の発生する危険がなければ、警察官**が警察官職務執行法４条に基づいて**積極的に砲弾類を回収するなどの措置をとらないことは**、国家賠償法１条１項の適用上**違法となりません**（最判昭59・3・23）。

選択肢全体が誤りです。宅地建物取引業法は、免許を付与した宅地建物取引業者の人格・資質等を一般的に保証し、当該業者の不正な行為により個々の取引関係者が被る具体的な損害の防止、救済を制度の直接的な目的とするものではありません。**宅建業者の不正な行為により個々の取引関係者が損害を被った場合、当該業者の業務停止ないし免許の取消しを行わなかった知事等の権限不行使は、国家賠償法１条の違法な行為にあたりません**（最判平１・11・24）。

一般に、処分庁が認定申請を相当期間内に処分すべきは当然であり、不当に長期間にわたって処分がされない場合には、早期の処分を期待していた申請者が不安感、焦燥感を抱かされ内心の静穏な感情を害されるに至るであろうことは容易に予測できるから、処分庁には、こうした結果を回避すべき条理上の作為義務があるということができ、客観的に処分庁がその処分のために手続上必要と考えられる期間内に処分できなかったことをもって、この作為義務に違反すると解すべきである。

不作為の違法確認判決は、行政庁の行政手続き上の作為義務違反を確認するものであると同時に不法行為上の違反をも確認するものであり、これによって行政庁は、当然に処分の遅延により、申請者に生じた損害を賠償する責任を負うこととなるとするのが判例である。

「客観的に処分庁がその処分のために手続上必要と考えられる期間内に処分できなかったことをもって、この作為義務に違反すると解すべきである。」の部分が誤りです。**処分庁が作為義務に違反したといえるためには、①客観的に処分庁がその処分のために手続上必要と考えられる期間内に処分できなかったこと**だけでは足りず、②**その期間内に比してさらに長期間にわたり遅延が続き**、かつ、③**その間、処分庁として通常期待される努力によって遅延を解消できたのに、これを回避するための努力を尽くさなかったことが必要**です（最判平3・4・26）［水俣病認定遅延国家賠償訴訟］。

ワンポイント

水俣病認定申請に対する処理の遅延を理由とする精神的損害の賠償請求がされた場合、客観的に処分庁がその処分のために手続上必要と考えられる期間内に処分することができないことだけで、違法と評価されるわけではありません（最判平3・4・26）［水俣病認定遅延国家賠償訴訟］。

選択肢全体が誤りです。**申請処理の遅延による精神的損害の賠償請求が問題となった事例**において、**不作為の違法確認訴訟上の不作為の違法の要件**と、**国家賠償法上の違法の要件**とは、**必ずしも一致するわけではありません**（最判平3・4・26）［水俣病認定遅延国家賠償訴訟］。

ワンポイント

不作為の違法確認判決は、行政庁の行政手続上の作為義務違反を確認するものであると同時に不法行為上の違反をも確認するものですが、これによって行政庁は、処分の遅延により、当然に申請者に生じた損害の賠償責任を負うわけではありません（最判平3・4・26）［水俣病認定遅延国家賠償訴訟］。

Q16 国家総合 2010［H22］★★★

医薬品の副作用による被害が発生した場合、厚生大臣（当時）が当該医薬品の副作用による被害の発生を防止するために薬事法上の権限を行使しなかったことは、同法の目的及び厚生大臣に付与された権限の性質等に照らし、その権限の不行使が著しく合理性を欠くとまではいえない場合でも、国家賠償法第１条第１項の規定の適用上違法となる。

Q17 特別区 2016［H28］★★★

じん肺法が成立した後、通商産業大臣か石炭鉱山におけるじん肺発生防止のための鉱山保安法に基づく省令改正権限等の保安規制の権限を直ちに行使しなかったことは、保安措置の内容が多岐にわたる専門的、技術的事項であるため、その趣旨、目的に照らし、著しく合理性を欠くものとはいえず、国家賠償法上、違法とはいえない。

Q18 国家一般 2013［H25］★★★

国会議員による立法不作為についても、国家賠償法第１条第１項の適用上、違法の評価を受けることがあり、国会が在外選挙制度を設けるなどの立法措置を長期にわたって執らなかったことはこれに該当するが、在外国民が選挙権を行使できなかった精神的苦痛は金銭賠償にはなじまないから、国は賠償責任を負わない。

「その権限の不行使が著しく合理性を欠くとまではいえない場合でも、国家賠償法第1条第1項の規定の適用上違法となる。」の部分が誤りです。**医薬品の副作用による被害が発生した場合**に、**厚生大臣がその発生を防止するために製造承認の取消し**、または**医薬品製造業者に対する指導勧告等の行政指導の各権限を行使しない**ことにより、**直ちに国家賠償法1条1項の適用上違法となるわけではありません**（最判平7・6・23）［クロロキン薬害訴訟］。

本来行使すべき権限を行使しなかったことにより損害が発生した場合には、その不行使が著しく合理性を欠く場合には、公権力の行使といえ、国家賠償法1条の対象となります（最判平7・6・23）［クロロキン薬害訴訟］。

「保安措置の内容が多岐にわたる専門的、技術的事項であるため、その趣旨、目的に照らし、著しく合理性を欠くものとはいえず、国家賠償法上、違法とはいえない。」の部分が誤りです。**通商産業大臣が石炭鉱山におけるじん肺発生防止のための鉱山保安法上の保安規制権限を直ちに行使しなかったこと**は、**国家賠償法1条1項の適用上違法となります**（最判平16・4・27）。

A 18 ×

「在外国民が選挙権を行使できなかった精神的苦痛は金銭賠償にはなじまないから、国は賠償責任を負わない。」の部分が誤りです。平成8年10月20日に実施された衆議院議員の総選挙までに**在外国民に国政選挙における選挙権の行使を認めるための立法措置がとられなかったこと（小選挙区選挙）について、国家賠償請求は認められます**（最大判平17・9・14）［在外日本人選挙権剥奪事件］。

Q 19 国家一般 2014［H26］★★★

国会議員の立法行為又は立法不作為は、その立法の内容又は立法不作為が国民に憲法上保障されている権利を違法に侵害するものであることが明白な場合や、国民に憲法上保障されている権利行使の機会を確保するために所要の立法措置を執ることが必要不可欠であり、それが明白であるにもかかわらず、国会が正当な理由なく長期にわたってこれを怠る場合などには、例外的に、国家賠償法第１条第１項の適用上、違法の評価を受ける。

「職務を行う」についての意義（職務行為の範囲）

Q 20 特別区 2012［H24］★★★

国又は公共団体が損害賠償の責を負うのは、公務員が主観的に権限行使の意思をもってした職務執行につき、違法に他人に損害を加えた場合に限られ、公務員が自己の利を図る意図で、客観的に職務執行の外形を備える行為をし、これにより違法に他人に損害を加えた場合には、損害賠償の責を負うことはない。

Q 21 国家一般 2013［H25］★★★

都道府県が児童福祉法に基づき要保護児童を児童養護施設に入所させた場合、当該施設を設置運営しているのが社会福祉法人であるときは、その職員は公務員ではないから、都道府県が入所させた児童に対する職員による養育監護行為は、国家賠償法第１条第１項にいう公権力の違法な行使には当たらない。

○

本選択肢の通りです。国民に憲法上保障されている権利行使の機会を確保するために**国会において所要の立法措置をとることが必要不可欠**であり、それが**明白**であるにもかかわらず、**国会が正当な理由なく長期にわたりこれを怠った場合、当該立法不作為は国家賠償法１条１項の規定の適用上違法の評価を受けます**（最大判平 17・9・14）。

ワンポイント

①精神的原因による投票困難者の選挙権行使の機会を確保するための立法措置を講じないこと（本件立法不作為）は、国家賠償法１条１項の適用上、違法の評価を受けません（最判平 18・7・13）。

②国会が女性の再婚禁止期間を定めた民法 733 条１項を改廃する立法措置をとらなかったこと（立法の不作為）については、憲法の規定に違反することが明白であるにもかかわらず国会が正当な理由なく長期にわたって改廃等の立法措置を怠っていたと評価することはできません。したがって、本件立法不作為は、国家賠償法１条１項の適用上違法の評価を受けません（最大判平 27・12・16）［女子再婚禁止期間事件］。

A 20

×

「公務員が自己の利を図る意図で、客観的に職務執行の外形を備える行為をし、これにより違法に他人に損害を加えた場合には、損害賠償の責を負うことはない。」の部分が誤りです。**公務員が主観的に権限行使の意思（私利を図る目的）をもつ場合**でも、**その行為が外形からみて職務執行行為といえる場合**には、**国家賠償法１条の職務執行に該当します**（最判昭 31・11・30）。

ワンポイント

警察官が非番の日に制服で私人に対して不法行為を行った場合、国または公共団体は、私人に対して国家賠償責任を負います（最判昭 31・11・30）。

×

「都道府県が入所させた児童に対する職員による養育監護行為は、国家賠償法第１条第１項にいう公権力の違法な行使には当たらない。」の部分が誤りです。**都道府県による入所措置に基づき社会福祉法人の設置運営する児童養護施設に入所した児童に対する当該施設の職員等による養育監護行為は、都道府県の公権力の行使にあたる公務員の職務行為となります**（最判平 19・1・25）。

Q22 国家総合 2009［H21］★★

国家賠償法第１条第１項は、国又は公共団体（以下「国等」という。）の公権力の行使に当たる公務員がその職務を行うについて、故意又は過失によって違法に他人に損害を与えた場合に公務員個人としては民事上の損害賠償責任を負わない趣旨であるから、国等以外の者に使用される者が第三者に損害を加えた場合で、当該行為が国等の公権力の行使に当たるとして国等が被害者に対して同項に基づく損害賠償責任を負うときは、国等以外の使用者が民法第715条に基づく損害賠償責任を負うものの、被用者個人は民法第709条に基づく損害賠償責任を負わない。

故意または過失

Q23 国家一般 2013［H25］★★

ある事項に関する法律解釈について異なる見解が対立し、実務上の取扱いも分かれていて、そのいずれについても相当の根拠が認められる場合において、公務員がその一方の見解を正当と解し、これに基づいて公務を遂行したときは、後にその執行が違法と判断されたからといって、直ちに公務員に過失があったものとすることはできない。

Q24 国家一般 2000［H12］★★★

国公立学校における課外のクラブ活動の指導・監督に当たる顧問教諭は、活動に常に立ち会って監視指導する義務があるから、顧問教諭がクラブ活動中に活動場所を離れた間に当該教諭が指導・監督に当たる生徒について生じた事故については、国又は公共団体は損害賠償責任を負う。

✕

「国等以外の使用者が民法第715条に基づく損害賠償責任を負うものの、」の部分は誤りです（最判平19・1・25）。**都道府県による入所措置に基づき入所した児童に対するA学園の職員等による養育監護行為が被告県の公権力の行使にあたる場合**、当該行為が国等の公権力の行使にあたるとして**国等が被害者**に対して**国家賠償法1条1項**に基づく**損害賠償責任を負う**ときは、**本件職員の使用者である被告Y**は、原告に対し、**民法715条に基づく損害賠償責任を負いません**。また、**被用者も損害賠償責任を負いません**（最判平19・1・25）。

○

本選択肢の通りです。**法律解釈につき異なる見解が対立し、実務上の取扱いも分かれていて、そのいずれについても一応の論拠が認められる場合に、公務員がその一方の解釈**に立脚して公務を執行し、**後にその執行が違法と判断**された場合、**当該公務員に過失が認められません**（最判昭49・12・12）。

✕

「顧問教諭は、活動に常に立ち会って監視指導する義務があるから、……国又は公共団体は損害賠償責任を負う。」の部分が誤りです。公立学校における課外クラブ活動において、生徒が乱闘により負傷した場合、**何らかの事故の発生する危険性を具体的に予見することが可能であるような特段の事情のある場合は格別、そうでない限り、顧問の教諭**としては、**個々の活動に常時立会い、監視指導すべき義務までを負うものではありません**（最判昭58・2・18）。

Q25 国家一般 2005［H17］ ★★★

予防接種により後遺症が発生した場合には、禁忌者を識別するために必要とされる予診が尽くされたが禁忌者に該当すると認められる事由を発見することができなかったこと、被接種者が個人的素因を有していたこと等の特段の事情が認められない限り、被接種者は禁忌者に該当していたと推定される。

Q26 国家総合 1999［H11］ ★★

国家賠償法１条１項の「公権力の行使」には立法行為も含まれ、国会議員は、立法過程において憲法の一義的な文言に違反せず立法する法的義務を個別の国民との関係でも負いうるが、国会議員の立法行為が同項の適用上違法となる場合においては、個々の国会議員の故意・過失を論ずることは必要とされず、国会自体の故意・過失を論ずれば足り、国会が違憲という重大な結果を避けるべき高度の注意義務に反した場合には、国会自体の過失が認められる。

Q27 特別区 2020［R2］ ★★★

在留資格を有しない外国人に対する国民健康保険の適用について、ある事項に関する法律解釈につき異なる見解が対立し、実務上の取扱いも分かれていて、そのいずれについても相当の根拠が認められる場合に、公務員がその一方の見解を正当と解しこれに立脚して公務を遂行したときは、後にその執行が違法と判断されたからといって、直ちに上記公務員に過失があったものとすることは相当ではない。

Q28 特別区 2020［R2］ ★★★

国の担当者が、原爆医療法及び原爆特別措置法の解釈を誤り、被爆者が国外に居住地を移した場合に健康管理手当の受給権は失権の取扱いとなる旨を定めた通達を作成、発出し、これに従った取扱いを継続したことは、公務員の職務上通常尽くすべき注意義務に違反するとまではいえず、当該担当者に過失はない。

A 25 ○

予防接種により重篤な後遺症が発生した場合、接種実施者に過失があるか否かの認定に関して、**被接種者が個人的素因を有していたこと等の特段の事情が認められない限り、被接種者は禁忌者に該当していたと推定するのが相当**です（最判平3・4・19）［小樽種痘損害賠償請求訴訟］。

ワンポイント

市立中学校の生徒が課外クラブ活動の柔道部の回し乱取り中に負傷した事故について、**十分な基礎練習と相当な練習期間後に回し乱取りが行われた等の事情**があれば、顧問教諭に指導上の過失はありません（最判平9・9・4）。

A 26 ×

選択肢全体が誤りです。国会議員の立法行為が国家賠償法1条1項の適用上違法となる場合においては、**個々の国会議員の故意・過失を論ずることは必要です**（最判平9・9・9）。

A 27 ○

在留外国人に対する被保険者証交付拒否処分が違法である場合でも、**在留外国人が国民健康保険の適用対象となるかどうかについて定説が**ない状況では、**本件被保険者証交付拒否処分は違法**ですが、**市の公務員には過失は認められません**（最判平16・1・15）。

A 28 ×

「公務員の職務上通常尽くすべき注意義務に違反するとまではいえず、当該担当者に過失はない。」の部分が誤りです。**国の担当者が、原爆医療法および原爆特別措置法の解釈を誤り**、被爆者が国外に居住地を移した場合に、**健康管理手当等の受給権は失権の取扱いとなる旨定めた通達を作成、発出し、これに従った取扱いを継続したこと**は、国家賠償法1条1項の適用上**違法があり、当該担当者には過失が認められます**（最判平19・11・1）。

違法性・法律上保護される利益

Q29
国家専門
2017［H29］
★★

刑事事件において無罪の判決が確定した場合には、判決時と公訴の提起・追行時で特に事情を異にする特別の場合を除き、起訴前の逮捕・勾留、公訴の提起・追行、起訴後の勾留は直ちに違法となるとするのが判例である。

Q30
国家専門
2007［H19］
★★

刑事事件の公訴提起時において、検察官が各種の証拠資料を総合勘案して合理的な判断過程により有罪と認められる嫌疑があったと判断しても、当該事件について無罪の判決が確定した場合には、公訴提起をした検察官の行為は、国家賠償法上違法の評価を免れないとするのが判例である。

Q31
国家一般
2006［H18］
★★★

弁護士法第23条の2に基づき前科及び犯罪経歴の照会を受けた政令指定都市の区長が、照会文書中に、単に中央労働委員会及び地方裁判所に提出するためとの照会事由が示されているにすぎないのに漫然とその照会に応じて、犯罪の種類、軽重を問わず、前科及び犯罪経歴のすべてを報告したとしても、弁護士にはその職務上知り得た秘密を保持する義務が課されている以上、区長の行った報告は、特段、違法な公権力の行使に当たることはあり得ない。

Q32
国家一般
2017［H29］
★★★

裁判官がした争訟の裁判について、国家賠償法第１条第１項の規定にいう違法な行為があったものとして国の損害賠償責任が肯定されるためには、上訴等の訴訟法上の救済方法によって是正されるべき瑕疵が存在するだけでなく、当該裁判官が違法又は不当な目的をもって裁判をしたなど、裁判官に付与された権限の趣旨に明らかに背いてこれを行使したと認められるような特別の事情が必要である。

×

「刑事事件において無罪の判決が確定した場合には、……起訴前の逮捕・勾留、公訴の提起・追行、起訴後の勾留は直ちに違法となるとするのが判例である。」の部分が誤りです。**刑事事件において無罪の判決が確定した場合、公訴の提起をした検察官の行為**については、**直ちに公訴の提起は違法性を帯びるわけではありません**（最判昭 53・10・20）。

A30 ×

「当該事件について無罪の判決が確定した場合には、公訴提起をした検察官の行為は、国家賠償法上違法の評価を免れないとするのが判例である。」の部分が誤りです。**検察官が公訴を提起したが裁判において無罪が確定した場合、検察官**が、**起訴時あるいは、公訴提起時を基**準に各種の証拠資料を総合勘案して**合理的な判断過程により有罪と認められる嫌疑**があれば**違法性は認められません**（最判昭 53・10・20）。

A31 ×

「弁護士にはその職務上知り得た秘密を保持する義務が課されている以上、区長の行った報告は、特段、違法な公権力の行使に当たることはあり得ない。」の部分が誤りです。弁護士法 23 条の 2 に基づき**前科および犯罪経歴の照会を受けた区長**が、漫然と照会に応じて、犯罪の種類、軽重を問わず、**前科等のすべてを報告することは、公権力の違法な行使にあたります**（最判昭 56・4・14）[前科照会事件]。

○

裁判官がした争訟の裁判について、**国の損害賠償責任が肯定されるためには**、……当該裁判官が**違法又は不当な目的をもって裁判**をしたなど、**裁判官に付与された権限の趣旨に明らかに背いてこれを行使したと認められるような特別の事情**が必要です（最判昭 57・3・12）。

Q33
国家総合
2014［H26］
★★

憲法尊重擁護義務を負う国会議員には違憲の法律を制定してはならないという行為規範の遵守義務が課されているため、国会において議決された法律の内容が違憲であれば、その立法行為は国家賠償法第1条第1項の適用上違法の評価を受けることになり、国は賠償責任を免れることはできない。

Q34
国家総合
2003［H15］
★★★

交通違反を現認され警察車両に追跡されて逃走中の車両が交通事故を起こし、第三者に対して損害を生じさせた場合、当該追跡行為が警察官の職務目的を遂行する上で必要であり、かつ、逃走車両の逃走の態様等に照らし追跡の方法が相当なものであったとしても、被害者たる第三者との関係では、当該追跡行為を国家賠償法上違法と評価することができる。

Q35
国家総合
2007［H19］
★★

内閣法第5条においては、内閣総理大臣は内閣を代表して法律案を国会に提出することができるとされているが、立法について固有の権限を有する国会の立法不作為につき国家賠償法第1条第1項にいう違法性がないとされた以上は、内閣が法律案を提出しなかったことが同項の規定の適用上違法と評価される余地はない。

Q36
国家一般
2006［H18］
★★

裁判長による法廷警察権の行使は広範な裁量にゆだねられており、その行使の要否、執るべき措置についての裁判長の判断は、必要な範囲で十分尊重されなければならないから、裁判長による法廷警察権に基づく措置として、法廷警察権を行使する目的、範囲とその行使する手段との間に一般人を基準とした合理的関連性がない場合に初めて国家賠償法第1条第1項にいう違法な公権力の行使となる。

「国会において議決された法律の内容が違憲であれば、その立法行為は国家賠償法第1条第1項の適用上違法の評価を受けることになり、国は賠償責任を免れることはできない。」の部分が誤りです。**仮に国会議員の制定した立法の内容が憲法の規定に違反する**おそれがある場合でも、**国会議員の立法行為は直ちに違法の評価を受けるものではありません**（最判昭60・11・21）［在宅投票制廃止違憲訴訟］。

A34 ×

選択肢全体が誤りです。**交通違反を現認され警察車両に追跡されて逃走中の車両が交通事故を起こし、第三者に対して損害を生じさせた場合、追跡行為が違法である**というためには、**その追跡が当該職務目的を遂行するうえで不必要である**か、又は**逃走車両の逃走の態様および道路交通状況等から予測される被害発生の具体的危険性の有無および内容に照らし、追跡の開始・継続もしくは追跡の方法が不相当であること**を要します（最判昭61・2・27）。

A35 ○

立法について固有の権限を有する**国会の立法不作為**につき国家賠償法1条1項にいう**違法性がないとされた場合、内閣が法律案を提出しなかったこと**が同項の規定の適用上**違法と評価される余地はありません**（最判昭62・6・26）。

A36 ○

法廷警察権に基づく裁判長の措置は、法廷警察権を行使する**目的、範囲とその行使する手段との間に一般人を基準とした合理的関連性がない場合**にはじめて、直ちに国家賠償法1条1項の規定にいう**違法な公権力の行使にあたります**（最大判平1・3・8）［レペタ訴訟］。

Q37
国家一般
2017［H29］
★★

犯罪の被害者が公訴の提起によって受ける利益は、公訴の提起によって反射的にもたらされる事実上の利益にすぎず、法律上保護された利益ではないから、被害者は、検察官の不起訴処分の違法を理由として、国家賠償法の規定に基づく損害賠償請求をするとはできない。

Q38
国家専門
2010［H22］
★★★

税務署長が職務上通常尽くすべき注意義務を尽くして所得税の更正処分を行った場合であっても、当該更正処分が裁判等において取り消されたときは、当該更正処分は、国家賠償法第１条第１項にいう違法な行為に当たる。

Q39
国家一般
2006［H18］
★

司法警察員による被疑者の留置は、司法警察員が、留置時において、捜査により収集した証拠資料を総合勘案して刑事訴訟法第 203 条第１項所定の留置の必要性を判断する上において、合理的根拠が客観的に欠如していることが明らかであるにもかかわらず、あえて留置したと認め得るような事情がある場合に限り、国家賠償法第１条第１項の適用上違法の評価を受ける。

Q40
国家一般
2006［H18］
★

犯罪の被害者が司法警察職員に対して証拠物を任意提出した上、その所有権を放棄する旨の意思表示をした場合、犯罪の被害者は、犯人の検挙や処罰に役立てるため、当該証拠物が捜査機関において有効に活用され適正に保管されることの利益を有するから、犯人がいまだ逮捕されない間に司法警察職員が当該証拠物を廃棄することは、犯罪の被害者の法律上の利益を侵害するものとして、国家賠償法第１条第１項に基づく損害賠償請求の対象となる。

A37 ○

犯罪の被害者が公訴の提起によって受ける利益は、公訴の提起によって**反射的にもたらされる事実上の利益**にすぎず、法律上保護された利益ではありませんから、**被害者**は、**検察官の不起訴処分の違法を理由**として、国家賠償法1条1項の規定に基づく**損害賠償請求をすることはできません**（最判平2・2・20）。

A38 ×

「当該更正処分は、国家賠償法第1条第1項にいう違法な行為に当たる。」の部分が誤りです。**税務署長による所得税更正処分**の違法を理由とする国家賠償請求がされた場合、**当該更正処分が所得金額を過大に認定**していたとしても、国家賠償法1条1項にいう**違法が直ちにあるとはいえません**。しかし、**当該所得税更正処分**をするにあたり、**税務署長に職務上通常尽くすべき注意義務の違反を認めうるような事情がある場合に限り、当該所得税更正処分が国家賠償法上違法と評価されます**（最判平5・3・11）。

A39 ○

本選択肢の通りです。**司法警察員による被疑者の留置**について、国家賠償法上の**違法性**がある場合とは、**留置の必要性を判断するうえで、合理的根拠が客観的に欠如しているのに、あえて留置した場合です**（最判平8・3・8）。

A40 ×

選択肢全体が誤りです。**犯罪の被害者**が司法警察職員に対して証拠物を任意提出したうえ、**その所有権を放棄する旨の意思表示**をした場合、**犯人がいまだ逮捕されない間に司法警察職員が当該証拠物を廃棄すること**は、当該証拠物の廃棄処分が単に適正を欠くというだけでは国家賠償法の規定に基づく**損害賠償請求をすることはできません**（最判平17・4・21）。

Q41 国家総合 2017［H29］★

税関支署長が関税定率法に基づいてしたある写真集が輸入禁制品に該当する旨の通知合であっても、その通知処分をしたことが職務上通常尽くすべき注意義務を怠ったものということはできないときは、その通知処分は、国家賠償法第１条第１項の適用上違法であるものの、当該税関支署長に過失があったとは認められない。

Q42 国家一般 2013［H25］★

弁護士会が設置した人権擁護委員会が、受刑者から人権救済の申立てを受け、調査の一環として他の受刑者との接見を求めた際、刑務所長が接見を許可しなかったことは、接見を求める者の利益に配慮すべき旧監獄法上の義務に違反し、国家賠償法第１条第１項の適用上、違法である。

Q43 国家総合 2017［H29］★

労働大臣（当時）か、石綿（アスベスト）製品の製造等を行う工場又は作業場における石綿関連疾患の発生防止のため、労働基準法に基づく省令制定権限を行使して罰則をもってこれらの工場等に局所排気装置を設置することを義務付けなかったことは、国家賠償法第１条第１項の適用上違法である。

損害

Q44 国家一般 1988［S63］★★

「他人に損害を加えた」とは、公務負による積極的な加害行為によって損害が発生したことを意味するから、公務員が職務上有する作為義務の不履行に基づいて発生した損害については、国または公共団体が国家賠償責任を負う余地はないとするのが判例である。

A41 ×

「その通知処分は、国家賠償法第１条第１項の適用上違法である」の部分が誤りです。**税関支署長**が関税定率法に基づいてした、**ある写真集が輸入禁制品に該当する旨の通知処分**が、職務上通常尽くすべき注意義務を怠ったものということができないときには、国家賠償法１条１項の適用上、**違法の評価を受けません**（最判平20･2･19）［メイプルソープ事件］

A42 ×

「接見を求める者の利益に配慮すべき旧監獄法上の義務に違反し、国家賠償法第１条第１項の適用上、違法である。」の部分が誤りです。**弁護士会の設置する人権擁護委員会が受刑者から人権救済の申立て**を受け、**同委員会所属の弁護士が調査の一環**として**他の受刑者との接見を申し入れた場合**において、**これを許さなかった刑務所長の措置**に、国家賠償法１条１項にいう**違法性は認められません**（最判平20・4・15）。

A43 ○

本選択肢の通りです。労働大臣が石綿製品の製造等を行う工場又は作業場における**石綿関連疾患の発生防止**のために、**労働基準法（改正前）に基づく省令制定権限を行使しなかったこと（不作為）**は、国家賠償法１条１項の適用上**違法となります**（最判平26・10・9）。

選択肢全体が誤りです。「**他人に損害を加えた**」とは、公務員による積極的な加害行為によって損害が発生した場合にとどまらず、**公務員が職務上有する作為義務の不履行に基づいて発生した損害についても含まれます**（最判昭59・3・23）。

2 国家賠償法第１条の効果

損害賠償請求

Q45 国家一般 2016［H28］★★★

国家賠償法第１条の責任について、同条にいう職務を行った公務員個人に故意又は重大な過失があった場合は、国又は公共団体と連帯して当該公務員個人もその責任を負う。

Q46 国家総合 2011［H23］★★

公権力を違法に行使した警察官が警視以下の地方公務員としての身分を有する者であっても、その者の任免及びその者に対する指揮監督の権限は、国家公安委員会によって任免され国家公務員の身分を有する警視総監又は道府県警察本部長によって行使される。したがって、都道府県警察の警察官が行う捜査は、都道府県の処理すべき事務に係る捜査であっても、国家賠償法の解釈上国の公権力の行使に当たる。

Q47 国家一般 2014［H26］★

行政処分が違法であることを理由として国家賠償請求をするためには、あらかじめ当該行政処分について取消し又は無効確認の判決を得なければならないものではないが、当該行政処分が金銭を納付させることを直接の目的としている場合には、その違法を理由とする国家賠償請求を認容したとすれば、結果的に当該行政処分を取り消した場合と同様の経済的効果が得られるときであっても、取消訴訟等の手続を経ることなく国家賠償請求をすることはできない。

求償

Q48 特別区 2014［H26］★★★

国又は公共団体の公権力の行使に当たる公務員が、重大な過失によって違法に他人に損害を加えたときは、国又は公共団体はこれを賠償しなければならないが、国又は公共団体は、その公務員に対して求償権を有しない。

A45 ×

「国又は公共団体と連帯して当該公務員個人もその責任を負う。」の部分が誤りです。**公務員個人は、被害者に対して直接責任を負いません**（最判昭 30・4・19、最判昭 46・9・3、最判昭 47・3・21）。

A46 ×

「都道府県警察の警察官が行う捜査は、都道府県の処理すべき事務に係る捜査であっても、国家賠償法の解釈上国の公権力の行使に当たる。」の部分が誤りです。**道府県警察の警察官**がいわゆる交通犯罪の捜査を行うにつき、**故意又は過失によって違法に他人に損害を加えた場合**、**原則として**、当該**都道府県**が**損害賠償責任を負います**（最判昭 54・7・10）。

A47 ×

「行政処分が違法であることを理由として国家賠償請求をするためには、あらかじめ当該行政処分について取消し又は無効確認の判決を得なければならないものではないが、」の部分は正しいです。それ以外の部分が誤りです。**行政処分が金銭を納付させることを直接の目的**としている場合には、その違法を理由とする国家賠償請求を認容したとすれば、結果的に当該行政処分を取り消した場合と同様の経済的効果が得られるときであっても、**取消訴訟等の手続を経ることなく国家賠償請求をすることはできます**（最判平 22・6・3）。

A48 ×

「国又は公共団体は、その公務員に対して求償権を有しない。」の部分が誤りです（国家賠償法 1 条 2 項）。国家賠償法 1 条 1 項の場合において、**公務員に故意又は重大な過失があったときは**、**国又は公共団体**は、**その公務員に対して求償権を有します**（1 条 2 項）。

国家賠償法

(2)国家賠償法第 2 条

国家賠償法第 2 条の成立要件

公の営造物とその管理権者－管理権者

Q 1
特別区
2010［H22］
★★★

国家賠償法にいう公の営造物の設置又は管理に該当するには、法律上の管理権又は所有権等の法律上の権原を有することが必要であり、事実上管理している状態はこれに当たらない。

公の営造物とその管理権者－「公の営造物」

Q 2
特別区
2004［H16］
★★

国家賠償法に規定する公の営造物とは、国又は公共団体の管理する物的施設又は有体物のことをいい、それには、公の用に供されていない普通財産も含まれる。

Q 3
国家一般
1999［H11］
★★

「公の営造物」は、土地の工作物に限られ、公用自動車などの動産は含まない。

Q 4
特別区
2007［H19］
★★

国家賠償法に規定する公の営造物とは、国や公共団体の管理する物的施設や有体物であり、直接公の目的に供されていない普通財産はこれに含まれるが、河川、湖沼、海浜等の自然公物は含まれない。

A 1 ×

「事実上管理している状態はこれに当たらない。」の部分が誤りです。国家賠償法２条にいう**公の営造物の管理者**には、法律上の管理権ないしは所有権、賃借権等の権原を有している者に限られず、**事実上の管理をしているにすぎない国または公共団体**も含まれます（最判昭59・11・29）。

A 2 ×

「公の用に供されていない普通財産も含まれる。」の部分が誤りです。**「公の営造物」**とは、**国または公共団体が公共の用または公用に供している有体物、つまり公物をいいます**。したがって、国または公共団体が所有および管理している物であっても、**公の用に供されていなければ「公の営造物」概念に含まれません**。

A 3 ×

選択肢全体が誤りです。「**公の営造物**」は、不動産に限定されませんが、動産のそのすべてが対象となるのではなく、**当該動産自体に物理的欠陥がある場合に限定されます**。たとえば、**校庭内の鉄棒、警察官の拳銃、公用自動車等**です。

A 4 ×

「河川、湖沼、海浜等の自然公物は含まれない。」の部分が誤りです。「**公の営造物**」には、**人工公物だけでなく、自然公物も含まれます**。

Q 5
国家一般
2010［H22］
★★

国家賠償法第２条第１項にいう「公の営造物」には、道路等の人工公物だけでなく、河川等の自然公物も含まれる。このうち、道路等の人工公物については、供用開始行為により供用が始まることから、供用開始決定がなされていることが、公の営造物となるための必須の要件であると解されている。

Q 6
国家一般
1999［H11］
★★

公の目的に供されている物的施設であっても、国または公共団体が自ら所有せず借り入れているものは、「公の営造物」には当たらない。

Q 7
国家一般
1990［H2］
★★

河川、海浜などの自然公物は公の営造物ではないと解されるから、これに付随する堤防・防波堤も公の営造物には当たらない。

Q 8
国家一般
1999［H11］
★★

国または公共団体が所有および管理している物であっても、公の用に供されていないものは「公の営造物」ではない。

Q 9
国家一般
1999［H11］
★★

「公の営造物」には、公の用に供するための物的施設のみならず、人的スタッフも含まれるから、鉄道、病院、図書館等の職員もこれに当たる。

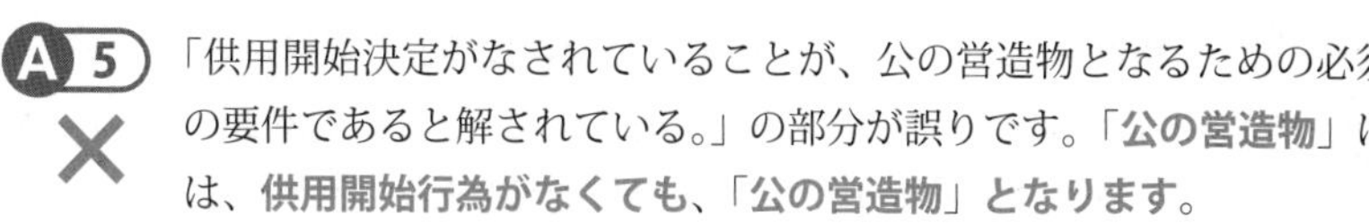

A 5 ×

「供用開始決定がなされていることが、公の営造物となるための必須の要件であると解されている。」の部分が誤りです。**「公の営造物」**には、**供用開始行為がなくても、「公の営造物」となります。**

A 6 ×

「国または公共団体が自ら所有せず借り入れているものは、「公の営造物」には当たらない。」の部分が誤りです。**公物の中には、自有公物のみならず、他有公物も含まれます。**

A 7 ×

選択肢全体が誤りです。自然公物は公の営造物であり、堤防・防波堤は公の営造物に当たります。

A 8 ○

「公の営造物」といえるためには、**国または公共団体が直接に公の目的に供していることが必要です。**

A 9 ×

「人的スタッフも含まれるから、鉄道、病院、図書館等の職員もこれに当たる。」の部分が誤りです。人的要素は、国家賠償法1条1項の問題として処理されます。したがって、**「公の営造物」**には、**公の用に供するための物的施設のみに限られ**、病院、図書館の職員等の人的スタッフは含まれません。

●──設置・管理の瑕疵の意味等－道路（人工公物）の判例：客観説

Q10
特別区
2010［H22］
★★★

最高裁判所の判例では、高知落石事件において、国家賠償法の営造物の設置又は管理の瑕疵とは、営造物が通常有すべき安全性を欠いていることをいい、これに基づく国及び公共団体の賠償責任については、その過失の存在を必要としないとした。

●──設置・管理の瑕疵の意味等－道路（人工公物）の判例：折衷説

Q11
国家総合
2010［H22］
★★★

県道上に道路管理者の設置した、掘穿工事中であることを表示する工事標識板等が、夜間、通行車によって倒されたため、その直後に他の通行車について事故が発生した場合、時間的に道路管理者が道路の原状を回復する余地がなかったとしても、人工公物である道路の設置又は管理に瑕疵があったというためには道路の安全性に欠如があったことで足りるから、道路管理者たる県は国家賠償法第 2 条第 1 項に基づく賠償責任を負う。

違法駐車に対する駐車方法の変更、場所の移動などの規制を行う権限は、各都道府県の警察官にあることから、国道上に 87 時間にわたって放置された故障車を原因とする事故について、国の道路管理の瑕疵による損害賠償責任が生ずることはないとするのが判例である。

A 10 ○

国家賠償法２条１項の営造物の設置・管理の瑕疵とは、**営造物が通常有すべき安全性を欠いていること**をいい、これに基づく国および公共団体の賠償責任については、**その過失の存在を必要としません**（最判昭45・8・20）［高知落石事件］。

ワンポイント

営造物の設置・管理に瑕疵があるか否かは、通常有すべき安全性を欠いているか否かによって判断すべきです。この通常有すべき安全性を欠くか否かの判断は、当該営造物の構造、本来の用法、場所的環境及び利用状況等諸般の事情を総合考慮して具体的、個別的に判断すべきです（最判昭53・7・4）（客観説）。

A 11 ×

「人工公物である道路の設置又は管理に瑕疵があったというためには道路の安全性に欠如があったことで足りるから、道路管理者たる県は国家賠償法第２条第１項に基づく賠償責任を負う。」の部分が誤りです。**県道上に道路管理者の設置した、掘穿工事中であることを表示する工事標識板等**が、**夜間、通行車によって倒された**ため、**その直後に他の通行車について事故が発生した場合、時間的に道路管理者が道路の原状を回復する余地がなかった以上、道路管理に瑕疵があったとはいえません**（最判昭50・6・26）［奈良赤色灯事件］。

A 12 ×

「国道上に87時間にわたって放置された故障車を原因とする事故について、国の道路管理の瑕疵による損害賠償責任が生ずることはないとするのが判例である。」の部分が誤りです。大型貨物自動車が**長時間（87時間）にわたり放置**され、**道路の安全性を著しく欠如する状態に対処する体制を土木出張所（行政庁）がとらなかったため事故が発生した場合**には、**道路管理に瑕疵があったといえます**（最判昭50・7・25）。

設置・管理の瑕疵の意味等－道路(人工公物)の無過失責任

Q13 国家専門 2015 [H27] ★★★

国道が通常有すべき安全性を欠いていたとしても、安全性を確保するための費用の額が相当の多額にのぼり、予算措置が困難である場合は、国又は公共団体が当該道路の管理の瑕疵によって生じた損害の賠償責任を負うことはない。

設置・管理の瑕疵の意味等－道路(人工公物)の適用範囲

Q14 国家総合 2017 [H29] ★★★

本来の用法に従えば安全である公の営造物について、設置管理者の通常予測し得ない異常な方法で使用しないという注意義務は、利用者である一般市民の側が負うのが当然であり、幼児について、異常な行動に出ることがないようにさせる注意義務は、第一次的にその保護者にある。

設置・管理の瑕疵の意味等－道路(人工公物)の機能的瑕疵：付近住民等

Q15 特別区 2007 [H19] ★★★

最高裁判所の判例では、営造物が他人に危害を及ぼす危険性がある状態にあっても、その危害は利用者以外の第三者に対するそれを含まないので、空港に離着陸する航空機の騒音等によって、周辺住民に受忍すべき限度を超える被害があっても、国の賠償責任はないとした。

Q16 国家総合 2003 [H15] ★★

国営空港の供用による便益は、国民の日常生活の維持存続に不可欠な役務の提供といえるものであるから、当該空港の供用によって被害を受ける地域住民がかなり多数にのぼり、その被害内容も広範かつ重大なものと認められるとしても、空港の存在によって国民全体の受ける利益とこれによって地域住民が被る不利益とを比較考量するならば、地域住民に看過することのできない不公平が存するとまではいうことはできない。

「国又は公共団体が当該道路の管理の瑕疵によって生じた損害の賠償責任を負うことはない。」の部分が誤りです。**道路における防護柵を設置することが予算上困難**である場合、道路の管理の瑕疵によって損害が発生した場合、**国または公共団体**は、**予算不足を理由として賠償責任を免れることはできません**（最判昭 45・8・20）［高知落石事件］。

A14 ○

公の営造物の通常の用法に即しない行動の結果生じた事故が、**通常予測することのできない行動に起因する**ものであった場合、**国または公共団体は損害賠償責任を負いません**（最判昭 53・7・4）。

A15 ×

「その危害は利用者以外の第三者に対するそれを含まないので、空港に離着陸する航空機の騒音等によって、周辺住民に受忍すべき限度を超える被害があっても、国の賠償責任はないとした。」の部分が誤りです。公の営造物の設置または管理の瑕疵により他人に損害を生じた場合、損害を受けた当該営造物の利用者だけでなく、**周辺住民に受忍すべき限度を超える被害が生じた場合**には、**付近住民も損害賠償を請求することができます**（最大判昭 56・12・16）［大阪国際空港公害訴訟］。

A16 ×

「地域住民に看過することのできない不公平が存するとまではいうことはできない。」の部分が誤りです。当該空港の供用によって被害を受ける地域住民がかなり多数にのぼり、その被害内容も広範かつ重大なものと認められる場合には、**空港の存在によって国民全体の受ける利益とこれによって地域住民が被る不利益とを比較考量**するならば、**地域住民に看過することのできない不公平が存する**といえます。したがって、**周辺住民に受忍すべき限度を超える被害が認められれば**、**付近住民も損害賠償を請求することができます**（最大判昭 56・12・16）［大阪国際空港公害訴訟］。

国家賠償法２条１項にいう営造物の設置または管理の瑕疵とは、道路のような施設においては営造物が通常有すべき安全性を欠いていることをいうが、堤防等の河川管理のための施設においては、営造物が通常有すべき安全性ではなく、社会的・財政的条件の下で許容される安全性を欠くことをいう。

Q18
国家総合
1998［H10］
★★

公共性のある行為に伴って第三者に被害が発生する場合に、加害行為を違法とするためには、当該行為の公共性の性質・内容・程度に応じて受忍限度の限界が考慮され、公共性が高ければそれに応じて受忍限度も高くなることが認められるところ、基地飛行場が、一般の飛行場の有する航空機による迅速な公共輸送の必要性とは異なる高度の公共性を有しているのに対し、飛行場周辺の住民らの被害が、情緒的被害、睡眠妨害ないし生活妨害のごときものである場合には、原則としてかかる被害は受忍限度内にあるものと解される。

Q19
国家総合
2003［H15］
★★

産業政策の要請に基づき設置された幹線道路は、必ずしも地域住民の日常生活の維持存続に不可欠とまではいうことができないが、周辺住民が当該道路の存在によって受ける利益とこれにより被る損害との間には、後者の増大には前者の増大が伴うという関係が認められる以上、地域住民が受けた被害は社会生活上受忍すべき範囲内にとどまるものと解さざるを得ない。

「堤防等の河川管理のための施設においては、営造物が通常有すべき安全性ではなく、社会的・財政的条件の下で許容される安全性を欠くことをいう。」の部分が誤りです。**営造物が有すべき安全性を欠いている状態（営造物の設置または管理の瑕疵）は道路施設と河川管理のための施設とで特に異なりません**。ただし、**設置管理の瑕疵の存否**については、当該営造物の構造、用法、場所的環境および利用状況等**諸般の事情を考慮して具体的個別的に判断しなければなりません**（最判昭 59・1・26）［大東水害訴訟］。

「飛行場周辺の住民らの被害が、情緒的被害、睡眠妨害ないし生活妨害のごときものである場合には、原則としてかかる被害は受忍限度内にあるものと解される。」の部分が誤りです。基地飛行場が、一般の飛行場の有する航空機による迅速な公共輸送の必要性とは異なる高度の公共性を有するのに対し、**飛行場周辺の住民らの被害**が、**情緒的被害、睡眠被害ないし生活妨害である場合、かかる被害は受忍限度内にあるとはいえません**（最判平 5・2・25）［厚木基地差止請求訴訟］。

選択肢全体が誤りです。**産業政策の要請に基づき設置された幹線道路**は、**周辺住民**が**当該道路の存在によって受ける利益**と**これにより被る損害**との間には、**後者の損害の増大には前者の増大が伴うという関係が認められず、地域住民が受けた被害は社会生活上受忍すべき範囲を超えます**（最判平 7・7・7）［国道 43 号線訴訟］。

ワンポイント

道路からの騒音、排気ガス等が道路周辺住民に対して現実に社会通念上受忍すべき限度を超える被害をもたらした場合は、当該道路を利用に供した道路管理者は、原則として、国家賠償法 2 条 1 項に基づく責任を免れません（最判平 7・7・7）［国道 43 号線訴訟］。

●—設置・管理の瑕疵の意味等－河川の場合

Q20
国家総合
1987［S62］
★★★

河川の管理についての瑕疵とは、当該河川が通常有すべき安全性を欠き、他人に危害を及ぼす危険性のある状態をいい、このような瑕疵の有無を判断する基準については、道路その他の人工公物の管理の場合と質的差異は認められない。

Q21
国家専門
2002［H14］
★★

道路管理の瑕疵の有無の判断に当たっては、判例は、道路管理には財政的、技術的、社会的制約が大きいことから、河川管理の瑕疵の場合と比較して、国又は公共団体の責任の範囲を狭く解している。

Q22
特別区
2013［H25］
★★★

未改修である河川の管理についての瑕疵の有無は、河川管理における財政的、技術的及び社会的諸制約の下でも、過渡的な安全性をもって足りるものではなく、通常予測される災害に対応する安全性を備えていると認められるかどうかを基準として判断すべきである。

Q23
国家専門
1998［H10］
★★★

河川管理についての瑕疵の有無は、河川管理の特質に由来する諸制約の下での同種・同規模の河川の管理の一般水準および社会通念に照らして是認しうる安全性を備えているかどうかを基準として判断すべきであるから、現に改修中の河川について、未改修部分から水害が発生したことをもって直ちに当該河川の管理に瑕疵があるとすることはできない。

×
「このような瑕疵の有無を判断する基準については、道路その他の人工公物の管理の場合と質的差異は認められない。」の部分が誤りです。**河川の管理についての瑕疵の有無**は、**道路その他の人工公物の管理の場合とは異なります。**つまり、**河川の管理**は、道路等の管理とは異なり、**本来的に災害発生の危険性をはらむ河川を対象**としていますから、**道路その他の営造物の管理の場合とはその管理の瑕疵の有無についての判断の基準も異なったものとなります**（最判昭 59・1・26）[大東水害訴訟]。

×
「判例は、道路管理には財政的、技術的、社会的制約が大きいことから、河川管理の瑕疵の場合と比較して、国又は公共団体の責任の範囲を狭く解している。」の部分が誤りです。**河川管理の瑕疵の有無の判断**にあたっては、河川管理には財政的、技術的、社会的制約が大きいことから、**道路管理の瑕疵の場合と比較して、国又は公共団体の責任の範囲は狭く判断されます**（最判昭 59・1・26）[大東水害訴訟]。

×
「過渡的な安全性をもって足りるものではなく、通常予測される災害に対応する安全性を備えていると認められるかどうかを基準として判断すべきである。」の部分が誤りです。**未改修河川又は改修の不十分な河川の安全性**としては、河川管理における財政的、技術的及び社会的諸制約の下で一般に施行されてきた**治水事業による河川の改修、整備の過程に対応するいわば過渡的な安全性をもって足ります**（最判昭 59・1・26）[大東水害訴訟]。

○
本選択肢の通りです。すでに改修計画が定められ、これに基づいて現に改修中である河川について該当部分の改修が行われていない場合に、**未改修部分から水害が発生したことをもって、直ちに河川管理に瑕疵があるとはいえません**（最判昭 59・1・26）[大東水害訴訟]。

Q24 国家一般 2007［H19］ ★★★

河川は、通常数度の治水事業を経て、逐次その安全性を高めていくことが予定されているものであるから、洪水対策のために改修、整備がされた河川は、その改修、整備後により得る規模の洪水から発生する水害を未然に防止するに足りる安全性を備えるものでなればならず、改修、整備後に起こった洪水により水害が発生した場合には、その水害発生予測可能性の程度にかかわらず、河川管理者は水害により生じた損害に対する賠償責任を負う。

Q25 国家総合 2019［R1］ ★★★

河川の改修、整備がされた後に水害発生の危険の予測が可能となった場合における河川管理の瑕疵の有無は、過去に発生した水害の規模、発生の頻度、発生原因、被害の性質、降雨状況、流域の地形その他の自然的条件、土地の利用状況その他の社会的条件、改修を要する緊急性の有無及びその程度等諸般の事情並びに河川管理における財政的、技術的、社会的諸制約をその事実に即して考慮した上、当該危険の予測が可能となった時点から当該水害発生時までに当該危険に対する対策を講じなかったことが河川管理の瑕疵に該当するかどうかによって判断すべきである。

設置・管理の瑕疵の意味等－その他

Q26 国家総合 1991［H3］ ★★

国道管理の瑕疵に基づいて発生した事故の損害賠償の債務は、被害者が国に対して賠償を請求した時点で履行期が到来し、同時に遅滞に陥る。

×

「河川は、通常数度の治水事業を経て、逐次その安全性を高めていくことが予定されているものであるから、」の部分は正しいです。それ以外の部分が誤りです。**改修済み河川の安全性が要求される程度**については、河川は、当初から通常有すべき安全性を有するものとして管理が開始されるものではなく、治水作業を経て、逐次その安全性を高めてゆくものですから、**河川が通常予測し、かつ、回避しうる水害を未然に防止するに足りる安全性を備えるに至っていないとしても、直ちに河川管理に瑕疵があるとはいえず**、河川の備えるべき安全性としては、一般に施行されてきた**治水事業の過程における河川の改修、整備の段階に対応する安全性をもって足りる**のです（最判平２・12・13）［多摩川水害訴訟］。

A25 ○

河川の改修、整備がされた後に水害発生の危険の予測が可能となった場合における河川管理の瑕疵の有無は、……**改修を要する緊急性の有**無及びその程度等諸般の事情並びに**河川管理における財政的、技術的、社会的諸制約**をその事実に即して考慮した上、**当該危険の予測が可能となった時点から当該水害発生時**までに当該危険に対する対策を講じなかったことが河川管理の瑕疵に該当するかどうかによって判断すべきである（最判平２・12・13）［多摩川水害訴訟］。

「被害者が国に対して賠償を請求した時点で履行期が到来し、同時に遅滞に陥る。」の部分が誤りです。国道管理の瑕疵に基づき発生した事故の損害の賠償債務は、**事故の発生と同時に何らの催告を要することなく遅滞に陥ります**（最判昭37・9・4）。

Q27 国家専門 2005［H17］★★

点字ブロック等のように、新たに開発された視力障害者用の安全設備を駅のホームに設置しなかったことをもって当該駅のホームが通常有すべき安全性を欠くか否かを判断するに当たっては、その安全設備が視力障害者の事故防止に有効なものとして、素材、形状及び敷設方法等において相当程度標準化されて全国的ないし当該地域の道路及び駅のホームに普及しているかどうか等諸般の事情を考慮する必要がある。

Q28 特別区 2013［H25］★★★

幼児が、公立中学校の校庭内のテニスコートの審判台に昇り、その後部から降りようとしたために転倒した審判台の下敷きになって死亡した場合において、当該審判台には、本来の用法に従って使用する限り、転倒の危険がなく、当該幼児の行動が当該審判台の設置管理者の通常予測し得ない異常なものであったという 事実関係の下では、設置管理者は損害賠償責任を負わない。

A 27 ○

点字ブロックが駅に存在しなかったために事故が発生した場合、当該駅ホームの設置管理にの瑕疵あるか否かは、諸般の事情を総合考慮して判断しなければなりません。つまり、その**安全設備が視力障害者の事故防止に有効なもの**として、素材、形状及び敷設方法等において**相当程度標準化されて全国的ないし当該地域の道路及び駅のホームに普及している**かどうか等**諸般の事情を考慮する必要**があります（最判昭61・3・25）。

A 28 ○

当時5歳10か月の幼児AがN中学校校庭内のテニスコート横の**審判台に登り**、その座席部分の背当てを構成する**左右の鉄パイプを両手で握り、その後部から降りようとしたため**、**審判台が倒れAが下敷きとなり死亡した場合**、国家賠償法2条にもとづき、**設置管理者たるYは損害賠償責任を負いません**（最判平5・3・30）。この判例は、公の営造物の利用方法について、**通常の予想を逸脱した利用方法があった場合**には、たとえ、**死亡という結果が発生**したとしても、**国又は公共団体は責任を負わない**というものです。

(3)国家賠償法第 3 条、4 条、6 条

1 国家賠償法第 3 条

Q1
国家専門
2014 [H26]
★★

国家賠償法第 3 条第 1 項所定の設置費用の負担者とは、公の営造物の設置費用につき法律上負担義務を負う者のみを意味するため、公の営造物の設置者である地方公共団体に対して営造物の設置費用に充てるための補助金を交付したにすぎない国は、同項に基づく公の営造物の設置費用の負担者としての損害賠償責任を負わない。

Q2
国家総合
2004 [H16]
★★

国が、地方公共団体に対し、国立公園に関する公園事業の一部の執行として周回路の設置を承認し、その設置費用の半額相当の補助金を交付し、また、その後の改修にも補助金を交付して、当該周回路に関する設置費用の二分の一近くを負担しているときには、国は、当該周回路については、国家賠償法第 3 条第 1 項所定の公の営造物の設置費用の負担者に当たるとするのが判例である。

Q3
特別区
2016 [H28]
★★

市町村が設置する中学校の教諭がその職務を行うについて故意又は過失によって違法に生徒に損害を与えた場合、当該教諭の給料その他の給与を負担する都道府県が国家賠償法に従い当該生徒に対して損害を賠償したときは、当該中学校を設置する市町村が国家賠償法にいう内部関係でその損害を賠償する責任ある者であり、当該都道府県は、賠償した損害の全額を当該市町村に対し求償することができる。

選択肢全体が誤りです。国家賠償法3条1項所定の**設置費用の負担者**は、当該営造物の設置費用を法律上負担する者に限られず、**当該営造物の瑕疵による危険を効果的に防止しうる者も含まれます**（最判昭50・11・28）［鬼ヶ城転落事件］。

ワンポイント

①国家賠償法１条ないし２条において、国又は公共団体が損害を賠償する責に任ずる場合において、公務員の選任若しくは監督又は公の営造物の設置若しくは管理に当る者と公務員の俸給、給与その他の費用又は公の営造物の設置若しくは管理の費用を負担する者とが異なるときは、費用を負担する者もまた、その損害を賠償する責任を負います（3条１項）。

②３条１項の場合において、損害を賠償した者は、内部関係でその損害を賠償する責任ある者に対して求償権を有します（3条２項）。

A 2 ○

本選択肢の通りです。国立公園事業としての一定の水準には、国立公園事業が国民の利用する道路、施設等に関するものであるときには、**その利用者の事故防止に資するに足るものである者**も含まれます。そして、**国の本件周回路に関する設置費用の負担の割合は２分の１近く**にも達しているので、**国は**、国家賠償法３条１項の適用に関しては、**本件周回路の設置費用の負担者**となります（最判昭50・11・28）［鬼ヶ城転落事件］。

A 3 ○

市町村が設置する中学校の教諭がその職務を行うについて故意又は過失によって違法に生徒に損害を与えた場合、当該教諭の給料その他の給与を負担する都道府県が国家賠償法１条１項、３条１項に従い上記**生徒に対して損害を賠償したときは、当該都道府県**は、同条２項に基づき、**賠償した損害の全額を当該中学校を設置する市町村に対して求償することができます**（最判平21・10・23）。

2 国家賠償法第4条

Q 4
国家総合
1982［S57］
★★

国家賠償法第1条に基づく損害賠償請求権は私法上の債権であるから、民法145条の規定が適用され、当事者が時効を援用しないかぎり、裁判所は時効による消滅の判断をすることができない。

Q 5
国家総合
1992［H4］
★★

国家賠償法に基づく普通地方公共団体に対する損害賠償請求権に関し、その消滅時効期間については、地方自治法236条1項の適用はなく、民法166条1項2号により10年の規定によると解されるが、地方自治法236条2項により当事者の援用がなくとも、裁判所は時効による消滅の判断ができるとするのが判例である。［一部修正］

Q 6
国家総合
2014［H26］
★★★

国家賠償法第4条に規定する「民法」には、民法第709条の特則である「失火ノ責任ニ関スル法律」（失火責任法）も含まれ、公権力の行使に当たる公務員の失火による国又は公共団体の損害賠償責任が成立するためには、当該公務員に重大な過失のあることを要する。

3 国家賠償法第6条

Q 7
国家一般
2012［H24］
★★★

国家賠償法は、何人も公務員の不法行為により損害を受けたときは国又は公共団体にその賠償を求めることができると定めているから、外国人が被害者である場合であっても、日本人と異なることなく国家賠償を請求することができる。

A 4 ○

本選択肢の通りです。国家賠償法4条にいわゆる「**民法の規定による**」とは、**損害賠償の範囲、過失相殺、時効等につき民法の規定によるとの意味です**（最判昭34・1・22）

A 5 ×

「地方自治法236条2項により当事者の援用がなくとも、裁判所は時効による消滅の判断ができるとするのが判例である。」の部分が誤りです。**国家賠償に基づく普通地方公共団体に対する損害賠償請求権の消滅時効期間**は、**当事者の援用**がなければ、**裁判所は時効による消滅の判断ができません**（最判昭46・11・30）。

A 6 ○

本選択肢の通りです。公権力の行使にあたる**公務員の失火**について、**当該公務員に重大な過失**があれば、**国または公共団体は損害賠償責任を負います**（最判昭53・7・17）。

A 7 ×

「外国人が被害者である場合であっても、日本人と異なることなく国家賠償を請求することができる。」の部分が誤りです。**外国人が公務員の不法行為により被害者となった場合**には、当該外国人の国家と日本国との間に**相互の保証**があるときに限り、**国家賠償請求をすることができます**（6条）。

損失補償

1 正当な補償の意味

Q1
国家総合
2007［H19］
★★

火災の際の消防活動により損害を受けた場合において、客観的に延焼の可能性がなかったと認められるときは、たとえ消防団長が延焼のおそれがあると判断して破壊した場合であっても、損害を受けた者は、消防法第29条第3項に基づいて損失の補償を請求することができる。

2 損失補償の対象

Q2
特別区
2017［H29］
★★★

国の道路工事により地下道がガソリンスタンド近隣に設置されたため、給油所経営者が消防法の位置基準に適合させるために行った地下貯蔵タンク移設工事費用の補償を請求した事件では、道路工事の施行の結果、警察違反の状態を生じ、工作物の移転を余儀なくされ損失を被ったとしても、それは道路工事の施行によって警察規制による損失がたまたま現実化するに至ったものにすぎず、このような損失は道路法の定める補償の対象には属しないものというべきであるとした。

Q3
特別区
2017［H29］
★★

福原輪中堤の文化的価値の補償が請求された事件では、土地収用法の通常受ける損失とは、経済的価値でない特殊な価値については補償の対象としていないが、当該輪中堤は江戸時代初期から水害より村落共同体を守ってきた輪中堤の典型の一つとして歴史的、社会的、学術的価値を内包し、堤防の不動産としての市場価格を形成する要素となり得るような価値を有しているため、かかる価値も補償の対象となり得るというべきである。

火災の際の消防活動により損害を受けた場合において、**客観的に延焼の可能性がなかったと認められるときは**、たとえ**消防団長が延焼のおそれがあると判断して破壊した場合**であっても、**損害を受けた者は**、消防法29条3項に基づいて**損失補償を請求することができます**。(最判昭47・5・30)。

本選択肢の通りです。道路工事の施行の結果、警察違反の状態を生じたため、この状態を回避するため**危険物(ガソリンタンク)保有者が工作物の移転等をした結果、損失を被った場合、補償の対象となりません**(最判昭58・2・18)[モービル石油事件]。

「堤防の不動産としての市場価格を形成する要素となり得るような価値を有しているため、かかる価値も補償の対象となり得るというべきである。」の部分が誤りです。**土地収用法における損失補償の対象**として、**収用の対象となった土地の有する文化財的価値は損失補償の対象となりません**(最判昭63・1・21)[福原輪中堤事件]。

3　憲法第 29 条第 3 項との関係

Q 4
国家総合
2019［R1］
★★

戦争損害は、多かれ少なかれ、国民が等しく箪忍しなければならないやむを得ない犠牲なのであって、その補償については、国において当該損害の発生が具体的に予想できたといったような特別の事情のない限り、原則として憲法第 29 条第 3 項は適用されない。

Q 5
特別区
2017［H29］
★★

鉱業権設定後に中学校が建設されたため、鉱業権を侵害されたとして鉱業権者が損失補償を請求した事件では、公共の用に供する施設の地表地下とも一定の範囲の場所において鉱物を掘採する際の鉱業法による制限は、一般的に当然受忍すべきものとされる制限の範囲をこえ、特定人に対し特別の財産上の犠牲を強いるものであるため、憲法を根拠として損失補償を請求することができる。

Q 6
国家総合
2019［R1］
★

都市計画に係る計画道路の区域内にその一部が含まれる土地につき 60 年以上にわたり建築物の建築の制限を受けている場合、当該建築制限の期間の長さのみをもって特別の犠牲に当たるということができるため、制限を超える建築物の建築をして当該土地を含む一団の土地を使用することができないことによる損失について、その共有持分権者は、直接憲法第 29 条第 3 項を根拠として補償請求をすることができる。

本選択肢の通りです。対日平和条約による在外資産の喪失のような戦争損害については、損失補償の対象となりません（最大判昭 43・11・27）。

選択肢全体が誤りです。**鉱業権設定後に中学校が建設されたため、鉱業権者**が鉱業権を侵害されたとして、**憲法 29 条 3 項を根拠としてその損失の補償を請求することはできません**（最判昭 57・2・5）。

「当該建築制限の期間の長さのみをもって特別の犠牲に当たるということができるため、……その共有持分権者は、直接憲法第 29 条第 3 項を根拠として補償請求をすることができる。」の部分が誤りです。**都市計画に係る計画道路の区域内にその一部が含まれる土地につき 60 年以上にわたり建築物の建築の制限を受けている場合、当該建築制限の期間の長さのみをもって特別の犠牲を課せられたものということは未だ困難であるから、**制限を超える建築物の建築をして当該土地を含む一団の土地を使用することができないことによる損失について、**その共有持分権者は、直接憲法 29 条第 3 項を根拠として補償請求をすることはできません**（最判平 17・11・1）。

4 国家賠償請求との関係

Q 7
国家一般
2001［H13］
★★★

損失補償請求は、本来、公法上の請求として行政訴訟手続によって審理されるべきものであるから、憲法第29条第3項に基づく損失補償請求を国家賠償法第1条第1項に基づく損害賠償請求に予備的・追加的に併合することは、両者が相互に密接な関連性を有しており、その請求の基礎を同一にするものであっても、およそ許されない。

「損失補償請求は、本来、公法上の請求として行政訴訟手続によって審理されるべきものである」の部分は正しいです。それ以外の部分が誤りです。国家賠償請求に損失補償請求を併合することは許されます。ただし、**国家賠償請求からこれに損失補償請求をも併せた訴えの変更**をするには、**訴えの相手方（被告人）の同意を必要**とします（最判平5・7・20）。

行政不服審査法

1 意義・種類・対象（審査請求と再調査請求との関係含）

総説

Q 1 国家一般 2018［H30］★

行政不服審査法の適用除外とされている処分等は、議会の議決によってされる処分等、その性質に照らしておよそ行政上の不服申立てを認めるべきでないと考えられたものであり、別の法令においても不服申立ての制度は設けられていない。

Q 2 国家一般 2018［H30］★

地方公共団体の機関が行う処分のうち、法律に基づく処分については行政不服審査法の規定が適用されるが、根拠規定が条例に置かれている処分については同法の規定が適用されない。

Q 3 国家専門 2004［H16］★★

行政処分が適法であれば、法的保護に値する国民の権利が侵害されることはあり得ないので、不服申立ての審査は、行政事件訴訟と同様、処分の適法性の問題に限定され、当・不当については判断されない。

Q 4 特別区 2002［H14］★

刑事事件に関する法令に基づき検察官、検察事務官又は司法警察職員が行う処分については、行政不服審査法に基づいて不服申立てをすることができる。

Q 5 特別区 2002［H14］★

行政不服審査法の他の法律に不服申立てをすることができない旨の定めがある処分については、別に法令で当該処分の性質に応じた不服申立ての制度を設けることができない。

A 1 ×

選択肢全体が誤りです。国会の両院若しくは一院又は議会の議決によってされる処分（7条1号）の規定により審査請求をすることができない処分又は不作為につき、**別に法令で当該処分又は不作為の性質に応じた不服申立ての制度を設けることを妨げません**（8条）。

A 2 ×

「地方公共団体の機関が行う処分のうち、……根拠規定が条例に置かれている処分については同法の規定が適用されない。」の部分が誤りです。**地方公共団体の機関が行う処分**のうち、**根拠規定が条例に置かれている処分**については、**行政不服審査法には、適用除外の明文規定はありません**ので、**同法は適用されます**。

A 3 ×

選択肢全体が誤りです。**行政不服審査法**は、行政事件訴訟法と異なり、その対象とする処分その他公権力の行使に当たる行為は、**違法な処分**のみならず**不当な処分**をも**対象**としています（行政不服審査法1条1項）。

A 4 ×

選択肢全体が誤りです。刑事事件または犯則事件に関する法令に基づいて行われる処分（行政不服審査法7条1項各号に該当する事項）については、例外的に不服申立て事項にあたらず、不服申立ができません（7条1項6号・7号）。

A 5 ×

「別に法令で当該処分の性質に応じた不服申立ての制度を設けることができない。」の部分が誤りです。行政不服審査法は、7条の規定により審査請求をすることができない処分又は不作為につき定めていますが、**別に法令で当該処分又は不作為の性質に応じた不服申立ての制度を設けることは妨げられません**（8条）。

Q 6 国家一般 2008［H20］★

行政不服審査法は、行政庁の処分に対して不服申立てをすることができる旨を定めており、同法の適用が除外されている処分についても、すべて同法以外の法令の規定により特別の不服申立制度を設けることを定めている。

Q 7 国家一般 2018［H30］★

地方公共団体に対する処分のうち、地方公共団体がその固有の資格において相手方となる処分には行政不服審査法の規定は適用されない。しかし、地方公共団体が一般私人と同様の立場で相手方となる処分には同法の規定は適用されると一般に解されている。

Q 8 国家専門 1984［S59］★

行政不服審査法第4条は不服申立事項について制限列挙主義を採用しており、同法本条に列挙された行政庁の処分についてのみ不服申立てをすることができる。

Q 9 国家一般 1993［H5］★

審査請求を却下しまたは棄却した裁決に対して再審査請求がなされた場合に、当該裁決が違法または不当であっても、当該裁決に係る処分が違法または不当でないときは、再審査庁は当該再審査請求を棄却するものとされている。

Q 10 国家専門 2018［H30］★★

平成26年に全部改正された行政不服審査法は、異議申立てを廃止し、不服申立類型を原則として審査請求に一元化した。また、審査請求は、原則として、処分庁又は不作為庁に対して行うこととされた。

A6 ×

「同法以外の法令の規定により特別の不服申立制度を設けることを定めている。」の部分が誤りです。8条は、「法令で当該処分又は不作為の性質に応じた不服申立ての制度を設けることを妨げない。」と定めています。つまり、**不服申立ての制度を設けるか否かは**、**立法政策上の問題です**。

A7 ○

国の機関又は地方公共団体その他の公共団体若しくはその機関に対する処分で、これらの機関又は団体が**その固有の資格において当該処分の相手方となるもの及びその不作為**については、**行政不服審査法の規定は、適用されません**（7条2項）。

A8 ×

選択肢全体が誤りです。**再調査請求と審査請求**については、「列記主義」ではなく、ともに「**一般概括主義**」をとっています。

ワンポイント

行政不服審査法は、審査請求、再審査請求、再調査請求の3類型の不服申立て制度を設けています。再審査請求は、審査請求に対する裁決に対してさらに審査請求を認めるものです。

A9 ○

再審査請求に係る原裁決（審査請求を却下し、又は棄却したものに限る。）**が違法又は不当**である場合において、**当該審査請求に係る処分が違法又は不当のいずれでもない**ときは、**再審査庁**は、**裁決**で、当該再審査請求を認容するのではなく、**当該再審査請求を棄却**します（64条3項）。

A10 ×

「審査請求は、原則として、処分庁又は不作為庁に対して行うこととされた。」の部分が誤りです。**処分庁等に上級行政庁がある場合でも、審査請求をすべき行政庁は**、**最上級行政庁です**（4条4号）。

ワンポイント

処分庁等（処分をした行政庁（以下「処分庁」））又は不作為に係る行政庁（以下「不作為庁」）に上級行政庁がない場合又は処分庁等が主任の大臣若しくは宮内庁長官若しくは内閣府設置法若しくは国家行政組織法に規定する庁の長である場合には、審査請求をすべき行政庁は、当該処分庁等です。

Q11 国家総合 2018［H30］ ★

審査請求は、法律又は条例に特別の定めがある場合を除き、原則として、処分庁又は不作為庁の最上級行政庁にすることとされている。したがって、処分庁又は不作為庁が主任の大臣又は外局若しくはこれに置かれる庁の長である場合には、審査請求をすべき行政庁は内閣総理大臣である。

Q12 国家専門 2018［H30］ ★

再調査の請求は、処分庁以外の行政庁に対して審査請求をすることができる場合において、個別法に再調査の請求をすることができる旨の規定があるときにすることができるが、原則として、再調査の請求をすることができる場合には審査請求をすることができない。

審理員

Q13 国家総合 2017［H29］ ★

審理員は、審査庁による裁決の公正性を向上させるため、争点整理に関する専門性を有し、審査庁とは独立した人材から登用されます。国の場合は、9名の審理員が、両議院の同意を得て、総務大臣により任命されます。（教授と学生との対話）

「処分庁又は不作為庁が主任の大臣又は外局若しくはこれに置かれる庁の長である場合には、審査請求をすべき行政庁は内閣総理大臣である。」の部分が誤りです。**主任の大臣が処分庁等の上級行政庁である場合**には、**審査請求をすべき行政庁**は、内閣総理大臣ではなく、**当該主任の大臣です**（4条3号）。

「原則として、再調査の請求をすることができる場合には審査請求をすることができない。」の部分が誤りです。行政庁の処分につき処分庁以外の行政庁に対して審査請求をすることができる場合において、**法律に再調査の請求をすることができる旨の定めがあるとき**は、当該処分に不服がある者は、**処分庁以外の行政庁に対して審査請求と処分庁に対する再調査の請求のいずれもすることができます（自由選択主義）**（5条1項本文）。

ワンポイント

①行政庁の処分につき処分庁以外の行政庁に審査請求できるにもかかわらず、処分庁に再調査の請求をしたときは、**原則として**、**当該再調査の請求についての決定を経た後でなければ**、**審査請求をすることができません**（5条2項本文）。

②ただし、上記の**例外**として、**当該処分につき再調査の請求をした日の翌日から起算して3ヶ月を経過しても、処分庁が当該再調査の請求についての決定をしない場合**や、**その他再調査の請求について決定を経ないことにつき正当な理由がある場合**には、**当該再調査の請求についての決定がなくても**、**審査請求をすることができます**（5条2項但し書き1号、2号）。

「審査庁とは独立した人材から登用されます。国の場合は、9名の審理員が、両議院の同意を得て、総務大臣により任命されます。」の部分が誤りです。**審理員**は、審査庁とは独立した人材から登用されるのではなく、**審査庁に所属する職員のうちから任命**されます（9条1項）。また、**国の場合**は、**審理員**は、**審査庁に所属する職員のうちから任命**されます（9条1項）。**両議院の同意を得て**、**総務大臣により任命**されるのは、**行政不服審査会の委員**です（69条1項）。

Q 14
国家総合
2018［H30］
★

審理手続の公正性を確保するため、審査庁は、原則として、審査庁となるべき行政庁以外の行政庁が作成した審理員となるべき者の名簿の中から審理員を指名しなければならない。また、審査請求に係る処分や審査請求に係る不作為に係る処分等に関与し又は関与することとなる者は審理員となることができない。

Q 15
特別区
2017［H29］
★

審査請求がされた行政庁は、審査庁に所属する職員のうちから審理手続を行う者である審理員を指名しなければならず、審査請求が不適法であって補正することができないことが明らかで、当該審査請求を却下する場合にも審理員を指名しなければならない。

Q 16
特別区
2017［H29］
★★

審査庁となるべき行政庁には、審理員となるべき者の名簿の作成が義務付けられており、この名簿は、当該審査庁となるべき行政庁及び関係処分庁の事務所における備付けにより公にしておかなければならない。

Q 17
特別区
2017［H29］
★★

審査請求人、参加人及び処分庁等並びに審理員は、簡易迅速かつ公正な審理の実現のため、審理において、相互に協力するとともに、審理手続の計画的な進行を図らなければならない。

「審査庁は、原則として、審査庁となるべき行政庁以外の行政庁が作成した審理員となるべき者の名簿の中から審理員を指名しなければならない。」の部分が誤りです。**審査請求がされた行政庁**は、**審査庁に所属する職員**のうちから**審理手続を行う者である審理員を指名**しなければなりません（9条1項本文）。ただし、**審査庁**は、**審査請求に係る処分若しくは当該処分に係る再調査の請求についての決定に関与した者**又は**審査請求に係る不作為に係る処分に関与し、若しくは関与することとなる者**を**審理員に指名することはできません**(9条2項1号)。

「審査請求が不適法であって補正することができないことが明らかで、当該審査請求を却下する場合にも審理員を指名しなければならない。」の部分が誤りです。**審査請求が不適法であって補正することができないことが明らかで、当該審査請求を却下する場合にも審理員を指名する必要はありません**（9条1項但し書き、24条2項）。

「審査庁となるべき行政庁には、審理員となるべき者の名簿の作成が義務付けられており、」の部分が誤りです。審査庁となるべき行政庁は、**審理員となるべき者の名簿を作成するよう努める**とともに、その名簿を作成したときは、当該審査庁となるべき行政庁及び関係処分庁の事務所における備付けその他の適当な方法により**公にしておかなければなりません**（17条）。

審査請求人、**参加人**及び**処分庁**等並びに**審理員**は、簡易迅速かつ公正な審理の実現のため、**審理において**、**相互に協力**するとともに、**審理手続の計画的な進行を図らなければなりません**（28条）。

2　不服申立要件

●—処分性

Q18
特別区
2002［H14］
★★★

処分についての不服申立てにおいて、処分とは、公権力の行使に当たる事実上の行為であり、人の収容や物の留置などその内容が継続的性質を有するものは含まれない。

不服申立ては行政庁の処分を対象とするものであって、行政庁の不作為についてはこれをすることができない。

●—不服申立資格と不服申立適格

不服申立ては、当事者能力を有する正当な当事者に限り行うことができるものであり、法人でない社団または財団は実体法上の権利能力を持たないから、その名で不服申立てをすることはできないとされている。

「人の収容や物の留置などその内容が継続的性質を有するものは含まれない。」の部分が誤りです。行政不服審査法でいう「**処分**」には、**公権力の行使に当たる事実上の行為で、その内容が継続的性質を有するものが含まれます**。

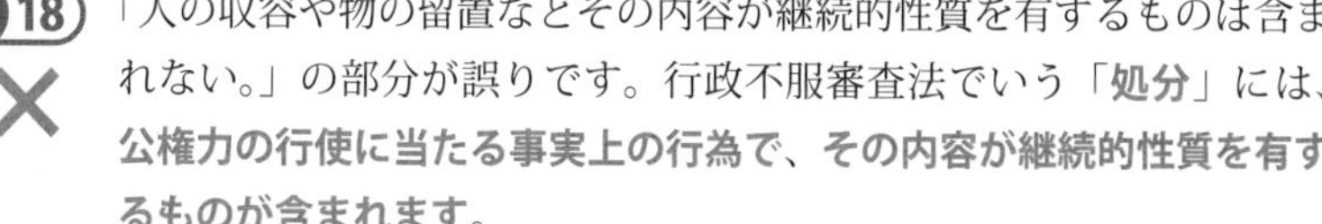

A 19 ×

選択肢全体が誤りです。行政庁が**法令に基づく申請**に対し、**相当の期間内になんらかの処分その他公権力の行使に当たる行為をすべきにかかわらず、これをしない**（**不作為**）**場合**、これは**行政不服審査法の対象となります**（3条）。

ワンポイント

行政立法、国有財産貸付契約の解除、行政庁のあっせん、勧告、指導、行政機関相互間における内部的意思表示として行なわれる勧告、通達等は、行政不服審査法の対象となりません。

A 20

「法人でない社団または財団は実体法上の権利能力を持たないから、その名で不服申立てをすることはできないとされている。」の部分が誤りです。「**不服申立資格**」とは、不服申立てを行うことができる**一般的資格**（行政事件訴訟法の当事者能力に対応するもの）をいいます。不服申立資格の中に、**自然人**以外に**法人**、**権利能力なき社団・財団**（代表者又は管理人の定めがあるもの）**も含まれます**（10条）。

ワンポイント

①「不服申立適格」とは、行政処分等の不服申立において当事者とし不服申立人として認められる具体的な地位ないし資格をいいます。
②不服申立ては、違法または不当な行政処分によって直接に自己の権利利益を侵害された者をはじめ、不服申立ての利益を有する者だけが提起することができます。

不服申立ては、違法または不当な行政処分によって直接に自己の権利利益を侵害された者だけが提起することができるものであり、他人に対する処分によって不利益を被った場合には提起することができないとされている。

Q22
国家一般
2018 [H30]
★★★

行政不服審査法は、国民の権利利益の救済に加えて、行政の適正な運営の確保も目的としていることから、審査請求をすることができる「行政庁の処分に不服がある者」について、必ずしも審査請求をする法律上の利益を有している必要はない旨を規定している。

不服申立ては、行政庁の処分又は不作為について不服のある者すべてに認められるものではないが、処分の直接の相手方及び不作為に係る処分その他の行為を申請した者には限られず、当該処分若しくは不作為により自己の権利若しくは法律上保護された利益を侵害され、又は侵害されるおそれのある者についても認められる。

A21 ×

選択肢全体が誤りです。**違法または不当な行政処分**が、直接に自己の権利利益を侵害された者でなくても、**他人に対する処分によって不利益を蒙った場合でも、法律上の利益を有する者**であれば、**不服申立を提起することができます**（最判昭 53・3・14）［主婦連ジュース不当表示事件］。

ワンポイント

行政不服申立ての資格を有する者の範囲は、**行政事件訴訟法における原告適格と同一の範囲**です（最判昭 53・3・14）［主婦連ジュース不当表示事件］。

A22 ×

「必ずしも審査請求をする法律上の利益を有している必要はない旨を規定している。」の部分が誤りです。行政不服審査法には、不服申立適格に関する明文規定はありません。**不服申立てについても、法律上の利益を有する者に限り、不服申立ができます**（最判昭 53・3・14）［主婦連ジュース不当表示事件］。

ワンポイント

①**一般消費者**は、公正取引委員会による公正競争規約の認定につき不当景品類及び不当表示防止法（景表法）10 条 6 項による**不服申立てをする法律上の利益を有する者にあたりません**（最判昭 53・3・14）［主婦連ジュース不当表示事件］。
②ある行政処分について、慎重な手続きによる不服申立制度が法律上用意されている場合に、当該処分について、法律で、取消訴訟を提起することはできないと定めることは、行政機関による終審裁判の禁止（憲法 76 条 2 項後段）に抵触し、違憲となります。

A23 ×

「不作為により自己の権利若しくは法律上保護された利益を侵害され、又は侵害されるおそれのある者についても認められる。」の部分が誤りです。**不作為に対する不服申立て**は、**法令の定めるところに従い、申請をなした者にのみ認められます**（3 条）。

不服申立期間

Q24
国家専門
2018［H30］
★★

処分についての審査請求は、処分の法的効果の早期安定を図る見地から、やむを得ない理由がある場合を除き、処分があったことを知った日の翌日から3か月以内又は処分があった日の翌日から6か月以内に審査請求期間が制限されている。

Q25
国家総合
2019［R1］
★★

審査請求期間は、原則として「処分があったことを知った日」の翌日から起算して3ケ月であるところ、「処分があったことを知った日」とは、当事者が書類の交付、口頭の告知その他の方法により処分の存在を現実に知った日を指すものであって、抽象的な知り得べかりし日を意味するものでないが、処分を記載した書類が当事者の住所に送達される等、社会通念上処分があったことを当事者が知り得べき状態に置かれたときは、反証のない限り、その処分があったことを知ったものと推定することができる。

Q26
国家総合
2004［H16］
★

都市計画法における都市計画事業の認可のように、処分が個別の通知ではなく告示をもって多数の関係権利者等に画一的に告知される場合であっても、行政不服審査法第18条第1項本文の規定する「処分があったことを知った日」とは、当該処分の効力を受ける者が当該処分の存在を現実に知った日であるとするのが判例である。

「やむを得ない理由がある場合を除き、処分があったことを知った日の翌日から3か月以内又は処分があった日の翌日から6か月以内に審査請求期間が制限されている。」の部分が誤りです。**処分についての審査請求は、処分があったことを知った日の翌日から起算して3ヶ月を経過**したときでも、**正当な理由**があるときは、**審査請求をすることができます**（18条1項但し書き）。**処分についての審査請求**は、**処分があった日の翌日から起算して1年を経過**したときでも、**正当な理由**があるときは、**審査請求をすることができます**（18条2項但し書き）。

本選択肢の通りです。「処分があったことを知った日」とは、当事者が書類の交付、口頭の告知その他の方法により**処分の存在を現実に知った日を指すもの**であって、抽象的な知り得べかりし日を意味するものではありませんが、処分を記載した書類が当事者の住所に送達される等、**社会通念上処分があったことを当事者が知り得べき状態に置かれたとき**は、反証のない限り、**その処分があったことを知ったものと推定する**ことができます（最判昭27・11・20）。

「当該処分の効力を受ける者が当該処分の存在を現実に知った日であるとするのが判例である。」の部分が誤りです。都市計画法における都市計画事業の認可のような告示について「**処分があったことを知った日**」とは、**告示があった日**であって、当該処分の効力を受ける者が当該処分の存在を現実に知った日ではありません（最判平14・10・24）。

ワンポイント

再審査請求は、原裁決があったことを知った日の翌日から起算して3ヶ月を経過したときは、することができません（62条1項）が、**正当な理由**があるときは、1年を経過してもすることができます（62条2項但し書き）。

Q27 国家専門 1988［S63］ ★★★

処分の申請に対し、相当の期間を経過したときは、不作為の状態が続いているかぎりなんどきでも不服申立てをすることができ、不服申立て期間の制限はない。

Q28 国家総合 2018［H30］ ★★

不作為についての審査請求には審査請求期間の制限はなく、不作為の状態が続く限り審査請求が可能であるが、不作為についての審査請求が当該不作為に係る処分についての申請から相当の期間が経過しないでされた場合には、当該審査請求は却下される。

●──教示制度：教示の内容

Q29 国家一般 2017［H29］ ★★

行政不服審査法は、補則（第６章）において、教示についての規定を置いているが、この教示の規定は、同法の規定が適用される場合に限らず、他の法律に基づく不服申立てにも原則として適用される。

Q30 国家一般 2008［H20］ ★

行政不服審査法は、行政庁が同法の規定により不服申立てをすることができる処分を行う際には、口頭で処分を行う場合を除き、不服申立てができることの教示を書面で行わなければならないとして教示義務を定めているが、同法以外の法令の規定により不服申立てをすることができる処分については、教示義務を定めていない。

A 27
○
不作為についての不服申立ての場合には、**不服申立期間の制限はありません。**なぜなら、不作為状態が継続している限り、これを認める必要があるからです。

A 28
○
不作為についての審査請求は、**当該不作為に係る処分についての申請から相当の期間が経過することが必要です**（3条）。したがって、申請から相当の期間が経過しないで審査請求がされた場合には、当該審査請求の訴訟要件を欠くことになるので却下されます。

A 29
○
教示の規定は、行政不服審査法の規定が適用される場合に限らず、他の法律に基づく不服申立てにも原則として適用されます。

ワンポイント

行政不服審査法は、行政庁が同法の規定により不服申立てをすることができる処分を行う際には、口頭で処分を行う場合を除き、不服申立てができることの教示を書面で行わなければならないとして教示義務を定めています（82条1項）。

A 30
×
「同法以外の法令の規定により不服申立てをすることができる処分については、教示義務を定めていない。」の部分が誤りです。行政不服審査法以外の法令の規定により不服申立てをすることができる処分については、教示義務を定めている場合が多くなっています。

ワンポイント

行政庁は、審査請求若しくは再調査の請求又は他の法令に基づく不服申立てをすることができる処分をする場合には、処分の相手方に対し、①当該処分につき不服申立てをすることができる旨、②並びに不服申立てをすべき行政庁、③及び不服申立てをすることができる期間を書面で教示しなければなりません（82条1項）。

Q31 国家専門 2018［H30］★★

行政庁は、不服申立てをすることができる処分を書面又は口頭でする場合は、処分の相手方に対し、当該処分につき不服申立てをすることができる旨並びに不服申立てをすべき行政庁及び不服申立てをすることができる期間を書面で教示しなければならない。

Q32 国家総合 1983［S58］★★

行政庁は、不服申立てをすることができる処分を書面でするに当たっては処分の相手方のほか、その処分の利害関係人に対しても不服申立てをすることができる旨教示しなければならない。

Q33 国家総合 1983［S58］★★

行政庁が不服申立てをすることができる処分を書面でする場合における教示は、その書面で行なわなければならないが、処分を口頭でする場合における教示は口頭で行なっても差し支えない。

Q34 国家一般 2017［H29］★

建築基準法に基づく壁面線の指定は、特定の街区を対象として行ういわば対物的な処分であり、特定の個人又は団体を名宛人として行うものではないから、当該指定については、行政不服審査法の規定に基づく職権による教示を行う必要はないとするのが判例である。

A 31 ×

「行政庁は、不服申立てをすることができる処分を……口頭でする場合は、……書面で教示しなければならない。」の部分が誤りです。**教示は原則として書面**で行わなければなりません（82条1項本文）が、**当該処分を口頭でする場合**は、**教示**は、**書面でも口頭でも構いません**（82条1項但し書き）。

A 32 ×

「その処分の利害関係人に対しても不服申立てをすることができる旨教示しなければならない。」の部分が誤りです。行政庁は、利害関係人に対する教示義務はありません。

ワンポイント

利害関係人は、行政庁に対して、当該処分について、求めることのできる教示の内容は、（ i ）当該処分が不服申立てをすることができる処分であるかどうか、（ ii ）並びに当該処分が不服申立てをすることができるものである場合における①不服申立てをすべき行政庁、②及び不服申立てをすることができる期間についてです。行政庁はこの内容について教示を求められたときは、当該事項を教示しなければなりません（82条2項）。

A 33 ○

利害関係人が行政庁に対し、当該処分について教示を求めた場合に、**行政庁がこれに対し教示をする際**には、**原則として**、**当該教示は**、**書面でも口頭でも構いません**。但し、**教示を求めた者が書面による教示を求めたときは**、**当該教示**は、**書面でしなければなりません**（82条3項）。

A 34 ○

建築基準法46条1項に基づく壁面線の指定は、**特定の街区を対象として行ういわば対物的な処分**であり、**特定の個人又は団体を名あて人として行うものではない**ので、当該指定については、行政不服審査法の規定に基づく**職権による教示を行う必要はありません**（最判昭61･6･19）。

ワンポイント

行政不服審査法82条1項は、特定の個人又は団体を名あて人とするものでない処分については、その適用はありません（最判昭61・6・19）。

教示制度：教示義務の懈怠及び誤った教示をした場合の救済

Q35 国家総合 2009［H21］ ★★

行政不服審査法は、行政庁が不服申立てをすることができる処分をする場合に、その処分の相手方に対し教示をしなかったときは、当該処分について不服がある者は、当該処分庁に不服申立書を提出することができるとしている。

Q36 国家一般 2013［H25］ ★★

審査請求をすることができる処分について、処分庁が誤って審査庁でない行政庁を審査庁として教示し、教示された行政庁に書面で審査請求がされたときは、当該審査請求を受けた行政庁は、処分庁に連絡し、処分庁は、審査請求人に対し、改めて適切な審査庁に審査請求をするよう通知しなければならない。

Q37 国家一般 2017［H29］ ★★

審査請求をすることができる処分につき、処分庁が誤って審査請求をすべき行政庁でない行政庁を審査請求をすべき行政庁として教示した場合において、その教示された行政庁に書面で審査請求がされたときは、その審査請求がされたことのみをもって、初めから審査庁となるべき行政庁に審査請求がされたものとみなされる。

Q38 国家総合 1983［S58］ ★★

行政庁が不服申立てをすることができる処分について教示を行なわなかったときは、当該処分の不服申立て期間の進行は、教示が行なわれるまで停止する。

A35 ○ **行政庁が教示をすべきにもかかわらず教示をしなかった場合には、当該処分について不服がある者は、当該処分庁に不服申立書を提出することができます**（83条1項）。

A36 × 「処分庁は、審査請求人に対し、改めて適切な審査庁に審査請求をするよう通知しなければならない。」の部分が誤りです（22条5項）。審査請求をすることができる処分につき、処分庁（A）が誤って審査請求をすべき行政庁でない行政庁（B）を審査請求をすべき行政庁として教示した場合において、その教示された行政庁（B）に書面で審査請求がされた際に、行政庁（B）から処分庁（A）に審査請求書が送付されたときは、処分庁（A）は、速やかに、これを審査庁となるべき行政庁（C）に送付し、かつ、その旨を審査請求人に通知しなければなりません（22条1項）。そして、**審査請求書が審査庁となるべき行政庁（C）に送付されたときは、初めから審査庁となるべき行政庁に審査請求がされたものとみなします**（22条5項）。

A37 × 「その審査請求がされたことのみをもって、初めから審査庁となるべき行政庁に審査請求がされたものとみなされる。」の部分が誤りです。**審査請求書が審査庁となるべき行政庁に送付されたときは、初めから審査庁となるべき行政庁に審査請求がされたものとみなします**（22条5項）。

A38 × 「当該処分の不服申立て期間の進行は、教示が行なわれるまで停止する。」の部分が誤りです。行政庁が不服申立てをすることができる処分について教示を行なわなかったときは、当該処分の不服申立て期間の進行は、教示が行なわれるまで停止しません。これについては、別途救済規定があります。

Q39 国家総合 1996［H8］ ★★

不服申立てをすることができない処分につき、行政庁が誤って不服申立てをすることができる旨の教示をした場合にも、これによって当該処分に対する不服申立てが可能となるものではないが、当該教示を信頼して不服申立てを行った者が、当該処分につき改めて取消訴訟を提起したときは、当該訴訟は当該不服申立てを行った日に裁判所に出訴されたものとみなされる。

Q40 国家一般 2017［H29］ ★★

処分庁が誤って法定の期間よりも長い期間を審査請求期間として教示した場合において、その教示された期間内に審査請求がされたときは、当該審査請求は、法定の審査請求期間内にされたものとみなされる。

●—不服申立の方法（形式と手続を遵守すること）

Q41 国家専門 2018［H30］ ★

審査請求は、他の法律（条例に基づく処分については、条例）に口頭ですることができる旨の定めがある場合を除き、審査請求書を提出してしなければならない。

Q42 国家専門 2004［H16］ ★

不服申立手続は形式的に厳格であることが求められることから、処分庁に提出された文書が不服申立書か単なる陳情書かの区別が不明瞭な場合は、申立人の真意による意思解釈ではなく、文書の形式的文言による文理解釈により客観的に判断すべきであるとするのが判例である。

「当該処分につき改めて取消訴訟を提起したときは、当該訴訟は当該不服申立てを行った日に裁判所に出訴されたものとみなされる。」の部分が誤りです。**処分又は裁決につき行政庁が、審査請求できないにもかかわらず、誤って審査請求をすることができる旨を教示した場合**において、審査請求があったときは、**当該行政庁は**、**審査する権限がないので**、**却下裁決を下す**しかありません。その場合、**審査請求人に不利益が及ばないように**、**取消訴訟の出訴期間**は、当該処分から起算するのではなく、**却下裁決があつたことを知った日から6箇月を経過したときは**、**提起することができないとしています**（行政事件訴訟法14条3項）。

「当該審査請求は、法定の審査請求期間内にされたものとみなされる。」の部分が誤りです。処分庁が誤って法定の期間よりも長い期間を審査請求期間として教示した場合において、**その教示された期間内に審査請求がされた場合について**、**行政不服審査法には救済規定がありません**。後は、18条1項・2項の「正当な理由」があるとして、審査請求期間の延長が認められることになります。

審査請求は、**他の法律**（**条例に基づく処分については**、**条例**）**に口頭ですることができる旨の定めがある場合を除き**、**政令で定めるところ**により、**審査請求書を提出してしなければなりません**（19条1項）。

「申立人の真意による意思解釈ではなく、文書の形式的文言による文理解釈により客観的に判断すべきであるとするのが判例である。」の部分が誤りです。不服申立書であるか、陳情書であるか等、**不服申立人の意思は**、**当事者の主観的意図**、**つまり**、**当事者の意思解釈によって判断すべきです**（最判昭32・12・25）。

Q43 特別区 2004［H16］★

審査請求が不適法であるが補正することができるものであるときは、審査庁はその補正を命じることができるが、その場合、当該補正箇所を補正する期間を定める必要はない。

Q44 特別区 2002［H14］★

処分についての不服申立てをした共同不服申立人が総代を互選しない場合、当該不服申立てに係る審査庁（審理員）は、総代の互選を命ずることが一切できない［一部修正］。

Q45 特別区 2014［H26］★

不服申立ては、代理人によってすることができ、代理人は、不服申立人のために、当該不服申立てに関する一切の行為をすることができるが、不服申立ての取下げは、特別の委任を受けた場合に限り、することができる。

Q46 国家一般 1982［S57］★

行政庁の処分についての審査請求は、審査庁に対して直接しなければならず、処分庁を経由してすることはできない。

Q47 特別区 2004［H16］★

審査請求人は、裁決があるまではいつでも審査請求を取り下げることができるが、その取下げは書面でしなければならない。

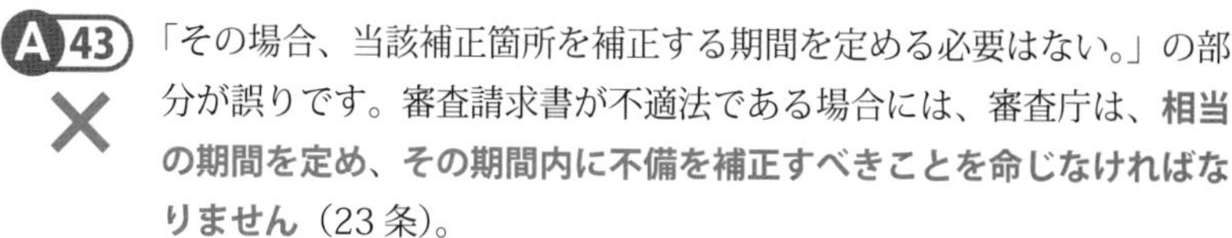

A43 ×

「その場合、当該補正箇所を補正する期間を定める必要はない。」の部分が誤りです。審査請求書が不適法である場合には、審査庁は、**相当の期間を定め、その期間内に不備を補正すべきことを命じなければなりません**（23条）。

A44 ×

「当該不服申立てに係る審査庁は、総代の互選を命ずることが一切できない。」の部分が誤りです。**共同審査請求人が総代を互選しない場**合において、必要があると認めるときは、**審理員**は、**総代の互選を命ずることができます**（11条2項）。

A45 ○

代理人は、**審査請求の取下げ**については、**特別の委任を受けた場合に限り、することができます**（12条2項但し書き）。

ワンポイント

審査請求は、代理人によってすることができるが、当該代理人は、各自、審査請求人のために、当該審査請求に関する一切の行為をすることができます（12条2項本文）。

A46 ×

「処分庁を経由してすることはできない。」の部分が誤りです。審査請求をすべき行政庁が処分庁等と異なる場合における審査請求は、処分庁等を経由してすることができます（21条1項）。

A47 ○

審査請求人は、裁決があるまでは、いつでも審査請求を取り下げることができます（27条1項）。また、審査請求の取下げは、書面でしなければなりません（27条2項）。

3 本案審理

審理の対象・方法・承継

ワンポイント

本案審理とは、すべての不服申立要件を充たした後で、処分ないし不作為の適法性・妥当性について審理することをいいます。

Q48
国家専門
1989［H1］
★★★

行政不服審査法では、違法な行為のみならず不当な行為でも、不服申立ての対象として認められている。

Q49
特別区
2004［H16］
★

審査請求は書面審理主義を採用しており、審査請求人の申立てがあった場合、申立人に口頭で意見を述べる機会を与えるかどうかは、審査庁の裁量にゆだねられている。

審査請求がされた場合において、審査請求人又は参加人から申立てがあったときは、審査庁は、口頭で意見を述べる機会を与えなければならず、この場合において、審査請求人又は参加人は、審査庁（改正後は審理員）の許可を得て、補佐人とともに出頭することができる。

A 48 ○

行政不服審査法における本案審査の対象は、行政事件訴訟法の場合と異なり、**処分または不作為の適法・違法の問題（法律問題）にかぎられず、当不当の問題（裁量問題）にも及びます。**

A 49 ×

「申立人に口頭で意見を述べる機会を与えるかどうかは、審査庁の裁量にゆだねられている。」の部分が誤りです。**審理は書面審理を中心**とし、**原則として審査庁の職権で進められますが**、審査庁は申立人の主張にとらわれることなく、申立人の主張しない事項についても審査し、これに基づいて裁決することができます。また、審査請求人又は参加人の申立てがあった場合には、**審理員**は、当該申立てをした者に**口頭**で審査請求に係る事件に関する**意見を述べる機会を与えなければなりません**（31条1項本文）。したがって、審査庁（審理員）の裁量にゆだねられているわけではありません。

A 50 ○

口頭意見陳述において、申立人は、審理員の許可を得て、補佐人とともに出頭することができます（31条1項・3項）。

Q51
国家総合
2006［H18］
★★

行政不服審査法上、審査庁が当事者の主張しない事実を職権で取り上げ、その存否を調べることを認められているかどうかについては、明文の規定はない。この点につき、訴願においては当事者の対立弁論により攻撃防御の方法を尽くすべきであり、訴願庁は訴願人の主張した事実のみに基づいて判断をすべきであるとするのが判例である。

Q52
国家一般
2007［H19］
★

処分庁が当該処分の理由となった事実を証する書類その他の物件を審査庁に提出した場合において、審査請求人又は参加人からそれらの閲覧の求めがあったときは、審査庁（改正により審理員）は、第三者の利益を害するおそれがあると認めるとき、その他正当な理由があるときでなければ、閲覧を拒むことができない。

Q53
国家専門
1999［H11］
★

審査請求人が処分庁の提出した書類や物件の閲覧を請求した場合に、その閲覧請求の対象は、処分庁が提出した資料に限られず、審査庁自身が調査・収集した資料であっても、それが裁決の基礎をなすものであれば、これに含まれるとするのが判例である。

Q54
国家総合
2017［H29］
★★

審査庁となるべき行政庁は、審査請求が事務所に到達してから当該審査請求に対する裁決をするまでに通常要すべき標準的な期間を定めるよう努めること、さらに、標準審理期間を定めた場合には適当な方法により公にしておかなければならないことが規定されています。（教授と学生との対話）

A51 ×

「訴願においては当事者の対立弁論により攻撃防御の方法を尽くすべきであり、訴願庁は訴願人の主張した事実のみに基づいて判断をすべきであるとするのが判例である。」の部分が誤りです。**審査庁は、審査請求人の主張しない事実を職権によって探知することができます。**なぜなら、行政不服審査法は、行政救済とともに行政統制をも目的としていることから、公益の実現のために、審査庁が積極的に事実を調査すべきものと考えられるからです（最判昭 29・10・14）。

ワンポイント

不服申立ての審理においては審査庁が、当事者が申し立てた事実について、職権で証拠資料を収集し、その採否を決定するたてまえ（職権証拠調べ）がとられています。

A52 ○

審査請求人又は参加人が、審理手続が終結するまでの間、審理員に対し、提出書類等の閲覧又は当該書面若しくは当該書類の写し若しくは当該電磁的記録に記録された事項を記載した書面の交付を求めた場合、**審理員**は、**第三者の利益を害するおそれがあると認めるとき、その他正当な理由があるとき**でなければ、**その閲覧又は交付を拒むことができません**（38 条 1 項）。

A53 ×

選択肢全体が誤りです。審査庁の職員が処分庁のもとに出向いて**処分庁の保有する資料を閲覧しその重要部分を書き写した調査メモ**は、処分庁から提出された証拠資料とはいえず、行政不服審査法 38 条による**閲覧の対象とはなりません**（大阪地判昭 46・5・24）。

A54 ○

審査庁となるべき行政庁は、**審査請求がその事務所に到達してから当該審査請求に対する裁決**をするまでに、**通常要すべき標準的な期間を定めるよう努める**とともに、これを定めたときは、当該審査庁となるべき行政庁及び関係処分庁の事務所における備付けその他の適当な方法により**公にしておかなければなりません**（16 条）。

●——執行停止

Q55
国家専門
2005［H17］
★★

処分についての審査請求がなされた場合には、当該処分の効力、処分の執行又は手続の続行は停止するが、審査庁が必要と認めるときは、職権で当該処分の効力、処分の執行又は手続の続行の停止を解除することができる。

Q56
特別区
2017［H29］
★★

処分庁の上級行政庁又は処分庁である審査庁は、必要があると認める場合には、審査請求人の申立てにより執行停止をすることができるが、職権で執行停止をすることはできない。

Q57
特別区
2003［H15］
★

処分庁の上級行政庁以外の審査庁は、必要があると認めるときは、審査請求人の申立てがあった場合に限り、処分庁の意見を聴取した上で、処分の効力、処分の執行又は手続の続行の全部又は一部の停止をすることができる。

Q58
特別区
2003［H15］
★

不服申立てについては、取消訴訟の場合と異なり、処分の効力の停止は、処分の効力の停止以外の措置によって目的を達することができる場合であっても、行うことができる。

×

選択肢全体が誤りです。審査請求がなされたとき、原則として、行政処分の執行を停止することはできません（執行不停止原則）（25条1項）。

×

「処分庁の上級行政庁又は処分庁である審査庁は、……職権で執行停止をすることはできない。」の部分が誤りです。**処分庁の上級行政庁又は処分庁である審査庁**は、必要があると認める場合には、**審査請求人の申立て**により又は**職権**で、処分の効力、処分の執行又は手続の続行の全部又は一部の停止その他の措置（執行停止）をとることができます（25条2項）。

○

処分庁の上級行政庁又は処分庁のいずれでもない審査庁は、**職権**で、執行停止をとることができません。また、**処分庁の上級行政庁又は処分庁のいずれでもない審査庁**は、必要があると認める場合には、**審査請求人の申立て**により、処分庁の意見を聴取した上、執行停止をすることができます（25条3項本文）。ただし、**処分の効力、処分の執行又は手続の続行の全部又は一部の停止**以外の措置をとることはできません（25条3項但し書き）。つまり、**処分の効力、処分の執行又は手続の続行の全部又は一部の停止**をすることはできます。

×

「不服申立てについては、……処分の効力の停止は、処分の効力の停止以外の措置によって目的を達することができる場合であっても、行うことができる。」の部分が誤りです。処分庁の上級行政庁又は処分庁である審査庁は、必要があると認める場合には、審査請求人の申立てにより又は職権で、処分の効力、処分の執行又は手続の続行の全部又は一部の停止その他の措置（執行停止）をとる場合において、**処分の効力の停止**は、**処分の効力の停止以外の措置によって目的を達することができるとき**は、**することができません**（25条6項）。

Q59
特別区
2003［H15］
★★

審査庁は、執行停止をした後において、当該執行停止が公共の福祉に重大な影響を及ぼし、又は処分の執行若しくは手続の続行を不可能とすることが明らかとなったときに限り、その執行停止を取り消すことができる。

裁決・決定：方法

Q60
特別区
2014［H26］
★★

審査請求が法定の期間経過後にされたものであるとき、その他不適法であるときは、審査庁は、裁決で、当該審査請求を棄却し、審査請求が理由がないときは、審査庁は、裁決で、当該審査請求を却下する。

Q61
国家一般
1986［S61］
★★

審査請求において処分が違法または不当ではあるが、これを取消しまたは撤廃することにより公の利益に著しい障害を生ずると考えられる場合には審査庁は当該審査請求を棄却することができる場合がある。

Q62
国家専門
2004［H16］
★★

処分についての審査請求に理由がある場合、審査庁が処分庁の上級行政庁であるときは、審査庁は、裁決で当該処分を変更することができる。ただし、審査請求人の不利益に当該処分を変更することはできない。

×

「審査庁は、……処分の執行若しくは手続の続行を不可能とすることが明らかとなったときに限り、その執行停止を取り消すことができる。」の部分が誤りです。**執行停止をした後**において、**執行停止が公共の福祉に重大な影響を及ぼすことが明らかとなったとき、その他事情が変更したときは、審査庁は、その執行停止を取り消すことができます**（26条）。

A 60
×

選択肢全体が誤りです。「**却下裁決**」とは、処分についての審査請求が法定の期間経過後にされたものである場合**その他不適法である場合**に、審査庁が、裁決で、**当該審査請求を却下する**ものをいいます（45条1項）。これに対し、「**棄却裁決**」とは、処分についての**審査請求が理由がない場合**に、審査庁が、裁決で、**当該審査請求を棄却する**ものをいいます（45条2項）。

A 61
○

「**事情裁決**」とは、審査請求に係る処分が**違法又は不当ではあるが、これを取り消し、又は撤廃することにより公の利益に著しい障害を生ずる場合**において、審査請求人の受ける損害の程度、その損害の賠償又は防止の程度及び方法その他一切の事情を考慮した上、**処分を取り消し、又は撤廃することが公共の福祉に適合しないと認めるとき**は、審査庁は、裁決で、**当該審査請求を棄却**することができるものをいいます。この場合には、審査庁は、裁決の主文で、**当該処分が違法又は不当であることを宣言**しなければなりません（45条3項）。

A 62
○

処分についての審査請求に理由がある場合には、審査庁が処分庁の上級行政庁又は処分庁は、裁決で、当該処分の全部若しくは一部を取り消し、又はこれを変更しなければなりません（46条1項本文）。但し、**不利益な変更は禁止されます**（48条）。

Q63
特別区
2006 [H18]
★★

処分庁の上級行政庁以外の審査庁は、審査請求に理由があるときは、裁決で当該処分の全部又は一部を取り消すことができ、審査請求人の不利益にならない場合には、法律に特段の定めがなくても当該処分を変更することができる。

Q64
国家一般
2007 [H19]
★

再審査請求がされた場合において、審査請求を却下し又は棄却した裁決が違法又は不当であるときは、当該裁決に係る処分が違法又は不当でなくても、再審査庁は、当該裁決の全部若しくは一部を取り消し、又は変更する。

Q65
国家一般
1981 [S56]
★★

審査請求に対する裁決は、審面で行ない、かつその理由を付記しなければならない。

Q66
国家専門
1999 [H11]
★

不服申立て後、裁決がなされないまま審理に要すべき相当の期間が経過すれば、当該不服申立てに対する不作為状態は違法となり、相応な裁決期間を経過した後に裁決が下された場合には、その裁決は違法となるものと解されている。

「処分庁の上級行政庁以外の審査庁は、……審査請求人の不利益にならない場合には、法律に特段の定めがなくても当該処分を変更することができる。」の部分が誤りです。処分についての審査請求が理由がある場合には、審査庁は、裁決で、当該処分の全部若しくは一部を取り消し、又はこれを変更します。ただし、**審査庁が処分庁の上級行政庁又は処分庁のいずれでもない場合**には、**当該処分を変更することはできません**（46条1項但し書き）。

「再審査庁は、当該裁決の全部若しくは一部を取り消し、又は変更する。」の部分が誤りです。再審査請求に係る**原裁決**（審査請求を却下し、又は棄却したものに限る。）が**違法又は不当である場合**において、**当該審査請求に係る処分が違法又は不当のいずれでもないときは**、**再審査庁**は、裁決で、**当該再審査請求を棄却**します（64条3項）。原処分が違法または不当でなければ、審査請求を却下または棄却した裁決が違法または不当であるとして裁決を取り消しても、再度の審査請求で却下または棄却しなければならないため、手続の反復を回避するために再審査庁において紛争の決着を図る趣旨です。

裁決・決定は要式行為であり、書面によって行われます（50条・60条）。裁決書または決定書には、裁決または決定に対する判断を主文としてあげ、**判断にいたった過程を理由として明示**し、かつ審査庁はこれに記名押印しなければなりません。

「……当該不服申立てに対する不作為状態は違法となり、……その裁決は違法となるものと解されている。」の部分が誤りです。**不服申立て後、裁決がなされないまま審理に要すべき相当の期間が経過しても、当該不服申立てに対する不作為状態は違法となるわけではないので**、相応な裁決期間を経過した後、下された裁決は違法とはなりません（最判昭28・9・11）。

裁決・決定：効力

ワンポイント

①「**不可変更力**」とは、**審査庁または処分庁が、自ら下した裁決または決定を自ら取り消しまたは変更することができない効力**をいいます。**自縛力**ともいいます。
②「**形成力**」とは、**裁決または決定によって、請求が認容され、原処分の全部または一部が取り消されたときは、当初から原処分は存在しなかったことを認める効力**をいいます（遡及効）。第三者の不利益とならないかぎり遡及します。

Q67
国家専門
1981［S56］
★★

審査請求に対する裁決は、審査請求人および処分庁のみを拘束し、処分庁以外の関係行政庁を拘束することはありえない。

Q68
国家総合
2011［H23］
★

不服申立に基づく裁決・決定は、一定の争訟手続に従い、当事者を手続に関与せしめて紛争の終局的解決を図ることを目的とするものであるから、それが確定すると、当事者がこれを争うことができなくなるのはもとより、行政庁も、特別の規定がない限り、これを取り消し又は変更し得ない拘束を受けるに至る（改正法により、一部修正）。

Q69
国家専門
1999［H11］
★★

審査請求が棄却され処分が維持されると、処分庁をはじめその処分に関係を有する行政庁に対し裁決の趣旨を尊重して適切に対応すべき義務が課されることになることから、処分庁は棄却裁決がなされた後においては、当該処分を取り消すことはできないとするのが判例である。

Q70
特別区
2014［H26］
★★

処分庁の直近上級行政庁は、処分庁が申請に基づいてした処分を手続の違法又は不当を理由として裁決で取り消すときは、当該裁決の中で、改めて申請に対する処分をしなければならない。

A 67 ×

選択肢全体が誤りです。「**拘束力**」とは、**認容（取消）裁決**があると、**関係行政庁を拘束する効力**をいいます（52条1項からは明らかではありません）。なぜなら、不服申立人の権利・利益を救済することになるからです。

ワンポイント

原処分が裁決で取消されまたは変更された場合、拘束力が発生するため、処分庁は当該裁決に対する抗告訴訟を裁判所に提起することができません。

A 68 ○

不服申立て（審査請求）の裁決等によって紛争が確定すると、当事者は争うことができず、行政庁はこれに拘束されます（最判昭42・9・26）。

A 69 ×

選択肢全体が誤りです。**審査請求が棄却され処分が維持された場合**には、**処分庁は**、**当該処分を取り消すことができます**（最判昭49・7・19）。なぜなら、棄却裁決を処分庁が職権により取消しないし撤回すると、審査請求人にとっては有利な結果が生じるからです。

A 70 ×

「当該裁決の中で、改めて申請に対する処分をしなければならない。」の部分が誤りです（52条2項）。申請に基づいてした処分が手続の違法若しくは不当を理由として裁決で取り消され、又は申請を却下し、若しくは棄却した処分が裁決で取り消された場合には、**処分庁は、審査庁の裁決の趣旨に従い、改めて申請に対する処分をしなければなりません**（52条2項）。

●―裁決・決定：裁決・決定以外

Q71 国家一般 1981［S56］ ★★

審査請求の審理が開始された後は、審査請求人は審査庁の許可がないかぎり、その審査請求を取り下げることができない。

4 行政不服審査会等

ワンポイント

審査庁は、審理員意見書の提出を受けたときは、審査庁が主任の大臣又は宮内庁長官若しくは内閣府設置法若しくは国家行政組織法に規定する庁の長である場合にあっては行政不服審査会に、諮問しなければなりません（43条1項）。

Q72 国家総合 2018［H30］ ★

審査庁は、審理員意見書の提出を受けたときは、審査請求人から諮問を希望しない旨の申出がされている場合、行政不服審査会等により諮問を要しないと認められた場合及び審査請求が不適法であり却下する場合のいずれかに該当する場合を除き、行政不服審査会又は地方公共団体設置の機関に諮問しなければならない。

A 71 ×

選択肢全体が誤りです。**審査請求人、再審査請求人、再調査請求人は、審査庁等の裁決・決定があるまでは、自分の意思でいつでも不服申立てを取り下げることができます**（27条1項、61条、66条1項）。取下げの後の撤回は認められません。

ワンポイント

不服申立の取下げは、不服申立人とその代理人（代理人の場合には、その旨の特別の委任が必要である（12条2項但し書き）。）は取下げができますが、参加人はできません。

A 72 ×

選択肢全体が誤りです。本選択肢以外にも、**諮問を不要とする規定が43条に定められています**。審査庁が、審理員の意見書の提出を受けたときに、**審査庁が行政不服審査会に諮問を必要としない場合は**、①**審査請求人から、行政不服審査会への諮問を希望しない旨の申出がされている場合**、②**審査請求が、行政不服審査会等によって、国民の権利利益及び行政の運営に対する影響の程度その他当該事件の性質を勘案して、諮問を要しないものと認められたものである場合**（43条5号）、③**審査請求が不適法であり、却下する場合**（43条6号）、④**審査請求に係る処分の全部を取り消し、又は審査請求に係る事実上の行為の全部を撤廃すべき旨を命じ、若しくは撤廃することとする場合**（43条7号）等です。

(1)総説（法律上の争訟）

Q1
国家総合
2010［H22］
★

「抗告訴訟」の類型の一つとして、処分若しくは裁決の存否又はその効力の有無の確認を求める「無効等確認の訴え」があり、例えば、市議会の議員が、市を被告として、市議会の予算に関する議決の無効確認を求める訴えがこれに当たる。

Q2
国家専門
2010［H22］
★★

国が提起する訴訟は、財産権の主体として自己の財産上の権利利益の保護救済を求めるものである場合は法律上の争訟に当たるが、専ら行政権の主体として国民に対して行政上の義務の履行を求めるものである場合は、当然に裁判所の審判の対象となるものではなく、法律に特別の規定がある場合に限り、国は当該訴訟を提起することができる。

「例えば、市議会の議員が、市を被告として、市議会の予算に関する議決の無効確認を求める訴えがこれに当たる。」の部分が誤りです。市議会の議員が市を被告として市議会の予算に関する議決は行政処分にあたらないので、無効確認を求める訴えは、裁判所法３条の「法律上の争訟」にあたりません（最判昭 29・2・11）。

国または地方公共団体が提起した訴訟であって、**財産権の主体**として自己の財産上の権利利益の保護救済を求めるような場合には、**法律上の争訟に当たる**が、国または地方公共団体がもっぱら**行政権の主体**として国民に対して行政上の義務の履行を求める訴訟は、法規の適用の適正ないし一般公益の保護を目的とするものであって、自己の権利利益の保護救済を目的とするものではないから、**法律上の争訟として当然に裁判所の審判の対象となるものではなく、法律に特別の規定がある場合に限り、提起することが許されます**（最判平 14・7・9）。

(2)主観訴訟：抗告訴訟①
―処分の取消訴訟

1 処分の取消の訴えと審査請求の裁決との関係

Q1
国家総合
1981［S56］
★★

処分の取消の訴えとその処分についての審査請求を棄却した裁決の取消の訴えとを提起できる場合には、裁決の取消の訴えにおいて、原処分の違法を理由として取消を求めることができない。

Q2
国家総合
2004［H16］
★★

国家公務員に対する懲戒処分について人事院が修正裁決をした場合には、当該処分は、消滅するのではなく、当初から当該裁決により修正された内容の懲戒処分として存在していたものとみなされるとするのが判例である。

2 訴訟要件①－不服申立てとの関係

Q3
国家一般
1990［H2］
★★★

処分の取消しの訴えは、当該処分につき法令の規定により審査請求ができる場合においては、法律に別段の定めがある場合を除き、審査請求の裁決を経た後でなければ提起することができない。

A1 ○

処分の取消の訴えとその処分についての審査請求を棄却した裁決の取消の訴えとを提起できる場合には、**裁決の取消の訴えにおいて、原処分の違法を理由として取消を求めることはできません**（**原処分権主義**）（10条2項）。

A2 ○

審査請求に対して人事院が懲戒処分を修正する裁決を行った場合、懲戒権者の行った懲戒処分は一体として取り消され消滅しないので、被処分者は、処分事由の不存在等懲戒処分の違法を理由としてその取消しを求める訴えの利益を失いません。したがって、取消訴訟において、裁決で原処分の修正がなされた場合、**公務員の懲戒処分について行われた修正裁決に不服のある者**は、裁決の取消しの訴えではなく、**懲戒処分（原処分）の取消しの訴えを提起**しなければなりません（訴えの利益があります）（最判昭62・4・21）。

×

「審査請求の裁決を経た後でなければ提起することができない。」の部分が誤りです。**処分の取消しの訴え**は、**当該処分につき法令の規定により審査請求をすることができる場合**においても、**直ちに提起することを妨げません**（**自由選択主義**）（8条1項本文）。

国家一般
1989［H1］
★★★

審査請求のできる場合には、必ず審査請求をして、これに対する裁決等を受けた後に、処分に対する取消訴訟を提起しなければならない。

国家一般
1998［H10］
★★

処分に不服のある者は、原則として、不服申立てまたは取消訴訟のいずれをもすることができ、法律により、取消訴訟の前に審査請求に対する裁決を経なければならないとされている場合においても、審査請求があった日から3か月を経ても裁決がないときには取消訴訟を提起することができる。

国家専門
2010［H22］
★

ある処分について法律で不服申立前置が要求されている場合には、適法な審査請求をしたにもかかわらず、審査庁が誤ってこれを不適法として却下したときであっても、不服申立前置の要件が満たされていない以上、別途審査の決定を経なければ当該処分の取消しを求めて訴訟を提起することはできない。

選択肢全体が誤りです。**法律に当該処分についての審査請求に対する裁決を経た後でなければ処分の取消しの訴えを提起することができない旨の定めがあるときには、処分の取消しの訴えを提起することができません（審査請求前置主義）**（8条1項但し書き）。

ワンポイント

法律で審査請求前置主義を採っている場合でも、審査請求による裁決を経ずに、取消訴訟を先に提起できる場合が3つあります。

①**審査請求があった日から3箇月を経過しても裁決がないとき**（8条2項1号）。

②**処分、処分の執行又は手続の続行により生ずる著しい損害を避けるため緊急の必要があるとき**（8条2項2号）。

③**その他裁決を経ないことにつき正当な理由があるとき**（8条2項3号）です。

A 5 ○

法律で審査請求前置主義を採っている場合でも、審査請求があった日から3箇月を経過しても裁決がないときは、審査請求による裁決を経ずに、取消訴訟を先に提起することができます（8条2項1号）。

ワンポイント

処分の取消しの訴えと、当該処分につき法令の規定により審査請求をすることができる場合（自由選択主義）において、当該処分につき審査請求がされているときは、**裁判所は、その審査請求に対する裁決があるまで、訴訟手続を中止することができます**（8条3項）。

「不服申立前置の要件が満たされていない以上、別途審査の決定を経なければ当該処分の取消しを求めて訴訟を提起することはできない。」の部分が誤りです。**個別の法律で審査請求前置主義が定められている場合に、適法な審査請求をしたにもかかわらず審査庁が誤って不適法とした場合、不服審査を経たものとして扱うのが合理的です**（最判昭36・7・21）。

3 訴訟要件②－処分性

総論

Q7
特別区
2002［H14］
★★★

取消訴訟の対象となる行政庁の処分とは、公権力の主体たる国又は公共団体が行う行為のうち、その行為によって、直接国民の権利義務を形成し又はその範囲を確定することが法律上認められているものをいう。

処分性を肯定した判例

Q8
国家総合
1981［S56］
★

地方議会の議決は内部的意思の決定にすぎないから、議会の議決をもって行なう議員に対する除名処分は、取消訴訟の対象とはならないとするのが判例である。

Q9
国家一般
2015［H27］
★

税務署長のする源泉徴収による所得税についての納税の告知は、確定した税額がいくらであるかについての税務署長の意見が初めて公にされるものであるから、支払者がこれと意見を異にするときは、当該税額による所得税の徴収を防止するため、異議申立て又は審査請求のほか、抗告訴訟をもなし得る。

Q10
国家一般
2015［H27］
★★

関税定率法（昭和 55 年法律第 7 号による改正前のもの）に基づいて、税関長のする輸入禁制品該当の通知は、輸入申告に係る貨物が輸入禁制品に該当するという税関長の判断を輸入申告者に知らせ、当該貨物についての輸入申告者自身の自主的な善処を期待してされるものにすぎない観念の通知であるため、処分性は認められず抗告訴訟の対象とならない。

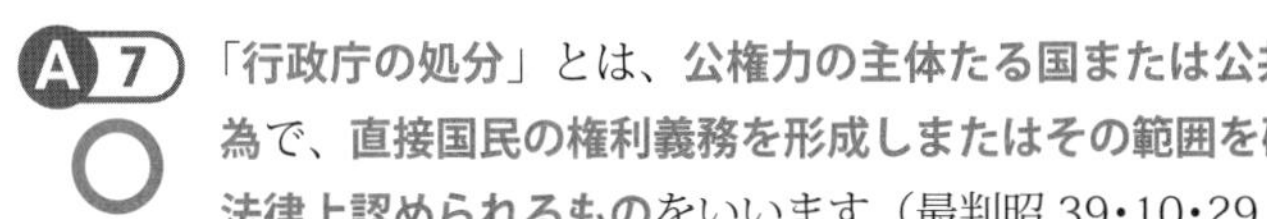

A 7 ○

「行政庁の処分」とは、**公権力の主体たる国または公共団体が行う行為で、直接国民の権利義務を形成しまたはその範囲を確定することが法律上認められるもの**をいいます（最判昭 39・10・29、最判昭 30・2・24）。

A 8 ×

「議会の議決をもって行なう議員に対する除名処分は、取消訴訟の対象とはならないとするのが判例である。」の部分が誤りです。**地方議会の議決によって行う議員に対する除名処分**は、**取消訴訟の対象となります**（最判昭 26・4・28）。

ワンポイント

普通地方公共団体の議員の出席停止の懲罰と議員の除名処分に対して司法審査は及びます（最大判昭 35・10・19）［地方議会議員懲罰事件］。

A 9 ○

所得税法に基づく税務署長の納税の告知は、**抗告訴訟の対象となる行政処分にあたります**（最判昭 45・12・24）。

A 10 ×

「当該貨物についての輸入申告者自身の自主的な善処を期待してされるものにすぎない観念の通知であるため、処分性は認められず抗告訴訟の対象とならない。」の部分が誤りです。**関税定率法に基づいて、税関長のする輸入禁制品該当の通知**は、観念の通知ですが、**処分性は認められ、抗告訴訟の対象となります**（最判昭 54・12・25）。

Q11
国家総合
2004［H16］
★★

関税定率法に基づく輸入禁制品に当たる旨の税関長の通知は、輸入申告に対する中間的措置であって、その段階では、当該輸入申告に係る貨物を適法に輸入できないという最終的な法律効果を生じるものではないから、抗告訴訟の対象となる行政処分には当たらない。

Q12
国家専門
2017［H29］
★★

土地区画整理法に基づく土地区画整理組合の設立の認可は、単に設立認可申請に係る組合の事業計画を確定させるだけのものではなく、その組合の事業施行地区内の宅地について所有権又は借地権を有する者を全て強制的にその組合員とする公法上の法人たる土地区画整理組合を成立せしめ、これに土地区画整理事業を施行する権限を付与する効力を有するものであるから、抗告訴訟の対象となる行政処分に当たる。

Q13
特別区
2009［H21］
★★

最高裁判所の判例では、都市再開発法に基づく第二種市街地再開発事業の事業計画の決定は、施行地区内の土地の所有者の法的地位に直接的な影響を及ぼすものであっても、抗告訴訟の対象となる行政処分には当たらないとした。

Q14
国家一般
2009［H21］
★★

特定行政庁が建築基準法第 42 条第 2 項に基づいていわゆるみなし道路の指定を行うに際し、告示により一括して指定する行為は、特定の土地について個別具体的に指定したものではなく、一般的基準の定立を目的としたものにすぎず、当該告示自体によって、直ちに建築制限等の私権の制限が生じるものと認めることはできないから、抗告訴訟の対象となる行政処分に当たらない。

× 「その段階では、当該輸入申告に係る貨物を適法に輸入できないという最終的な法律効果を生じるものではないから、抗告訴訟の対象となる行政処分には当たらない。」の部分が誤りです。**関税定率法に基づく輸入禁制品である旨の輸入業者への税関長の通知は、抗告訴訟の対象となる行政庁の処分にあたります**（最大判昭59・12・12）［税関検査事件］。

A12 ○ **土地区画整理法に基づく土地区画整理組合の設立認可は、処分性が認められます**（最判昭60・12・17）。

A13 × 「都市再開発法に基づく第二種市街地再開発事業の事業計画の決定は、……抗告訴訟の対象となる行政処分には当たらない」の部分が誤りです。**都市再開発法に基づく第二種市街地再開発事業の事業計画の決定は、抗告訴訟の対象となる行政処分にあたります**（最判平4・11・26）。

A14 × 選択肢全体が誤りです。**建築基準法42条2項の規定により同条1項の道路とみなされる道路の都道府県知事による指定は、それが告示による一括指定の方法でされた場合には、抗告訴訟の対象となる行政処分にあたります**（最判平14・1・17）。

Q15
国家一般
2009［H21］
★★

労災就学援護費に関する制度の仕組みにかんがみると、被災労働者又はその遺族は労働基準監督署長の支給決定によって初めて具体的な労災就学援護費の支給請求権を取得することから、労働基準監督署長が行う労災就学援護費の支給又は不支給の決定は、労働者災害補償保険法を根拠とする優越的地位に基づいて一方的に行う公権力の行使であり、被災労働者等の権利に直接影響を及ぼす法的効果を有するものであるから、抗告訴訟の対象となる行政処分に当たる。

Q16
国家総合
2016［H28］
★★

食品衛生法（2003［H 15］年法律第 55 号による改正前のもの）の規定に基づき、検疫所長が同法所定の食品等の輸入の届出をした者に対して行う当該食品等が同法に違反する旨の通知は、食品等を輸入しようとする者の採るべき措置を事実上指導するものにすぎず、当該食品等につき、税関長による輸入許可が与えられないという法的効果を有するものではないから、抗告訴訟の対象となる行政処分に当たらない。

Q17
国家一般
2012［H24］
★★★

医療法に基づき都道府県知事が行う病院開設中止の勧告は、勧告を受けた者がこれに従わない場合に、相当程度の確実さをもって健康保険法上の保険医療機関指定を受けられないという結果をもたらすとしても、それは単なる事実上の可能性にすぎず、当該勧告自体は、法的拘束力を何ら持たない行政指導であるから、直接国民の権利義務を形成し又はその範囲を確定する行為とはいえず、処分性は認められない。

Q18
国家一般
2012［H24］
★★★

市町村の施行に係る土地区画整理事業の事業計画は、特定個人に向けられた具体的な処分ではなく、いわば土地区画整理事業の青写真たるにすぎない一般的・抽象的な単なる計画にとどまるものであり、当該事業計画の決定は、直接国民の権利義務を形成し又はその範囲を確定する行為とはいえず、処分性は認められない。

○

労働者災害補償保険法（改正前）23条1項2号に基づく労働福祉事業である労災就学援護費の支給に関して**労働基準監督署長が行う同援護費の支給又は不支給の決定**は、**抗告訴訟の対象となる行政処分にあたります**（最判平15・9・4）。

×

選択肢全体が誤りです。食品衛生法16条（改正前）に基づき食品等の輸入の届出をした者に対して**検疫所長が行う当該食品等が同法6条に違反する旨の通知**は、**抗告訴訟の対象となる行政処分にあたります**（最判平16・4・26）。

×

「それは単なる事実上の可能性にすぎず、当該勧告自体は、法的拘束力を何ら持たない行政指導であるから、直接国民の権利義務を形成し又はその範囲を確定する行為とはいえず、処分性は認められない。」の部分が誤りです。医療法（改正前）30条の7の規定に基づき**都道府県知事が病院を開設しようとする者に対して行う病院開設中止の勧告は**、**抗告訴訟の対象となる行政処分にあたります**（最判平17・7・15）。

×

選択肢全体が誤りです。**土地区画整理法上の土地区画整理事業計画は抗告訴訟の対象となる処分性が認められます**（最大判平20・9・10）。

Q 19 国家一般 2012［H24］ ★★

市の設置する特定の保育所を廃止する条例の制定行為は、普通地方公共団体の議会が行う立法作用に属するものであり、その施行により各保育所を廃止する効果を発生させ、当該保育所に現に入所中の児童及びその保護者に対し、当該保育所において保育の実施期間が満了するまで保育を受けることを期待し得る法的地位を奪う結束を生じさせるとしても、行政庁の処分と実質的に同視し得るものということはできず、処分性は認められない。

Q 20 国家総合 2019［R1］ ★

市の設置する特定の保育所を廃止することのみを内容とする条例の制定行為は、およそ児童及びその保護者は保育の実施期間が満了するまでの間、保育所における保育を受けることを期待し得る法的地位を有するとはいえない以上、行政庁の処分と実質的に同視し得るとまではいえないが、他に行政庁の処分を待つことなく、その施行により保育所廃止の効果を発生させることとなるため、抗告訴訟の対象となる行政処分に当たる。

Q 21 国家総合 2019［R1］ ★★

土壌汚染対策法に基づく有害物質使用特定施設の使用が廃止された旨の通知は、通知を受けた土地の所有者等に調査及び報告の義務を生じさせ、その法的地位に直接的な影響を及ぼすものであり、また、実効的な権利救済を図るという観点から見ても、当該通知がされた段階で、これを対象とする取消訴訟の提起が制限されるべき理由はなく、抗告訴訟の対象となる行政処分に当たる。

●─処分性が否定された判例

Q 22 国家総合 2006［H18］ ★★

消防法旧第 7 条の規定に基づいてされる消防長の同意は、その有無により建築物の新築等の許可等がされるか否かが左右されるものであるから、行政機関相互間の行為にとどまらず、対国民との関係において権利義務を形成し又はその範囲を確定する行為であると認められ、旧行政事件訴訟特例法における行政庁の処分に該当する。

「行政庁の処分と実質的に同視し得るものということはできず、処分性は認められない。」の部分が誤りです。**市の設置する特定の保育所を廃止する条例の制定行為は、抗告訴訟の対象となる行政処分にあたります**（最判平21・11・26）［横浜市立保育園廃止処分取消請求事件］。

「保育所における保育を受けることを期待し得る法的地位を有するとはいえない以上、行政庁の処分と実質的に同視し得るとまではいえない」の部分が誤りです。**市の設置する特定の保育所を廃止することのみを内容とする条例の制定行為は**、およそ児童及びその保護者は保育の実施期間が満了するまでの間、**保育所における保育を受けることを期待し得る法的地位を奪う結果を生じさせている**ので、**その条例制定行為は、行政庁の処分と実質的に同視することができ、その施行により保育所廃止の効果を発生させることとなるため、抗告訴訟の対象となる行政処分にあたります**（最判平21・11・26）。

土壌汚染対策法に基づく有害物質使用特定施設の使用が廃止された旨の通知は、通知を受けた土地の所有者等に調査及び報告の義務を生じさせ、その法的地位に直接的な影響を及ぼすものであり、当該通知がされた段階で、抗告訴訟の対象となる行政処分にあたります（最判平24・2・3）。

選択肢全体が誤りです。**知事が行う建築許可に際してなされる消防法に基づく消防庁の同意は、行政処分にあたりません**（最判昭34・1・29）。

Q 23 国家専門 2017［H29］ ★

国有財産法上の国有財産の払下げは、売渡申請書の提出、これに対する払下許可という行政手続を経て行われる場合、行政庁が優越的地位に基づいて行う公権力の行使ということができることから、この場合の当該払下げは抗告訴訟の対象となる行政処分に当たる。

Q 24 国家専門 2010［H22］ ★★★

行政指導が仮に違法であるとしても、行政指導は直接の法的効果を持つものではなく、行政庁の処分に当たらないので、相手方がその取消しを求めて取消訴訟を提起することは原則として認められないと一般に解されている。

Q 25 国家総合 2012［H24］ ★

市町村長が旧地代家賃統制令に基づき家賃台帳に家賃の停止統制額又は認可統制額その他法所定の事項を記入する行為は、公の権威をもってこれらの事項を証明し、これに公の証拠力を与える公証行為であり、行政庁により一般に広く周知徹底させて統制額を超える契約等を防止することを目的とするものであって、実質上新たに国民の権利・義務を形成し、あるいはその範囲を確認するものということができ、抗告訴訟の対象となる行政庁の処分に当たる。

Q 26 国家総合 2007［H19］ ★

行政庁の処分とは、公権力の主体たる国又は公共団体が行う行為のうち、その行為によって、直接国民の権利義務を形成し、又はその範囲を確定することが法律上認められているものをいい、ごみ焼却場の設置行為は、周辺住民の人格権及び財産権に直接影響を与え、その範囲を確定するものにほかならないから、行政庁の処分に当たる。

A23 ×

選択肢全体が誤りです。**国有財産法の普通財産の払下げは、行政処分ではなく、私法上の売買です**（最判昭 35・7・12）。

A24 ○

行政指導が仮に違法であるとしても、行政庁の処分にあたらないので、相手方がその取消しを求めて取消訴訟を提起することは原則として認められません（最判昭 38・6・4）。

行政指導は原則として、行政処分にあたりませんが、例外としてこれにあたる場合があります（病院開設中止の勧告は、抗告訴訟の対象となる行政処分にあたります。（最判平 17・7・15）。

A25 ×

「実質上新たに国民の権利・義務を形成し、あるいはその範囲を確認するものということができ、抗告訴訟の対象となる行政庁の処分に当たる。」の部分が誤りです。**公の権威をもって一定の事項を証明し、それに公の証拠力を与えるいわゆる公証行為は、抗告訴訟の対象となりません**（最判昭 39・1・24）。

A26 ×

「ごみ焼却場の設置行為は、周辺住民の人格権及び財産権に直接影響を与え、その範囲を確定するものにほかならないから、行政庁の処分に当たる。」の部分が誤りです。**私法上の契約により都が私人との間に対等の立場で締結したごみ焼却場の設置行為は、行政事件訴訟（特例）法にいう「行政庁の処分」に該当しません**（最判昭 39・10・29）。

ワンポイント

通達は、司法審査の対象となりません（最判昭 43・12・24）。

Q27 国家専門 2009［H21］★

国有財産法上の国有財産の払下げは、売渡申請書の提出、これに対する払下許可という行政手続を経て行われる場合は、行政庁が優越的地位に基づいて行う公権力の行使ということができ、抗告訴訟の対象となる行政処分に当たる。

Q28 国家総合 1995［H7］★

関税法 138 条の規定に基づく通告処分は、行政刑罰として直接国民の権利義務に法的効果を及ぼすものであるから、通告処分を受けた者は当該処分の取消しを求める抗告訴訟を提起することができるとするのが判例である。

Q29 国家総合 2006［H18］★

全国新幹線鉄道整備法旧第 9 条の規定に基づき、旧運輸大臣が旧日本鉄道建設公団に対して行った工事実施計画の認可は、将来線路敷地として私有地を買収又は収用する高い蓋然性を生じさせ、国民の所有権を侵害するおそれがあることから、いわば上級行政機関としての旧運輸大臣による下級行政機関としての旧日本鉄道建設公団に対する承認の性質を有するのみならず、行政行為として外部に対する効力をも有すると認められるので、抗告訴訟の対象となる行政処分に該当する。

Q30 特別区 2016［H28］★★★

最高額判所の判例では、都市計画区域内で工業地城を指定する決定は、その決定が告示されて効力を生ずると、当該地域内の土地所有者等に新たな制約を課し、その限度で一定の法状態の変動を生ぜしめるものであるから、一般的抽象的なものとはいえず、抗告訴訟の対象となる処分にあたるとした。

Q31 国家専門 1998［H10］★★★

公務員の採用内定通知は、採用発令の準備手続きとして行われるものではあるが、内定の取消しは採用内定を受けた者の法律上の地位ないし権利関係に重大な影響を及ぼす行為であるから、抗告訴訟の対象となる行政処分に当たる。

A27 ×

選択肢全体が誤りです。**国の普通財産の売払許可処分は、私法上の行為であって、抗告訴訟の対象となる行政処分にあたりません**（最大判昭46・1・20）。

A28 ×

選択肢全体が誤りです。**関税法に基づく犯則者に対する通告処分**は、**取消訴訟の対象となりません**（最判昭47・4・20）。

A29 ×

選択肢全体が誤りです。**運輸大臣が鉄建公団にした認可**は、**抗告訴訟の対象となる行政処分にあたりません**（最判昭53・12・8）［成田新幹線事件］。

選択肢全体が誤りです。**都市計画法に基づく都市計画としての工業地域指定の決定**は、**抗告訴訟の対象となる行政処分にあたりません**（最判昭57・4・22）。

ワンポイント

知事が都市計画区域内において工業地域を指定する決定は、当該地域内に財産権を有する者が相互に利益を享受する一方において社会的拘束として受忍しなければならない範囲内にとどまるからではなく、一般的抽象的なものにすぎないから、処分性が否定されます（最判昭57・4・22）。

A31 ×

選択肢全体が誤りです。**地方公務員採用内定の取消し**は、**抗告訴訟の対象となる処分にあたりません**（最判昭57・5・27）［東京都建設局事件］。

Q32
国家一般
2014［H26］
★★★

交通反則通告制度における反則金の納付の通告は、当該通告があっても、これにより通告を受けた者において通告に係る反則金を納付すべき法律上の義務が生ずるわけではなく、ただその者が任意にその反則金を納付したときは公訴が提起されないというにとどまることなどを理由に、抗告訴訟の対象とならないとするのが判例である。

Q33
国家一般
2009［H21］
★★

公共施設の管理者である行政機関等が都市計画法（平成12年法律第73号による改正前のもの）第32条所定の同意を拒否する行為は、公共施設の適正な管理上当該開発行為を行うことは相当でない旨の公法上の判断を表示する行為であり、この同意が得られなければ公共施設に影響を与える開発行為を適法に行うことはできないが、当該同意を拒否する行為それ自体は、開発行為を禁止又は制限する効果をもつものとはいえないから、国民の権利ないし法律上の地位に直接影響を及ぼすものであると解することはできず、抗告訴訟の対象となる行政処分に当たらない。

Q34
国家総合
2001［H13］
★★

市町村長が住民基本台帳法第7条に基づき同条各号に掲げる事項を記載する行為は、元来、公の権威をもって住民の居住関係に関するこれらの事項を証明し、それに公の証拠力を与えるいわゆる公証行為であり、それ自体によって新たに国民の権利義務を形成し、又はその範囲を確定する法的効果を有するものではなく、また、特定の住民と世帯主との続柄を記載する行為には、住民票に特定の住民の氏名を記載する行為がその者が当該市町村の選挙人名簿に登録されるか否かを決定付けるのとは異なり、何らの法的効果も与えられていないから、処分性が否定される。

Q35
国家一般
2015［H27］
★★★

普通地方公共団体が営む水道事業に係る条例所定の水道料金を改定する条例の制定行為は、同条例が当該水道料金を一般的に改定するものであって、限られた特定の者に対してのみ適用されるものではなく、同条例の制定行為をもって行政庁が法の執行として行う処分と実質的に同視することはできないという事情の下では、抗告訴訟の対象となる行政処分に当たらない。

A32 ○

交通反則通告制度における**反則金の納付の通告**（**行政刑罰**）は、当該通告があっても、これにより通告を受けた者において通告に係る反則金を納付すべき法律上の義務が生ずるわけではなく、ただその者が任意にその反則金を納付したときは公訴が提起されないため、抗告訴訟の対象とならず、**刑事手続によるべきです**（最判昭57・7・15）。

A33 ○

公共施設の管理者である行政機関等が、**開発許可を申請しようとする者に対し都市計画法32条で定める同意を拒否する行為**は、**開発行為を禁止または制限する効果を有しないので、国民の権利ないし法律上の地位に直接影響を及ぼすものであると解することはできず**、処分性は認められません（最判平7・3・23）。

A34 ○

世帯主と嫡出子との続柄は、**「長男（長女）、二男（二女）」と記載するのに対し、非嫡出子との続柄を「子」と記載する行為**は、それ自体によって**新たに国民の権利義務を形成し、又はその範囲を確定する法的効果を有するものではなく、抗告訴訟の対象となる行政処分にあたりません**（最判平11・1・21）［非嫡出子住民票続柄記載事件］。

A35 ○

普通地方公共団体が営む水道事業に係る条例所定の水道料金を改定する条例の制定行為は、**同条例が当該水道料金を一般的に改定するもの**であって、限られた特定の者に対してのみ適用されるものではなく、同条例の制定行為をもって**行政庁が法の執行として行う処分と実質的に同視することはできないため、抗告訴訟の対象となる行政処分にあたりません**（最判平18・7・14）。

Q36
国家総合
2013［H25］
★

父がその子について住民票の記載をすることを求める申出は、住民票の記載に係る職権発動を促す住民基本台帳法第14条第2項所定の申出とみることができ、当該申出に対する応答は、法令に根拠のない事実上の応答にすぎないものということはできない。したがって、当該応答は、それにより当該父又は子の権利義務ないし法律上の地位に直接影響を及ぼすものではないが、法令上の申請に対する応答行為として、抗告訴訟の対象となる行政処分に当たる。

4 訴訟要件③ー原告適格

総論

Q37
国家専門
2007［H19］
★★★

行政事件訴訟において原告適格が認められるのは、侵害処分の名あて人及び申請拒否処分の名あて人に限られ、これら以外の者について原告適格が認められることはあり得ないとするのが判例である。

Q38
国家専門
2002［H14］
★★★

取消訴訟の原告適格は、個々の法律の趣旨・目的に照らし、個々人の個別的利益が法律上保護されているかどうかによって判断されるのではなく、違法な行政処分により原告が受けた不利益が事実上保護に値するかどうかによって判断されるべきであるとするのが判例である。

選択肢全体が誤りです。出生した子につき住民票の記載を求める親からの申出に対し、**特別区の区長がした記載をしない旨の応答**は、**法令に根拠のない事実上の応答にすぎないもので、抗告訴訟の対象となる行政処分にはあたりません**（最判平 21・4・17）。

選択肢全体が誤りです。**原告適格を有する者**とは、取消しを求めるにつき**法律上の利益を有する者**であればよく、**処分の相手方に限られません**（最判昭 31・7・20）。

選択肢全体が誤りです。原告適格を有する者（法律上の利益を有する者）とは、当該処分により**自己の権利もしくは法律上保護された利益を侵害されまたは必然的に侵害されるおそれのある者**をいいます。そして、当該処分を定めた行政法規が、不特定多数者の具体的利益を一般的公益の中に吸収解消させる場合には、原告適格を有しません（最判平 1・2・17）［新潟空港訴訟］。

ワンポイント

①当該行政法規が、不特定多数者の具体的利益をそれが帰属する個々人の個別的利益としても保護すべきものとする趣旨を含むか否かは、当該行政法規及びそれと目的を共通する関連法規の関係規定によって形成される法体系の中において判断すべきです（最判平 1・2・17）［新潟空港訴訟］。
②処分の相手方以外の者について法律上保護された利益の有無を判断するにあたっては、当該処分の根拠となる法令の規定の文言のみによることなく、行政事件訴訟法 9 条 2 項が定める諸要素を考慮して判断すべきです（最大判平 17・12・7）［小田急電鉄高架橋訴訟］。

原告適格を肯定した判例

Q39
国家一般
1998［H10］
★★★

処分の取消訴訟を提起できる者は、処分の取消しにつき「法律上の利益」を有する者でなければならないが、公衆浴場法の距離制限規定は、もっぱら顧客等の利益を守る公益規定であるから、そこから既存業者に生ずる利益は反射的利益にすぎず、近隣に新規の浴場が許可されても、既存業者はこれを争うことはできない。

Q40
国家一般
2014［H26］
★★★

取消訴訟における狭義の訴えの利益は、取消しにより確実に生ずることになる実体的利益であることが必要であり、同一の放送用周波の競願者に対する免許処分について、再審査の結果原告に免許が与えられる可能性があったとしても、競願者に対する免許が取り消されることにより確実に原告に免許が付与されるといえなければ、競願者に対する免許の取消しを求める利益は認められないとするのが判例である。

Q41
国家総合
1999［H11］
★★★

森林法は、地域住民は保安林の指定を申請し、指定解除に異議があるときは意見書を提示して公開の聴聞手続きに参加することができる旨の手続規定を置いているが、保安林指定およびその解除の処分は特定個人を名あて人とするものではないいわゆる一般処分であって、森林法の保護法益は森林の存続によって不特定多数者の受ける一般的利益にほかならないから、直接の利害関係を有する地域住民であっても、保安林の指定解除処分の取消しを求める原告適格は認められない。

Q42
国家一般
1998［H10］
★★★

航空機騒音の防止も航空法の目的に含まれるから、航空運送事業免許の審査に当たっては、申請事業計画を騒音障害の有無および程度の点からも評価すべきであり、新規路線免許により生じる航空機騒音によって、社会通念上著しい障害を受ける空港周辺住民には、免許の取消しを求める原告適格が認められる。

「公衆浴場法の距離制限規定は、もっぱら顧客等の利益を守る公益規定であるから、そこから既存業者に生ずる利益は反射的利益にすぎず、近隣に新規の浴場が許可されても、既存業者はこれを争うことはできない。」の部分が誤りです。**公衆浴場の営業について公衆浴場法によって営業規制が施されている場合、既存許可営業者は新規参入者に対する営業許可の取消しを求める法的利益（原告適格）を有します**（最判昭37・1・19）。

選択肢全体が誤りです。甲は放送局の開設免許の申請を郵政大臣丙に申請したところ、**放送局免許取得の競願者乙に免許が付与され、自己の申請を拒否された場合、甲は放送局**免許拒否処分の取消しを訴求するだけでなく、**乙に対する免許処分の取消しを訴求する訴えの利益**（**原告適格**）**も認められます**（最判昭43・12・24）［東京12チャンネル事件］。

選択肢全体が誤りです。**保安林の指定が違法に解除され、それによって自己の利益を害された場合、その者は、当該解除処分の取消しの訴えを提起する原告適格を有します**（最判昭57・9・9）［長沼ナイキ基地訴訟］。

飛行場の周辺に居住する住民は、新たに付与された定期航空運送事業免許の取消しを求めるにつき法律上の利益を有する者に該当します（最判平1・2・17）［新潟空港訴訟］。

Q43 国家総合 2001［H13］★★★

もんじゅ訴訟においては、周辺住民の原告適格を肯定したが、原告適格を有する住民の具体的な範囲については、一定の線引きをしないと対象となる住民の範囲が無限に広がりかねないことから、原子炉の設置、運転等に関する規則が設置許可申請書に周囲20キロメートルまでの地図の添付を求めていることなどを理由として、原子炉から半径20キロメートルの範囲内に居住する住民にのみ原告適格を認めた。

Q44 国家総合 1999［H11］★

都市計画法は都市の健全な発展と秩序ある整備を図り、もって国土の均衡ある発展と公共の福祉の増進に寄与することを立法趣旨として、公益一般を保護する目的に出たものであるから、同法に基づく開発許可の基準の中に、がけ崩れ等を防止するためにがけ面、擁壁等に施すべき措置について具体的に審査すべきことが含まれ、開発許可に係る開発区域内外の一定範囲の地域の住民が事実上の利益を得ることがあるとしても、それは「反射的利益」にすぎず、当該地域住民には開発許可の取消しを求める原告適格は認められない。

Q45 国家総合 2017［H29］★

地域森林計画の対象となっている民有林における開発行為の許可に関する森林法の規定は、砂の流出又は崩壊、水害等の災害による被害が直接的に及ぶことが想定される開発区域に近接する一定範囲の地域に居住する住民の生命、身体の安全等を個々人の個別的利益としても保護すべきものとする趣旨を含むものと解され、これらの災害による直接的な被害を受けることが予想される範囲の地域に居住する者は、当該規定に基づいてなされた開発許可の取消訴訟の原告適格を有する。

Q46 国家総合 2017［H29］★

建築基準法（平成4年法律第82号による改正前のもの）第59条の2第1項に基づくいわゆる総合設計許可に係る建築物の倒壊、炎上等により直接的な被害を受けることが予想される範囲の地域に存する建築物に居住する者は、当該総合設計許可の取消訴訟の原告適格を有するが、当該地域に存する建築物を所有するのみで、その建築物に居住していない者は、当該取消訴訟の原告適格を有しない。

選択肢全体が誤りです。原子炉設置許可処分の取消訴訟において、設置が予定される付近に居住する住民に当該訴訟の原告適格が認められています。そして、**原子炉から約29キロないし58キロメートルの範囲内に居住している住民**には、**原子炉設置許可処分の取消訴訟を提起する原告適格が認められています**（最判平4・9・22）［もんじゅ訴訟］。

「都市計画法は……公益一般を保護する目的に出たものであるから、……それは『反射的利益』にすぎず、当該地域住民には開発許可の取消しを求める原告適格は認められない。」の部分が誤りです。開発区域内の土地が、がけ崩れのおそれが多い土地等にあたる場合、**がけ崩れ等による直接的な被害を受けることが予想される範囲の地域に居住する者は、開発許可の取消しを求めるにつき法律上の利益を有する者にあたります**（最判平9・1・28）。

地域森林計画の対象となっている民有林における開発行為の許可に関する森林法の規定は、砂の流出又は崩壊、水害等の災害による被害が直接的に及ぶことが想定される開発区域に近接する**一定範囲の地域に居住する住民の生命、身体の安全等を個々人の個別的利益としても保護すべきものとする趣旨を含む**ものと解され、**土砂の流出または崩壊、水害等の災害による直接的な被害を受けることが予想される範囲の地域に居住する者は、開発許可の取消しを求めるにつき法律上の利益を有する者にあたります**（最判平13・3・13）。

「当該地域に存する建築物を所有するのみで、その建築物に居住していない者は、当該取消訴訟の原告適格を有しない。」の部分が誤りです。**総合設計許可に係る建築物の倒壊、炎上等により直接的な被害を受けることが予想される範囲の地域に存する建築物に居住し又はこれを所有する者は、総合設計許可の取消しを求める原告適格を有します**（最判平14・1・22）

Q47 国家専門 2013［H25］★★★

都市計画事業の認可の取消訴訟において、都市計画法は、騒音、振動等によって健康又は生活環境に係る著しい被害を直接的に受けるおそれのある個々の住民に対して、そのような被害を受けないという利益を個々人の個別的利益としても保護すべきものとする趣旨を含むと解されることから、都市計画事業の事業地の周辺に居住する住民のうち、同事業の実施により騒音、振動等による健康又は生活環境に係る著しい被害を直接的に受けるおそれのある者は、当該認可の取消しを求めるにつき法律上の利益を有し、原告適格が認められる。

Q48 国家総合 2010［H22］★★

都市計画法は、都市の健全な発展と秩序ある整備を図り、健康で文化的な都市生活及び機能的な都市活動を確保するなどの公益的見地から、都市計画施設の整備に関する事業の認可等を規制するにとどまり、都市計画事業の事業地周辺に居住する住民等が騒音・振動等によって健康又は生活環境に係る著しい被害を直接的に受けないという利益をこれら個々人の個別的利益としても保護すべきとする趣旨を含んではいないから、事業地の周辺に居住する者は、同法第59条第2項に基づく都市計画事業の認可の取消しを求める訴訟において原告適格を有しない。

Q49 国家総合 2017［H29］★★

自転車競技法（平成19年法律第82号による改正前のもの）に基づく設置許可がされた場外車券発売施設の設置、運営に伴い著しい業務上の支障が生じるおそれがあると位置的に認められる区域に文教施設又は医療施設を開設する者は、自転車競技法施行規則（平成18年経済産業省令第126号による改正前のもの）第15条第1項第1号のいわゆる位置基準を根拠として、当該許可の取消訴訟の原告適格を有する。

○

都市計画事業の事業地の周辺に居住する住民のうち事業が実施されることにより騒音、振動等による健康又は生活環境に係る著しい被害を直接的に受けるおそれのある者は、同事業の認可の取消を求める訴訟の原告適格を有します（最大判平 17・12・7）［小田急電鉄高架橋訴訟］。

×

選択肢全体が誤りです。都市計画事業の認可に関する都市計画法の規定が、事業地の周辺地域に居住する住民に対し、違法な事業に起因する騒音、振動等によってこのような健康又は生活環境に係る著しい被害を受けないという具体的利益を保護しようとするものと解される場合、**この具体的利益は、一般的公益の中に吸収解消させることは困難**です。したがって、**事業地の周辺に居住する者**は、都市計画法 59 条 2 項に基づく**都市計画事業の認可の取消しを求める訴訟において原告適格を有します**（最大判平 17・12・7）［小田急電鉄高架橋訴訟］。

自転車競技法（改正前のもの）4 条 2 項に基づく**設置許可がされた場外車券発売施設の周辺において文教施設又は医療施設を開設する者**は、**いわゆる位置基準を根拠として上記許可の取消訴訟の原告適格を有します**（最判平 21・10・15）。

ワンポイント

最判平 21・10・15 の判例は、場外車券発売施設の周辺において文教施設又は医療施設を開設する者は、場外車券発売施設許可の取消訴訟の原告適格を認めていますが、場外車券発売施設の周辺に居住する住民については、当該許可の取消訴訟の原告適格を認めていません。

●—原告適格を否定した判例

Q50
国家総合
1990［H2］
★

知事の市町村合併に関する処分は、関係住民の権利義務に関する直接の処分であるから、その関係住民は当該処分そのものの取消しを求める訴えの利益を有する。

Q51
国家総合
2011［H23］
★★

生活保護法の規定に基づき被保護者が国から生活保護を受けるのは、単なる国の恩恵ないし社会政策の実施に伴う反射的利益ではなく、保護受給権とも称すべき法的権利であり、相続性は否定されないと解されることから、生活保護処分に関する裁決の取消訴訟の係属中に被保護者が死亡した場合は、相続人はその訴訟を承継することができ、当該裁決の取消しを求める訴えの利益は消滅しない。

Q52
国家一般
1985［S60］
★★

町名は、住民の日常生活にとって密接な関係を有するものであるから、町名変更の決定に対して、区域内の住民はその取消しを求める訴えの利益を有する。

Q53
国家専門
2015［H25］
★★★

不当景品類及び不当表示防止法に基づく、商品表示に関する公正競争規約の認定について、一般消費者の個々の利益は、同法による公益の保護の結果として保護されるべきものであり、原則として一般消費者に不服申立人適格は認められないが、著しく誤認を招きやすい認定については、自己の権利若しくは法律上保護された利益を侵害され又は必然的に侵害されるおそれがあることから、一般消費者にも不服申立人適格が認められる。

Q54
国家専門
2016［H28］
★★★

地方鉄道業者に対する特別急行料金の改定の認可処分の取消訴訟において、当該業者の路線の周辺に居住し、通勤定期券を購入するなどして、その特別急行列車を利用している者は、当該処分によって自己の権利利益を侵害され又は必然的に侵害されるおそれのある者に当たるということができ、当該認可処分の取消しを求める原告適格を有する。

選択肢全体が誤りです。**知事の市町村合併に関する処分の取消しを求める法律上の利益（原告適格）を、当該関係住民は有しません**（最判昭30・12・2）。

「相続性は否定されないと解されることから、生活保護処分に関する裁決の取消訴訟の係属中に被保護者が死亡した場合は、相続人はその訴訟を承継することができ、当該裁決の取消しを求める訴えの利益は消滅しない。」の部分が誤りです。**生活保護の一部廃止処分に対する取消しの訴えが提起されたところ、訴訟係属中に原告が死亡した場合、相続人は当該訴訟を係属する訴えの利益を有しません**（最大判昭42・5・24）［朝日訴訟］。

選択肢全体が誤りです。**住民は居住地の町名が変更された場合、この取消を求める法的利益（原告適格）を有しません**（最判昭48・1・19）。

「著しく誤認を招きやすい認定については、自己の権利若しくは法律上保護された利益を侵害され又は必然的に侵害されるおそれがあることから、一般消費者にも不服申立人適格が認められる。」の部分が誤りです。**一般消費者**は、公正取引委員会による公正競争規約の認定につき不当景品類及び不当表示防止法（景表法）10条6項による**不服申立てをする法律上の利益を有する者ではありません**（最判昭53・3・14）［主婦連ジュース不当表示事件］。

「当該処分によって自己の権利利益を侵害され又は必然的に侵害されるおそれのある者に当たるということができ、当該認可処分の取消しを求める原告適格を有する。」の部分が誤りです。地方鉄道の路線の周辺に居住し、かつ日常、当該**地方鉄道の特別急行旅客列車を利用している者は、当該地方鉄道に対する特別急行料金改定認可処分の取消しを求める原告適格を有しません**（最判平1・4・13）［近鉄特急料金訴訟］。

Q55 国家一般 1998［H10］★★★

文化財保護法に基づく史跡の保存・活用から受ける個々人の利益は、同法の目的とする一般的、抽象的公益の中に吸収・解消されるものであるとはいえないから、当該史跡を研究の対象としてきた学術研究者には、当該史跡の指定解除処分の取消しを求める原告適格が認められる。

Q56 国家総合 2002［H14］★

都市計画法に基づく開発許可処分の取消しを求める利益は、訴訟の係属中に原告が死亡したとしても、開発行為によって起こり得るがけ崩れ等により侵害される生命、身体及び財産という利益のうち一身専属的でないものを相続する者が存在する限り、失われるものではない。

Q57 国家専門 2016［H28］★★★

風俗営業等の規制及び業務の適正化等に関する法律に基づく風俗営業許可処分の取消訴訟において、風俗営業制限地域は、当該地域における良好な風俗環境の保全を目的として指定されるものであり、同法は当該地域に居住する者の個別的利益をも保護することを目的としていることから、当該地域に居住する者は、当該風俗営業許可処分の取消しを求める原告適格を有する。

Q58 国家総合 2003［H15］★

墓地、埋葬等に関する法律に基づく墓地経営許可処分について、許可の要件について規定している都道府県条例が墓地の設置場所の基準として住宅から 300 メートル以上離れていることを定めている以上墓地から 300 メートルに満たない地域に敷地がある住宅に居住する者は、当該墓地の経営許可処分取消訴訟の原告適格を有する。

A55 ×

選択肢全体が誤りです。**文化財保護法に基づく史跡の保存・活用から受ける個々人の利益**は、同法の目的とする**一般的、抽象的公益の中に吸収・解消される**ものですから、**当該史跡を研究の対象としてきた学術研究者**には、**当該史跡の指定解除処分の取消しを求める法律上の利益（原告適格）は認められません**（最判平1・6・20）。

A56 ×

選択肢全体が誤りです。がけ崩れのおそれが多い土地の開発許可の取消訴訟を提起した、**開発区域周辺住民が死亡した場合、本件開発許可の取消しを求める法律上の利益**は、**同住民の生命、身体の安全等という一身専属的なものであり、相続の対象となるものではない**ため、**原告適格は承継されません**（最判平9・1・28）。

A57 ×

「同法は当該地域に居住する者の個別的利益をも保護することを目的としていることから、当該地域に居住する者は、当該風俗営業許可処分の取消しを求める原告適格を有する。」の部分が誤りです。風俗営業等の規制及び業務の適正化等に関する法律に基づく風俗営業許可処分の取消訴訟において、風俗営業制限地域は、当該地域における良好な風俗環境の保全を目的として指定されるものであり、**同法は当該地域に居住する者の個別的利益をも保護することを目的としていない**ため、**パチンコ屋の近隣地域に居住する者**は、**風俗（パチンコ屋）営業許可の取消しを求める原告適格を有しません**（最判平10・12・17）。

A58 ×

「住宅から300メートル以上離れていることを定めている以上、墓地から300メートルに満たない地域に敷地がある住宅に居住する者は、当該墓地の経営許可処分取消訴訟の原告適格を有する。」の部分が誤りです。**墓地から300メートルに満たない地域に敷地がある住宅等に居住する者**は、墓地、埋葬等に関する法律10条1項に基づいて大阪府知事のした**墓地の経営許可の取消しを求める原告適格を有しません**（最判平12・3・17）。

Q59
国家専門
2016［H28］
★★★

自転車競技法に基づく設置許可がされた場外車券発売施設から一定の距離以内の地域に居住する者は、当該施設の設置及び運営に起因して生じる善良な風俗及び生活環境に対する著しい被害を受けないという具体的利益を有しており、当該許可の取消しを求める原告適格を有する。

5 訴訟要件④－訴えの利益（狭義）

●―訴えの利益（狭義）を肯定した判例

Q60
国家一般
2012［H24］
★

同一の放送用周波の競願者に対する免許処分の取消訴訟において、当該免許の期間満了後直ちに再免許が与えられ、継続して事業が維持されている場合であっても、再免許といえども取消訴訟の対象となっていた免許が失効したのであるから、当該免許処分の取消しを求める訴えの利益は失われる。

選択肢全体が誤りです。自転車競技法（改正前のもの）4条2項に基づく設置許可がされた**場外車券発売施設の周辺に居住する者等**は、当該施設の設置及び運営に起因して生じる善良な風俗及び生活環境に対する**著しい被害を受けないという具体的利益を有していない**ため、いわゆる位置基準を根拠として**上記許可の取消訴訟の原告適格を有しません**（最判平21・10・15）。

ワンポイント

最判平21・10・15の判例は、場外車券発売施設の周辺に居住する住民については、当該許可の取消訴訟の原告適格を認めていませんが、場外車券発売施設の周辺において文教施設又は医療施設を開設する者は、場外車券発売施設許可の取消訴訟の原告適格を認めています。

「再免許といえども取消訴訟の対象となっていた免許が失効したのであるから、当該免許処分の取消しを求める訴えの利益は失われる。」の部分が誤りです。**同一の放送用周波の競願者に対する免許処分の取消訴訟**において、当該免許の期間満了後直ちに再免許が与えられ、継続して事業が維持されている場合であっても、**当該免許処分の取消しを求める訴えの利益は失われません**（最判昭43・12・24）［東京12チャンネル事件］。

ワンポイント

①甲が乙に対する免許処分の取消しを訴求する場合および自己に対する拒否処分の取消しを訴求する場合において、当該免許期間が満了しても乙が再免許を受けて免許事業を継続しているときは、甲の提起した訴訟の利益は失われません（最判昭43・12・24）［東京12チャンネル事件］。
②最判昭43・12・24の判例は、狭義の訴えの利益と原告適格の2つの論点があります。

Q61
国家一般
2012［H24］
★★

免職された公務員が免職処分の取消訴訟の係属中に死亡した場合には、もはや公務員としての地位を回復することはできず、また、免職処分の取消しによって回復される給料請求権は一身専属的な権利であるから、当該免職処分の取消しを求める訴えの利益は失われ、当該公務員の相続人の訴訟承継は認められない。

Q62
国家一般
2000［H12］
★★★

事業施行地域内の土地につき土地改良事業を施行することを認可する処分が取消された場合に、当該事業施行地域を事業施行以前の原状に回復することが、訴訟係属中に事業計画に係る工事及び換地処分がすべて完了したため、社会的、経済的損失の観点からみて社会通念上不可能であるときには、当該処分の取消しを求める法律上の利益は失われる。

Q63
国家一般
2012［H24］
★★

道路交通法に基づく運転免許証の更新処分において、一般運転者として扱われ優良運転者であることの記載のない免許証を交付された者は、交付された免許証が優良運転者であるか否かによって当該免許証の有効期間等が左右されるものではないから、優良運転者としての法律上の地位を否定されたことを理由として、当該更新処分の取消しを求める訴えの利益を有しない。

●—訴えの利益（狭義）を否定した判例

Q64
国家総合
1993［H5］
★★

特定日に予定された集団示威行動のための公会堂、公園使用に関する不許可処分については、その処分により実際に示威行動に使用できなくなったという不利益を生じさせたと考えられるため、当該日の経過によっても不許可処分の取消しを求める訴えの利益は失われない。

A61 ×

「免職処分の取消しによって回復される給料請求権は一身専属的な権利であるから、当該免職処分の取消しを求める訴えの利益は失われ、当該公務員の相続人の訴訟承継は認められない。」の部分が誤りです。**免職された公務員が免職処分の取消訴訟の係属中に死亡した場合、相続人は、取消判決によって回復される当該公務員の給料請求権等については、訴訟を承継できます**（最判昭 49・12・10）。

A62 ×

「事業施行地域内の土地につき土地改良事業を施行することを認可する処分が取消された場合に、……当該処分の取消しを求める法律上の利益は失われる。」の部分が誤りです。土地改良事業施行認可処分の取消訴訟中に、土地事業計画にかかる**工事および換地処分がすべて完了したため、これを原状回復することが、社会通念上、不可能である場合でも、社会的、経済的損失の事情は、行政事件訴訟法 31 条の適用（事情判決）に関して考慮されるべき事柄**であって、本件**認可処分の取消しを求める法律上の利益を消滅させるものではありません**（最判平 4・1・24）。

A63 ×

選択肢全体が誤りです。自動車等運転免許証の有効期間の更新にあたり、**一般運転者として扱われ、優良運転者である旨の記載のない免許証を交付されて更新処分を受けた者は、当該更新処分の取消しを求める訴えの利益を有します**（最判平 21・2・27）。

A64 ×

「当該日の経過によっても不許可処分の取消しを求める訴えの利益は失われない。」の部分が誤りです。**特定日に予定された集団示威行動**のための**公会堂、公園使用を不許可処分にした場合、当該日が経過すると、不許可処分の取消しを求める訴えの利益を有しません**（最大判昭 28・12・23）［皇居外苑使用不許可事件］。

自動車運転免許の効力停止処分を受けた者は、免許の効力停止期間を経過し、かつ、当該処分の日から無違反・無処分で1年を経過し、当該処分を理由に道路交通法上不利益を被るおそれがなくなったとしても、当該処分の記載のある免許証を所持することにより、名誉、信用等を損なう可能性があることから、当該処分の取消しによって回復すべき法律上の利益を有する。

Q 66
国家一般
2000 [H12]
★★★

保安林指定解除処分の取消しを求める付近住民の訴えについては、森林法の保護法益自体は一般的利益であるとしても、保安林の有する農業用水、飲料水の確保、洪水予防の効果として生じる利益は個別具体的なものであり、たとえ代替施設の設置によって洪水や渇水の危険が解消されたと認められたとしても、当該取消しを求める訴えの利益は失われない。

建築基準法に基づく建築確認には、それを受けなければ建築工事を行うことができないという法的効果が付与されているにすぎないから、当該工事が完了した場合には、建築確認の取消しを求める訴えの利益は失われるとするのが判例である。

「当該処分の記載のある免許証を所持することにより、名誉、信用等を損なう可能性があることから、当該処分の取消しによって回復すべき法律上の利益を有する。」の部分が誤りです。**自動車運転免許の効力停止処分を受けた者が、停止期間を経過し、かつ当該処分の日から無違反・無処分で１年を経過したとき**には、運転免許停止処分の記載のある免許証を所持することにより、名誉等を損なう可能性がありますが、**処分の本体たる効果が消滅した後**には、**当該処分の取消しを求める訴えの利益はありません**。なぜなら、名誉、感情、信用等を損なう可能性の存在が認められるとしても、それは本件原処分がもたらす事実上の効果にすぎないからです（最判昭 55・11・25）。

「たとえ代替施設の設置によって洪水や渇水の危険が解消されたと認められたとしても、当該取消しを求める訴えの利益は失われない。」の部分が誤りです。原告適格の基礎は、保安林指定解除処分に基づく立木竹の伐採に伴う理水機能の低下の影響を直接受ける点において保安林の存在による洪水や渇水の防止上の利益を侵害されているところにありますから、いわゆる**代替措置の設置によって洪水や渇水の危険が解消され、その防止上からは当該保安林の存続の必要性がなくなったとき**は、もはや**指定解除処分の取消しを求める訴えの利益は失われます**（最判昭 57・9・9）［長沼ナイキ基地訴訟］。

ワンポイント

最判昭 57・9・9 の判例は、狭義の訴えの利益と原告適格の２つの論点があります。

建築基準法に基づく建築確認には、それを受けなければ建築工事を行うことができないという法的効果が付与されているにすぎませんから、**建築確認の取消訴訟の係属中に建築工事が完了した場合、建築確認の取消しを求める訴えの利益はありません**（最判昭 59・10・26）。

Q68 国家総合 2002［H14］★

建築基準法に基づく建築確認の取消しを求める利益は、訴訟の係属中に建築工事が完了したが、工事完了検査を経た検査済証が交付されていないため、建築確認に係る行政監督権限を有する特定行政庁において当該建物が法令の基準に適合しないことを理由に違反是正命令を発する余地がある場合には、失われるものではない。

Q69 国家総合 2015［H27］★

本邦に在留する外国人が自らに対する再入国不許可処分につき取消訴訟を提起し、当該取消訴訟の係属中に同人が再入国許可を受けないまま、本邦から出国した場合、同人がそれまで有していた在留資格が消滅するところ、再入国の許可は本邦に在留する外国人に対して新たな在留資格を付与するものではないため、当該不許可処分が取り消されても、同人に対してそれまで有していた在留資格のままで再入国することを認める余地がなくなり、同人は当該不許可処分の取消しによって回復すべき法律上の利益を失う。

Q70 国家総合 2015［H27］★★

市町村が設置する保育所を廃止する旨の条例の制定行為について、当該保育所で保育を受けている児童又はその保護者が取消しを求める訴えを適法と解釈する場合には、たとえ当該児童らに係る保育の実施期間が全て満了しても、処分の取消判決や執行停止の決定に第三者効（行政事件訴訟法第 32 条）が認められている趣旨に照らし、当該条例制定行為の取消しを求める訴えの利益は消滅しない。

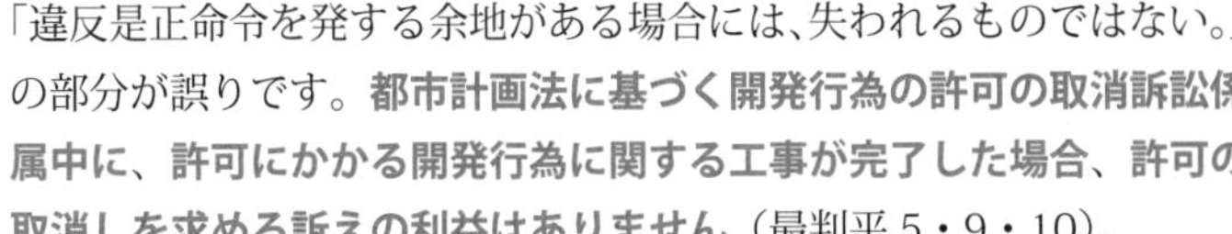

「違反是正命令を発する余地がある場合には、失われるものではない。」の部分が誤りです。**都市計画法に基づく開発行為の許可の取消訴訟係属中に、許可にかかる開発行為に関する工事が完了した場合、許可の取消しを求める訴えの利益はありません**（最判平5・9・10）。

再入国の許可申請に対する不許可処分を受けた者が再入国の許可を受けないまま本邦から出国した場合、再入国の許可は本邦に在留する外国人に対して新たな在留資格を付与するものではないため、当該不許可処分が取り消されても、同人に対してそれまで有していた在留資格のままで再入国することを認める余地がなくなり、**同人は当該不許可処分の取消しによって回復すべき法律上の利益を失います**（最判平10・4・10）［在日韓国人再入国不許可処分取消訴訟］。

「たとえ当該児童らに係る保育の実施期間が全て満了しても、処分の取消判決や執行停止の決定に第三者効（行政事件訴訟法第32条）が認められている趣旨に照らし、当該条例制定行為の取消しを求める訴えの利益は消滅しない。」の部分が誤りです。**市町村が設置する保育所を廃止する条例の制定行為について、保育を受けている児童又はその保護者**が、**当該保育所における保育の実施期間がすべて満了している場合には**、**当該条例の制定行為の取消しを求める訴えの利益を有しません**（最判平21・11・26）［横浜市立保育園廃止処分取消請求事件］。

●—処分後の事情の変更

Q71
特別区
2002［H14］
★★★

取消訴訟における訴えの利益は、処分の効果が期間の経過によりなくなった後には失われてしまうので、除名された議員が当該処分の取消しを求めて係争中にその任期が満了となった場合、一切認められない。

Q72
国家一般
1985［S60］
★★

自動車の運転免許が取り消されたことに対して、その取消処分の取消しの訴えを提起した場合において、訴訟係属中に運転免許の有効期間が経過したときであっても、訴えの利益は失われない。

6 訴訟要件⑤－被告適格等

Q73
国家一般
2010［H22］
★★★

平成16年の行政事件訴訟法改正により、処分をした行政庁が国又は公共団体に所属しない場合を除き、処分の取消しの訴えについては、処分をした行政庁ではなく、処分をした行政庁の所属する国又は公共団体を被告とすることとされた。これは、被告となるべき行政庁を特定する原告の負担を軽減するとともに、訴えの変更等の手続を行いやすくするためである。

Q74
国家一般
2014［H26］
★

国又は公共団体を被告として取消訴訟を提起する場合、原告は、訴状に処分又は裁決をした行政庁を記載するものとされている。他方、被告である国又は公共団体は、遅滞なく裁判所に対して処分又は裁決をした行政庁を明らかにしなければならないとされている

A 71 ×

「除名された議員が当該処分の取消しを求めて係争中にその任期が満了となった場合、一切認められない。」の部分が誤りです。**免職された公務員が、免職処分の取消訴訟係属中に公職の候補者として届出をしたため、法律上その職を辞したものとみなされるに至った場合、免職された公務員に訴えの利益は認められます**。なぜなら、当該公務員は、違法な免職処分さえなければ公務員として有するはずであった給料請求権その他の権利、利益につき裁判所に救済を求めるための必要な手段だからです（最大判昭 40・4・28）。

A 72 ○

自動車の運転免許の取消しに対して、その取消処分の取消しの訴えを提起したところ、訴訟係属中に運転免許の有効期間が経過した場合、訴えの利益は失われません（最判昭 40・8・2）。

A 73 ○

処分又は裁決をした行政庁が国又は公共団体に所属する場合には、取消訴訟は、**国又は公共団体を被告として提起しなければなりません**（11 条 1 項 1 号、2 号）。その立法趣旨は、被告となるべき行政庁を特定する原告の負担を軽減するとともに、訴えの変更等の手続を行いやすくするためです。

ワンポイント

①処分又は裁決があった後に当該行政庁の権限が他の行政庁に承継されたときは、当該他の行政庁を基準に、所属する国または公共団体を判断することになります（11 条 1 項柱書かっこ書）。

②処分又は裁決をした行政庁が国又は公共団体に所属しない場合には、取消訴訟は、当該行政庁を被告として提起しなければなりません（11 条 2 項）。たとえば、弁護士会が弁護士または弁護士法人に対して懲戒を行う場合（弁護士法 56 条）です。

A 74 ○

国又は公共団体を被告として取消訴訟を提起する場合、**原告**は、**訴状に処分又は裁決をした行政庁を記載し**、**被告である国又は公共団体**は、遅滞なく裁判所に対して**処分又は裁決をした行政庁を明らかにしなければなりません**（11 条 4 項・5 項）。

7 訴訟要件⑥－管轄裁判所

Q75
国家一般
2010［H22］
★★

平成 16 年の行政事件訴訟法改正により、取消訴訟は、原告の普通裁判籍の所在地を管轄する地方裁判所にも、提起することができることとされた。これは、原告の住所地に近い身近な裁判所で訴えを提起する可能性を広げ、取消訴訟をより利用しやすくするためである。

Q76
国家一般
2014［H26］
★★

高知県高知市にある国の出先機関 A が、徳島県徳島市在住の B から開示請求を受けた A 保有の行政文書について不開示の決定を行った場合、B は同決定の取消しを求めて出訴することができるが、被告となる国を代表して訴訟の遂行に当たるのは法務大臣とされていることから、その出訴することができる裁判所は、法務省の所在地を管轄する東京地方裁判所に限られることとなる。

8 訴訟要件⑦－出訴期間

Q77
国家一般
2010［H22］
★★★

平成 16 年の行政事件訴訟法改正により、取消訴訟の主観的出訴期間が、処分又は裁決があったことを知った日から 6 箇月に延長され、正当な理由があれば、当該期間を徒過しても訴えを提起することができることとされた。これにより、国民が取消訴訟を提起する機会が拡大することとなった。

×

「取消訴訟は、原告の普通裁判籍の所在地を管轄する地方裁判所にも、提起することができることとされた。」の部分が誤りです。国又は独立行政法人通則法に規定する独立行政法人を被告とする取消訴訟において、原告の普通裁判籍の所在地を管轄する**高等裁判所の所在地を管轄する地方裁判所（特定管轄裁判所）**にも、提起することができます（12条4項）。その立法趣旨は、被告である行政主体の所在地の裁判所に出訴することは、特に地方在住の原告に困難を強いることから、原告の便宜を図る必要があるためです。

ワンポイント

①取消訴訟は、被告の普通裁判籍の所在地を管轄する裁判所又は処分若しくは裁決をした行政庁の所在地を管轄する裁判所の管轄に属します（普通裁判籍）（12条1項）
②取消訴訟は、当該処分又は裁決に関し事案の処理に当たった下級行政機関の所在地の裁判所にも、提起することができます（特別裁判籍）（12条3項）。

×

「その出訴することができる裁判所は、法務省の所在地を管轄する東京地方裁判所に限られることとなる。」の部分が誤りです。国が被告となるので、東京地方裁判所に管轄権があります。さらに、処分庁は出先機関Aなので、高知地方裁判所にも管轄権があるため、**いずれの地方裁判所にも取消訴訟を提起することができます**（12条4項）。

取消訴訟は、**処分又は裁決があったことを知った日から6ケ月を経過したときは、提起することができません**（14条1項）。なお、6ケ月の出訴期間は不変期間ではなく、**正当な理由**があるときは、**6ケ月を経過しても提起することができる**ように、平成16年に行政事件訴訟法は、改正されました（14条1項但し書き）。

Q78
国家一般
1999［H11］
★★

出訴期間の起算日である「処分又は裁決があったことを知った日」とは、抽象的な知りうべかりし日をさすものであって、当事者が処分の存在を現実に知った日を意味するものではないとするのが判例である。

Q79
特別区
2012［H24］
★★★

取消訴訟は、処分又は裁決があったことを知った日から６か月を経過したとしても、正当な理由があれば提起することができるが、処分又は裁決があった日から１年を経過したときは、正当な理由があっても提起することができない。

Q80
国家一般
2006［H18］
★★

処分の取消しの訴えは、処分があったことを知った日から６箇月を経過したとき又は処分の日から１年を経過したときは、原則として提起することができないが、処分について審査請求があったときは、審査請求に対する裁決があったことを知った日から６箇月又は当該裁決の日から１年を経過するまで、処分の相手方は、自ら審査請求をしたか否かを問わず、処分の取消しの訴えを提起することができる。

Q81
国家一般
1999［H11］
★★★

出訴期間を設けるか否か、どの程度の長さにするかは立法上の裁量事項であるから、その期間が極めて短期に設定されたとしても憲法上問題はないとするのが判例である。

×

選択肢全体が誤りです。行政事件訴訟法 14 条 1 項、行政不服審査法 18 条 1 項等における「**処分のあったことを知った日**」とは、**当事者が処分の存在を現実に知った日**を指します。抽象的な知りうべかりし日を意味するものではありません（最判昭 27・11・20）。

ワンポイント

「処分のあったことを知った日」とは、現実に了知されたことを意味するのが原則ですが、名あて人が正当な理由なく処分書または裁決書の受領を拒否した場合には、現実に了知していなくても、「知った」ものと解してかまいません（最判昭 27・11・20）。

×

「処分又は裁決があった日から 1 年を経過したときは、正当な理由があっても提起することができない。」の部分が誤りです（14 条 2 項但し書き）。取消訴訟は、処分又は裁決の日から 1 年を経過したときでも、**正当な理由**があるときは、訴えを提起することができます（14 条 2 項但し書き）。

×

「処分の相手方は、自ら審査請求をしたか否かを問わず、処分の取消しの訴えを提起することができる。」の部分が誤りです。行政庁が**誤って審査請求をすることができる旨を教示**した場合において、審査請求があったときは、処分又は裁決に係る取消訴訟は、その審査請求をした者については、当該処分があったことを知った日から 6 ケ月を経過したとき又は当該裁決の日から 1 年を経過したときではなく、これに対する**裁決があつたことを知った日から 6 ケ月を経過したとき又は当該裁決の日から 1 年を経過したとき**は、提起することができません（14 条 3 項本文）。

×

「その期間が極めて短期に設定されたとしても憲法上問題はないとするのが判例である。」の部分が誤りです。出訴期間を設けるか否か、どの程度の長さにするかは立法政策上の問題ですが、**その期間が極めて短期に設定された場合**には、**憲法上の問題が生じます**（最大判昭 24・5・18）。

Q82 国家一般 1999［H11］★

出訴期間が経過すると行政処分は実体的に確定するから、どのような理由であっても、処分庁である行政庁は職権で当該行政処分を取り消すことはできないとするのが通説である。

Q83 国家一般 1999［H11］★

訴訟の提起後に訴えの変更をした場合には、変更後の新請求は新たな訴えの提起にはならないから、その訴えにつき出訴期間の制限があるときには、その出訴期間の遵守の有無は、常に訴えの変更の時が基準となるとするのが判例である。

9 訴訟要件⑧－教示

Q84 国家一般 2010［H22］★★

平成 16 年の行政事件訴訟法改正により、取消訴訟について教示制度が導入され、行政庁は、取消訴訟を提起することができる処分をする場合には、当該処分を口頭でする場合を除き、当該処分の相手方に対し、取消訴訟の被告とすべき者、取消訴訟の出訴期間、審査請求前置主義がとられているときはその旨を書面で教示しなければならないこととなった。他方、当該処分の相手方以外の者に対しては、原告適格が認められるとしても、これらの事項について教示することは義務付けられていない。

Q85 特別区 2007［H19］★★

行政庁は、法律に処分についての審査請求に対する裁決に対してのみ取消訴訟を提起できる旨の定めがある処分をするときは、処分を口頭でする場合を除き、相手方に対し法律にその定めがある旨を書面で教示しなければならない。

選択肢全体が誤りです。出訴期間が経過しても、処分庁である行政庁は職権で当該行政処分を取り消すことができます（通説）。

選択肢全体が誤りです。訴えの変更は、この訴えの提起につき出訴期間の制限がある場合には、特段の事情がある場合を除き、**この出訴期間の遵守の有無**は、**訴えの変更の時を基準**としてこれを決しなければなりません（最判昭 61・2・24）。

行政庁は、取消訴訟を提起することができる処分又は裁決をする場合には、当該処分又は裁決の相手方に対し、書面で教示しなければならない事項は３つあります。①当該処分又は裁決に係る取消訴訟の被告とすべき者、②当該処分又は裁決に係る取消訴訟の出訴期間、③法律に当該処分についての審査請求に対する裁決を経た後でなければ処分の取消しの訴えを提起することができない旨の定めがあるときは、その旨（審査請求前置主義）の３つです（46 条 1 項本文）。なお、**当該処分又は裁決の相手方に対し教示義務を定めている**のであって、当該処分の相手方以外の者に対しては、上記の事項について教示義務を定めていません。

行政庁は、**法律に処分についての審査請求に対する裁決に対してのみ取消訴訟を提起することができる旨の定めがある場合**において、当該処分をするときは、**当該処分の相手方**に対し、法律にその定めがある旨を、原則として、**書面で教示**しなければなりませんが、**当該処分を口頭でする場合**は、**必ずしも書面で教示しなければならないわけではありません**（46 条 2 項）。

10 本案審理①－審理の対象

Q86 国家一般 1983［S58］★★★

取消訴訟は、行政庁の羈束処分については提起することができるが、裁量処分については提起することができない。

Q87 特別区 2010［H22］★★★

行政庁の裁量処分については、政治的・政策的判断を含むので、裁量権の範囲を超えた場合であっても、裁判所がその処分を取り消すことはできない。

11 本案審理②－審理の方法

Q88 特別区 2002［H14］★★

取消訴訟の目的は、処分によって生じた違法状態の排除にあるので、当該処分時と判決時との間で法令の改正や事実状態の変動があった場合、その違法性の判断は判決時を基準として行わなければならない。

Q89 国家専門 1991［H3］★★★

行政事件訴訟法は直接公共の利益と関係するため客観的に適法かつ公正な結果が求められねばならないので、民事訴訟と異なり弁論主義が排除され、職権探知主義がとられている。

「裁量処分については提起することができない。」の部分が誤りです。私人は、取消訴訟において、行政庁の**羈束処分・羈束裁量処分**については提起することができます。また、**裁量処分**についても訴訟の提起はできます。

「裁量権の範囲を超えた場合であっても、裁判所がその処分を取り消すことはできない。」の部分が誤りです。行政庁の裁量処分の取消しを求める訴えが提起された場合は、裁判所は原則として、これを取り消すことができませんが、**当該処分につき裁量権の踰越または濫用があるときに限り、これを取り消すことができます**（30条）。

ワンポイント

取消訴訟においては、裁判所が行政庁による当該行政処分を自由裁量行為と判断した場合には、積極的な司法審査を行うことができません。なぜなら、行政庁が第一次的に事実認定、法の解釈適用を行うため、裁判所は、行政庁の第一次判断権を尊重しなければならないからです。したがって、行政庁に裁量権の踰越または濫用があった場合に限り、司法審査を行い、その処分を取り消すことができます（30条）。

「その違法性の判断は判決時を基準として行わなければならない。」の部分が誤りです。**処分時と判決時との間で法令の改正や事実状態の変動があった場合、その違法性の判断**は、判決時ではなく、**行政処分が行われた時（処分時説）です**（最判昭27・1・25）。

「民事訴訟と異なり弁論主義が排除され、職権探知主義がとられている。」の部分が誤りです。「**弁論主義**」とは、**裁判の基礎となる訴訟資料の収集および主張は、当事者が自らの判断と責任の下で行うことをいいます。取消訴訟では、原則として弁論主義を採っています。**

Q90 国家一般 2000［H12］ ★

取消訴訟においては、公益の実現のために発動される行政行為が適法になされているかどうかという公益に関係することが問題となっているので、弁論主義の適用は制限されており、相手方の主張する自己に不利益な事実を認める陳述（自白）については裁判所はこれに反する認定をすることができないという民事訴訟の原則は、取消訴訟には適用されないと解するのが通説である。

Q91 国家一般 2008［H20］ ★

裁判所は、当事者の主張する事実について職権で証拠調べを行う必要があると認める場合には、これを行わなければならず、さらに、裁判所は、当事者の意見をきいた上で、当事者が主張しない事実をも探索して、判断の資料とすることもできる。

Q92 特別区 2010［H22］ ★★

裁判所は、必要があると認めるときは、職権で証拠調べをすることができるが、その証拠調べの結果について当事者の意見を聞く必要はない。

Q93 国家一般 2000［H12］ ★

行政事件訴訟法は裁判所に職権証拠調べを義務付けているから、裁判所は、証拠につき十分な心証を得た場合であっても、職権によって更に証拠を調べ、確信を得たことを示す必要があるとするのが判例である。

Q94 特別区 2012［H24］ ★★★

裁判所は、取消訴訟の審理において必要があると認めるときは、職権で証拠調べをすることができ、この証拠調べには、当事者が主張しない事実まで裁判所が職権で証拠の収集を行う職権探知が認められている。

×

「相手方の主張する自己に不利益な事実を認める陳述（自白）については裁判所はこれに反する認定をすることができないという民事訴訟の原則は、取消訴訟には適用されないと解するのが通説である。」の部分が誤りです（通説）。**取消訴訟において、相手方の主張する自己に不利な事実を認める陳述、つまり自白について、裁判所はこれに反する認定をすることはできません**（通説）。

A 91

×

選択肢全体が誤りです。**職権証拠調べ**とは、裁判所は、ある事実について争いがあって当事者が適切に立証活動をしないときは**自ら証拠を収集すること**をいいます。**職権証拠調べ**は、民事訴訟にはない、**取消訴訟の大きな特色です**。**裁判所**は、必要があると認めるときは、**職権**で、証拠調べをしなければならないのではなく、**証拠調べをすることができます**（24条）。そして、その証拠調べの結果について、**当事者の意見をきかなければなりません**（24条）。

A 92

×

「その証拠調べの結果について当事者の意見を聞く必要はない。」の部分が誤りです。**裁判所**は、必要があると認めるときは、職権で、証拠調べをすることができます。その結果について、**当事者の意見をきかなければなりません**（24条）。

A 93

×

「職権によって更に証拠を調べ、確信を得たことを示す必要があるとするのが判例である。」の部分が誤りです。**裁判所**は、証拠につき十分な心証を得た場合であれば、**職権によってさらに証拠を調べ、確信を得たことを示す必要はありません**（最判昭28・12・24）。

A 94

×

「この証拠調べには、当事者が主張しない事実まで裁判所が職権で証拠の収集を行う職権探知が認められている。」の部分が誤りです。**裁判所**は、必要とあれば当事者の主張しない事実も取り上げ証拠も自ら収集するという**職権探知主義は採られていません**（**職権探知主義の否定**）（最判昭28・12・24）。

Q 95
国家専門
2006［H18］
★★

行政上の法律関係は、直接公共の利益にかかわり、客観的に適法かつ公正な結果が求められるので、事案の適正な解決を図るため、裁判所には職権で証拠調べをする義務があり、当事者の自白は裁判所の事実認定を拘束しないとするのが判例である。

Q 96
国家一般
1980［S55］
★★

行政事件訴法における審理の手続は、簡易迅速な処理のため、口頭弁論主義でなく、書面審理主義が採られている。

Q 97
国家一般
2000［H12］
★★

処分の取消しを請求する取消訴訟については、その審理の促進を図らなければならないので、当該請求に関連する請求に係る訴訟と併合して審理することはできない。

「裁判所には職権で証拠調べをする義務があり、当事者の自白は裁判所の事実認定を拘束しないとするのが判例である。」の部分が誤りです。**職権証拠調べ**は、**裁判所の権限であって義務ではありません**（最判昭 28・12・24）。

ワンポイント

①職権証拠調べの規定は、取消訴訟以外の抗告訴訟、当事者訴訟、民衆訴訟、機関訴訟、および民事訴訟である争点訴訟にも準用されています（38 条 1 項・41 条 1 項・43 条・45 条）。

②訴訟手続きの進行については、裁判所に主導権が与えられています（職権進行主義）。

③**裁判所**は、**訴訟関係を明瞭にするため**、必要があると認めるときは、**被告である国若しくは公共団体に所属する行政庁**又は**被告である行政庁**に対し、①**処分又は裁決の内容**、②**処分又は裁決の根拠となる法令の条項**、③**処分又は裁決の原因となる事実**、④**その他処分又は裁決の理由を明らかにする資料**（次項に規定する審査請求に係る事件の記録を除く。）であって**当該行政庁が保有するものの全部又は一部の提出を求めることができます**（**釈明処分の特則**）（23 条の 2 第 1 項）。

④裁判所の釈明処分に行政庁が従わない場合、これに対する制裁規定はありません。但し、正当な理由なしに釈明処分に従わなければ、事実上、裁判官の心証形成の面で不利に働きます。

選択肢全体が誤りです。行政事件訴訟における審理の手続は、**原則として、口頭弁論主義を採り、補充的に書面審理主義を採用しています。**

「当該請求に関連する請求に係る訴訟と併合して審理することはできない。」の部分が誤りです（16 条）。**取消訴訟**には、**関連請求に係る訴えを併合することができます**（16 条請求の「客観的併合」）。

Q98 国家一般 2016［H28］ ★★

原子炉施設の安全性に関する被告行政庁の判断の適否が争われる原子炉設置許可処分の取消訴訟における裁判所の審理及び判断は、原子力委員会等の専門技術的な調査審議及び判断を基にしてされた被告行政庁の判断に不合理な点があるか否かという観点から行われるべきであり、許可処分が行われた当時の科学技術水準に照らして行うべきであるとするのが判例である。

Q99 国家専門 2006［H18］ ★★

行政庁の裁量に任された行政処分の無効確認を求める訴訟においては、その無効確認を求める者において、行政庁による裁量権の行使がその範囲を超え、又は濫用にわたるため当該行政処分が違法であり、かつ、その違法が重大かつ明白であることを主張及び立証することを要するとするのが判例である。

12 訴訟参加

第三者の訴訟参加

Q100 特別区 2010［H22］ ★★

裁判所は、処分又は裁決をした行政庁以外の行政庁を訴訟に参加させることが必要である場合には、当事者又は行政庁の申立てがなければ、その行政庁を訴訟に参加させることができない。

Q101 国家一般 2006［H18］ ★★

裁判所は、訴訟の結果により権利を害される第三者があるときは、当事者若しくはその第三者の申立てにより又は職権で、決定をもって、その第三者を訴訟に参加させることができるが、当該決定をするに当たっては、あらかじめ、当事者及び第三者の意見をきく必要はない。

「許可処分が行われた当時の科学技術水準に照らして行うべきであるとするのが判例である。」の部分が誤りです。**原子炉施設の安全性**に関する被告行政庁の判断の適否が争われる**原子炉設置許可処分の取消訴訟における裁判所の審理及び判断**は、被告行政庁（改正後は、被告は行政主体）の判断に不合理な点のないことを相当の根拠、資料に基づき主張、立証する必要があり、**その判断**は、許可処分が行われた当時の科学技術水準ではなく、**現在の科学技術水準**に基づかなければなりません（最判平4・10・29）［伊方原発訴訟］。

行政庁の裁量に任された処分の無効確認を求める訴訟においては、その無効確認を求める者が、**行政庁の裁量権の行使がその範囲を超え、又は濫用にわたる違法な処分であり、その違法が重大かつ明白であることまで主張・立証する必要**があります（最判昭42・4・7）。行政処分に重大かつ明白な瑕疵が存在することの主張立証責任は、無効等確認訴訟を提起する者が負うということです。

「当事者又は行政庁の申立てがなければ、その行政庁を訴訟に参加させることができない。」の部分が誤りです。**裁判所**は、**訴訟の結果により権利を害される第三者があるときは**、当事者若しくはその第三者の申立てにより又は職権で、決定をもって、**その第三者を訴訟に参加させることができます**（22条1項）。

「当該決定をするに当たっては、あらかじめ、当事者及び第三者の意見をきく必要はない。」の部分が誤りです。**裁判所**は、**決定をもって、その第三者を訴訟に参加**させる場合、「当該決定をするに当たっては、あらかじめ、当事者及び第三者の意見をきく必要」があります（22条2項）。

Q102
国家一般
2000［H12］
★★★

裁判所は、取消訴訟の判決の結果により権利を害される第三者がある場合は、当事者若しくはその第三者の申立てにより又職権で、その第三者を訴訟に参加させることができるが、被参加人だけで控訴を取り下げたときには、これによって当該控訴は当然効力を失う。

Q103
国家専門
1997［H9］
★

処分を取り消す判決によって権利を害された第三者が、自己の責めに帰することのできない理由で訴訟に参加できなかったため判決に影響を及ぼすべき攻撃または防御の方法を提出することができなかった場合には、その取消判決はその第三者に対する限りにおいて効力を有しない。

13 行政庁の訴訟参加

Q104
特別区
2010［H22］
★

裁判所は，処分又は裁決をした行政庁以外の行政庁を訴訟に参加させることが必要である場合には，当事者又は行政庁の申立てがなければ，その行政庁を訴訟に参加させることができない。

14 執行停止

●─執行停止全般

国家専門
1991［H3］
★★★

処分の取消しの訴えが提起された場合、処分の効力・処分の執行または手続きの続行は停止されるが、裁判所は決定をもって処分の全部または一部についてこれを続行させることができる。

×

「被参加人だけで控訴を取り下げたときには、これによって当該控訴は当然効力を失う。」の部分が誤りです。**裁判所が、第三者を訴訟に参加させた後に、被参加人だけで控訴を取り下げたときにも、これによって当該控訴は当然効力を失うわけではありません**（最判昭 40・6・24）。

×

「その取消判決はその第三者に対する限りにおいて効力を有しない。」の部分が誤りです。**権利を害された第三者は**、**確定の終局判決に対し、再審の訴えをもって、不服の申立てをすることができます**（34 条）。そして、**不服申し立てが認められてはじめて**、**取消判決は第三者に効力を及ぼさなくなります**。

×

「当事者又は行政庁の申立てがなければ，その行政庁を訴訟に参加させることができない。」の部分が誤りです。**裁判所**は、処分又は裁決をした**行政庁以外の行政庁を訴訟に参加させることが必要であると認めるときは**、**当事者若しくはその行政庁の申立て**により又は**職権**で、決定をもって、その行政庁を訴訟に参加させることができます（23 条 1 項）。

選択肢全体が誤りです。**処分の取消しの訴えの提起**は、**処分の効力、処分の執行又は手続の続行を妨げません**（**執行不停止の原則**）（25 条 1 項）。

Q106
国家専門
1998［H10］
★★

行政行為に対する取消訴訟の提起は、当該行政行為の効力、執行、手続きの進行を妨げないのが原則であるが、取消訴訟の原告は、その権利利益を暫定的に保全するため、裁判所に対して執行停止または仮処分の申立てをすることができる。

Q107
特別区
2015［H27］
★★

執行停止が認められるには、公共の福祉に重大な影響を及ぼすおそれがないとき、又は本案について理由がないとみえないときという積極的要件を満たす必要はあるが、取消訴訟や無効等確認訴訟が係属している必要はない。

Q108
国家一般
1992［H4］
★★

執行停止は処分の取消しの訴えの原告の申立てによってなされるほか、当該訴えが係属する裁判所の職権によってもなされる。

Q109
特別区
2020［R2］
★★

裁判所は、処分の取消しの訴えの提起があった場合において、申立てにより、執行停止の決定をするときは、あらかじめ、当事者の意見をきく必要はなく、口頭弁論を経ないで、当該決定をすることができる。

Q110
特別区
2015［H27］
★★

裁判所は、処分の執行又は手続の執行の停止によって、仮の救済の目的を達することができる場合であっても、申立人の権利利益保護のために、処分の効力の停止をすることができる。

「取消訴訟の原告は、その権利利益を暫定的に保全するため、裁判所に対して執行停止または仮処分の申立てをすることができる。」の部分が誤りです。**行政庁の処分その他公権力の行使に当たる行為**については、**執行停止制度とともに民事保全法に規定する仮処分をすることができません**（44条）。

「取消訴訟や無効等確認訴訟が係属している必要はない。」の部分が誤りです。民事保全法に規定する仮処分においては、本案の訴訟提起前の仮処分が認められますが、**執行停止制度**においては、**本案の訴訟提起前の執行停止の申立ては認められません**。したがって、本案の訴訟が提起されても、本案の訴訟が訴訟要件を欠いて不適法であれば、執行停止の申立てもできないことになります。

ワンポイント

処分の取消しの訴えの提起があった場合において、処分、処分の執行又は手続の続行により生ずる重大な損害を避けるため緊急の必要があるときは、裁判所は、申立て又は**職権により**、決定をもって、処分の効力、処分の執行又は手続の続行の全部又は一部の停止（執行停止）をしなければならないのではなく、**することができます**（25条2項本文）。

「当該訴えが係属する裁判所の職権によってもなされる。」の部分が誤りです。**執行停止**は、**原告の申立てを前提とするのであって、裁判所の職権により執行停止を行うことはできません**。

「あらかじめ、当事者の意見をきく必要はなく、」の部分が誤りです。**執行停止の決定**は、**口頭弁論を経ないですることができます**。ただし、**あらかじめ、当事者の意見をきかなければなりません**（25条6項）。

選択肢全体が誤りです。処分の効力の停止は、処分の執行又は手続の続行の停止によって目的を達することができる場合には、することができません（25条2項但し書き）。

Q111
特別区
2007［H19］
★★

裁判所は、処分の取消訴訟が提起され、その処分により生じる回復の困難な損害を避けるために必要があるときは処分の効力を停止できるが、当該損害が生じるか否かを判断する場合に、その損害の性質や程度を勘案する必要はない。

Q112
国家総合
2014［H26］
★

弁護士に対する業務停止 3 か月の懲戒処分の執行停止が争われた事案において、最高裁判所は、当該事案の事実関係の下においては、行政事件訴訟法第 25 条第 3 項所定の事由を考慮し勘案して、当該懲戒処分によって当該弁護士に生ずる社会的信用の低下、業務上の信頼関係の毀損等の損害が同条第 2 項に規定する「重大な損害」に当たることを肯定した。

Q113
国家一般
2003［H15］
★★

執行停止決定は、既になされた行政処分の将来に向かっての執行を停止する効力を有するのみならず、行政処分そのものの効果を例外なく遡及的に失わせる効力も有するが、取消判決とは異なり第三者に対しては効力を有しないものとされている。

Q114
国家専門
2020［R2］
★★

執行停止の効果は遡及効を持つため、執行停止決定により農地買収計画に基づく買収手続の進行が停止した場合、既に執行された買収手続の効果も失われ、買収された農地の元所有者はその所有権を回復するとするのが判例である。

Q115
国家一般
2003［H15］
★

免許申請拒否処分については、当該処分の執行停止の決定をしたとしても、免許が与えられた場合と同様の状態を作り出すことにはならず、また、行政庁に当該免許申請に係る審査義務が生ずるわけではないことから、損害を避けるための有効な手段とはならず、執行停止の申立ての利益はない。

×

「当該損害が生じるか否かを判断する場合に、その損害の性質や程度を勘案する必要はない。」の部分が誤りです。**裁判所**は、執行停止をするに際し、重大な損害を生ずるか否かを判断するに当たっては、**損害の回復の困難の程度を考慮するものとし、損害の性質及び程度並びに処分の内容及び性質をも勘案するものとします**（25条3項）。

A112 ○

弁護士に対する業務停止3月の懲戒処分による社会的信用の低下、業務上の信頼関係の毀損等の損害は、行政事件訴訟法25条2項にいう「**重大な損害**」**にあたります**（最判平19・12・18）。

×

選択肢全体が誤りです。**執行停止の効果**は、処分時に遡らず、**将来に向かってのみ生じます**（最判昭29・6・22）。また、**執行停止の効果は、第三者にも及びます**。なぜなら、取消判決の第三者効の規定が準用されているからです（32条2項）。

ワンポイント

執行停止決定にも拘束力が認められています（33条4項）。

A114 ×

選択肢全体が誤りです。前問の解説A113を参照してください（最判昭29・6・22）。

○

免許申請拒否処分について、執行停止の申し立てに基づく、**裁判所による執行停止**は、**消極的に拒否処分の執行が停止されるという効果が生じるにすぎず**、それ以上に積極的に免許付与の状態をつくり出すものではありません。また、**行政庁に当該免許申請に係る審査義務が生ずるわけではない**ことから、重大な損害を避けるための有効な手段とはならず、執行停止の申立ての利益はありません。

国家一般
1992［H4］
★★★

執行停止の決定が確定した後に、その理由が消滅した場合は、相手方の申立てがなくとも、裁判所は執行停止の決定を取り消さなければならない。

内閣総理大臣の異議

特別区
2012［H24］
★★

処分の執行停止の申立てがあった場合には、内閣総理大臣は、裁判所に対し、理由を付して異議を述べることができ、この場合、裁判所は、当該異議の内容上の当否を実質的に審査することができず、執行停止をすることができない。

国家一般
2003［H15］
★

内閣総理大臣は、やむを得ない場合に限り、執行停止に関して異議を述べることができるが、当該異議を述べたときは、事後に国会の承諾を得なければならず、承諾を得られなかった場合にも、当該異議はなかったものとされる。

「裁判所は執行停止の決定を取り消さなければならない。」の部分が誤りです。執行停止の決定が確定した後に、その理由が消滅し、その他事情が変更したときは、裁判所は、**相手方の申立て**により決定をもって、**執行停止の決定を取り消すことができます**（26条）。しかし、裁判所は、**職権**により、決定をもって、**執行停止の決定を取り消すことはできません**。

執行停止の申立てがあった場合に、**内閣総理大臣**が、**裁判所に対し**、**異議を述べた場合**、**裁判所**は、**執行停止をすることができず**、また、**すでに執行停止の決定をしているときは**、**これを取り消さなければなりません**（27条4項）。

ワンポイント

①執行停止の申立てがあった場合には、内閣総理大臣は、裁判所に対し、異議を述べるとともに、執行停止の決定があった後においても、異議を述べることができます（27条1項）。
②内閣総理大臣が異議を述べる際の理由の内容は、内閣総理大臣は、処分の効力を存続し、処分を執行し、又は手続を続行しなければ、公共の福祉に重大な影響を及ぼすおそれのある事情です（27条3項）。
③内閣総理大臣は、やむをえない場合でなければ、裁判所に異議を述べてはならず、また、異議を述べたときは、次の常会において国会にこれを報告しなければなりません（27条6項）。

「承諾を得られなかった場合にも、当該異議はなかったものとされる。」の部分が誤りです。**内閣総理大臣が異議を述べた後にこれを国会に報告したが**、**国会の承諾を得られなかった場合にも**、**当該異議の効力に影響はありません**。

Q 119
国家専門
2020［R2］
★★★

執行停止の申立て又は決定があった場合、内閣総理大臣は、裁判所に対し、異議を述べることができ、当該異議には原則として理由を付さなければならないが、やむを得ず理由を付すことができないときは、次の常会において国会に当該理由を報告しなければならない。

15 取消訴訟の判決

●―判決の種類

Q 120
国家一般
2013［H25］
★★★

取消訴訟において、いわゆる事情判決により請求を棄却する場合には、裁判所は、判決の主文において、処分又は裁決が違法であることを宣言しなければならず、審査請求においても、いわゆる事情裁決により審査請求を棄却する場合には、審査庁は、裁決で、処分が違法又は不当であることを宣言しなければならない。

Q 121
国家専門
2003［H15］
★

裁判所は、相当と認めるときは、終局判決前に判決をもって処分又は裁決が違法であることを宣言することができ、これにより処分の違法性が終局的に確定するため、中間違法宣言判決がなされた場合には、行政事件訴訟法の規定により、行政庁は当然に損害賠償義務を負う。

●―判決の効力

Q 122
国家専門
1993［H5］
★★★

取消判決の「形成力」とは、請求につき裁判所が下した判決内容が確定し、訴訟当事者の間で当該事項につき再び紛争を蒸し返せなくなる効力のことをいう。

✕

「当該異議には原則として理由を付さなければならないが、やむを得ず理由を付すことができないときは、次の常会において国会に当該理由を報告しなければならない。」の部分が誤りです。**内閣総理大臣**は、**やむを得ない場合**でなければ**異議を述べてはなりません。異議を述べるときは必ず理由を附さなければなりません。**（27条6項参照）。**執行停止の申立て**があった場合には、**内閣総理大臣**は、**裁判所**に対し、**異議を述べるには、理由を附さなければなりません**（27条2項）。

○

「**事情判決**」とは、**処分又は裁決が違法**ではあるが、これを取り消すことにより公の利益に著しい障害を生ずる場合において、一切の事情を考慮したうえ、処分又は裁決を取り消すことが公共の福祉に適合しないと認めるときは、裁判所は、**請求を棄却**することができる判決をいいます（31条1項）。この場合には、当該判決の主文において、**処分又は裁決が違法であることを宣言**しなければなりません。

✕

「処分の違法性が終局的に確定するため、中間違法宣言判決がなされた場合には、行政事件訴訟法の規定により、行政庁は当然に損害賠償義務を負う。」の部分が誤りです。**中間違法宣言判決がなされた場合に、行政庁は当然に損害賠償義務を負うわけではありません。**

ワンポイント

裁判所は、相当と認めるときは、終局判決前に、判決をもって、違法であることを宣言することができます（中間違法宣言判決）（31条2項）。

✕

選択肢全体が誤りです。本選択肢は、「**形成力**」ではなく、「**既判力**」の定義です。「**既判力**」とは、取消訴訟についての**裁判内容が確定した場合**、その後、同一内容事項について、訴訟で問題になっても、訴訟当事者の間では**当該事項について再び紛争をむし返せなくなり、裁判所もこれに抵触する裁判ができなくなる効力**をいいます。

Q123 取消訴訟において請求棄却の判決が下された場合には、行政庁もその判決に拘束され、処分の職権取消しをすることが一切できなくなる。

国家専門
1990［H2］
★★

Q124 不許可処分の取消訴訟において、その取消しを命じる判決が確定した場合には、行政庁がその処分を取り消すまでもなく、許可がなされたのと同じ効果が生じる。

国家一般
2002［H14］
★★

Q125 申請の拒否処分の取消訴訟を提起して取消判決を得た場合には、当該訴訟を提起した申請者は、改めて申請することなく、当該申請に対する応答を受けることができる。

国家一般
2011［H23］
★★

Q126 申請の拒否処分の取消訴訟において、当該処分の理由付記が不備であるとして取消判決がなされた場合であっても、当該処分をした行政庁は、判決の趣旨に従い、適法かつ十分な理由を付記して、当該申請について再び拒否処分をすることができる。

国家一般
2011［H23］
★★

Q127 行政処分がなされると、それを前提に事実関係、事実状態が積み重ねられ、既に存在しているこれらを保護する必要があることから、取消判決が確定した場合には、取り消された行政処分の効力は将来に向かってのみ消滅し、遡及的には消滅しない。

国家一般
2002［H14］
★★

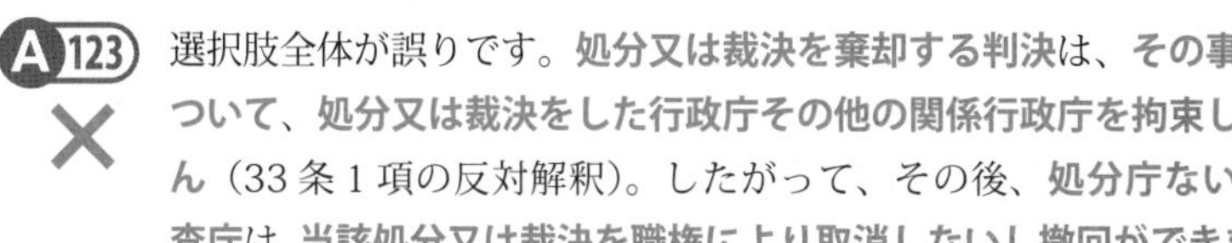

A 123 ×

選択肢全体が誤りです。**処分又は裁決を棄却する判決**は、**その事件について、処分又は裁決をした行政庁その他の関係行政庁を拘束しません**（33条1項の反対解釈）。したがって、その後、**処分庁ないし審査庁**は、**当該処分又は裁決を職権により取消しないし撤回ができます。**

A 124 ×

「行政庁がその処分を取り消すまでもなく、許可がなされたのと同じ効果が生じる。」の部分が誤りです。**申請を却下し若しくは棄却した処分**又は**審査請求を却下し若しくは棄却した裁決**が**判決により取り消されたとき**は、その処分又は裁決をした行政庁は、判決の趣旨に従い、**改めて申請に対する処分**又は**審査請求に対する裁決**をしなければなりません（33条2項）。

A 125 ○

申請の拒否処分の取消訴訟を提起して取消判決を得た場合には、取消判決の拘束力が生じるため、**当該訴訟を提起した申請者**は、**改めて申請することなく、当該申請に対する応答を受けることができます。**なぜなら、行政庁は、判決の趣旨に従った処分その他の行為をなす義務が課されるからです（通説）。

A 126 ○

申請の拒否処分の取消訴訟において、**当該処分の理由付記が不備**であるとして**取消判決**がなされた場合、**当該処分をした行政庁**は、**判決の趣旨に従い、適法かつ十分な理由を付記して、当該申請について再び拒否処分をすることができます。**なぜなら、取消判決の拘束力は、再び同一処分をすることを一切禁止するものではないからです（通説）。

ワンポイント

取消判決の拘束力の規定は、他の抗告訴訟、当事者訴訟に準用されています。

A 127 ×

「取消判決が確定した場合には、取り消された行政処分の効力は将来に向かってのみ消滅し、遡及的には消滅しない。」の部分が誤りです。原告の請求を**認容する判決**（**取消判決**）が下された場合に、**当該行政処分の効力が遡及的に消滅し、初めから当該処分がなかった効果を発生させる**ものを「**形成力**」といいます。この形成力が生じると、新たな行政庁による取消しの手続は不要となります。

取消判決が確定した場合でも、その判決の効力が訴訟の当事者以外の第三者に及ぶとすると当該第三者の利益が害されるおそれがあるから、原告は、取消判決の効力を被告行政庁（改正後は被告行政主体）に主張し得るのみで、当事者以外の第三者にその効力を主張することはできない。

判決以外の効力

取消訴訟においては、公益の実現のために発動される行政行為が適法になされているかどうかという公益に関係することが問題となるから、原告は、いったん訴えを提起した以上、裁判所の許可なく当該訴えを取り下げることはできない。

A 128 ×

選択肢全体が誤りです。**取消判決があると形成力により行政処分の効力が消滅し、その形成力の効果は**、**第三者にも及びます**（32条1項）（第三者効）。

第三者効は、執行停止の決定又はこれを取り消す決定に準用されます（32条2項）。

A 129 ×

「原告は、いったん訴えを提起した以上、裁判所の許可なく当該訴えを取り下げることはできない。」の部分が誤りです。**原告は**、**判決が確定するまでは訴えを取り下げることができ、それにより訴訟は終了します（処分権主義）。この場合、裁判所の許可は不要です。**

ワンポイント

原告は、請求の放棄・認諾、裁判上の和解により、訴訟を終了させることができます（通説）。

(3)主観訴訟：抗告訴訟②
―無効等確認訴訟

1 総説

Q1
特別区
2016［H28］
★★★

無効等確認の訴えは、処分若しくは裁決の存否又はその効力の有無の確認を求める訴訟をいい、行政事件訴訟法に抗告訴訟として位置付けられており、取消訴訟と同様に出訴期間の制約がある。

Q2
国家一般
2016［H28］
★★

行政事件訴訟法において、取消訴訟とは別に無効等確認訴訟の訴訟類型が特に定められていることから、無効等確認訴訟で無効原因に当たる瑕疵を主張する必要があり、取消訴訟で当該瑕疵を主張したとしても、当該取消訴訟では審理することができない。

Q3
国家一般
2016［H28］
★★

無効等確認訴訟と取消訴訟とは、行政処分の瑕疵が無効原因に当たるか取消原因に当たるかの違いにすぎないことから、行政事件訴訟法において、無効等確認訴訟の原告適格については、取消訴訟の原告適格の規定が準用されている。

Q4
国家一般
2003［H15］
★★

行政事件訴訟法の規定する無効等確認訴訟においては、法律による行政の原理に違反している状態を可及的速やかに是正し、適法性を回復する機能が特に重視されているから、処分の違法性が重大かつ明白である場合には、原告が処分の無効を確認することについて「法律上の利益を有する者」であることは必要ではなく、取消訴訟の場合と比べ原告適格は広く認められると解する点で学説は一致している。

「無効等確認の訴えは、……取消訴訟と同様に出訴期間の制約がある。」の部分が誤りです。「**無効等確認の訴え**」は、**不服申立前置主義や出訴期間の制約のない抗告訴訟です**。したがって、**当該行政処分には不可争力が認められません**。

「無効等確認訴訟で無効原因に当たる瑕疵を主張する必要があり、取消訴訟で当該瑕疵を主張したとしても、当該取消訴訟では審理することができない。」の部分が誤りです。**当該行政処分に重大かつ明白な瑕疵があると思われる場合**には、**無効等確認訴訟**で無効原因にあたる瑕疵を主張することはできますが、**取消訴訟で当該瑕疵を主張して、当該取消訴訟では審理することもできます**。

「行政事件訴訟法において、無効等確認訴訟の原告適格については、取消訴訟の原告適格の規定が準用されている。」の部分が誤りです。**無効等確認訴訟については**取消訴訟における原告適格の規定（第９条）は準用されていませんが、**原告適格の範囲**は、**取消訴訟の場合と同じです**（判例・通説）。

「処分の違法性が重大かつ明白である場合には、原告が処分の無効を確認することについて『法律上の利益を有する者』であることは必要ではなく、取消訴訟の場合と比べ原告適格は広く認められると解する点で学説は一致している。」の部分が誤りです。**無効等確認訴訟における「法律上の利益を有する者」**とは、**取消訴訟における原告適格の場合と同様に**、**当該処分により自己の権利もしくは法律上保護された利益を侵害され、または必然的に侵害されるおそれのある者**をいいます（最判平４・９・22）［もんじゅ訴訟］。

国家専門
2011［H23］
★

行政庁の裁量に任された行政処分の無効確認を求める訴訟においては、行政処分の無効原因の存在についての主張・立証責任は原告が負うとするのが判例である。

Q 6
国家一般
1996［H8］
★★

無効等確認の訴えにおいては、無効の行政処分にはそもそも執行力が認められないことから、処分の取消しの訴えにおける執行停止の制度に関する規定は準用されない。

Q 7
国家一般
2016［H28］
★

行政処分が無効であれば、その法的効力は当初から存在しないことになるから、行政事件訴訟法において、無効等確認判決については、取消判決の第三者効の規定が準用されている。

行政庁の裁量に任された処分の無効確認を求める訴訟においては、その無効確認を求める者が、行政庁の裁量権の行使がその範囲を超え、又は濫用にわたる違法な処分であり、**その違法が重大かつ明白であることまで主張・立証する必要があります**（最判昭 42・4・7）。

ワンポイント

無効等確認訴訟における違法性の判断時期は判決時ではなく、処分時です（処分時説）（最判昭 36・3・7）。なぜなら、瑕疵の明白性については、処分成立の当初から誤認であることが外形上客観的に明白である場合を指すと解すべきだからです。

選択肢全体が誤りです。**無効等確認の訴えにおいても、処分の取消しの訴えにおける執行停止の制度に関する規定の準用が認められています**（38 条 3 項）。

ワンポイント

①無効等確認訴訟においても、執行停止決定には拘束力が認められます（38 条 1 項・33 条 4 項）。
②無効等確認訴訟においても、取消訴訟における第三者の訴訟参加（22 条）、行政庁の訴訟参加（23 条）職権証拠調べ（24 条）は準用されています（38 条 1 項）。

「行政事件訴訟法において、無効等確認判決については、取消判決の第三者効の規定が準用されている。」の部分が誤りです。**無効等確認訴訟**においては、**取消判決の第三者効の規定は準用されていません**（38 条 3 項は、32 条 2 項のみ準用しており、32 条 1 項は準用されていません）。

2 予防的無効確認訴訟

Q 8
国家総合
2004［H16］
★★

課税処分を受けていまだ当該課税処分に係る税を納付していない者が当該課税処分の無効を主張してこれを争おうとする場合には、当該課税処分の無効を前提とする現在の法律関係に関する訴えである公法上の当事者訴訟としての租税債務不存在確認訴訟によってその目的を達することができることから、当該課税処分の無効確認を求める訴えを提起することは認められない。

3 補充的無効確認訴訟

処分の存否またはその効力の有無の確認を求めるものであれば、当該処分の無効を前提とした争点訴訟または公法上の当事者訴訟で争うことが可能でも、無効等確認の訴えを提起することが認められる。

×

選択肢全体が誤りです。予防的無効確認訴訟については、「現在の法律関係に関する訴えによって目的を達することができ」るか否かにかかわらず、訴訟の提起が可能です。**納税者が、課税処分を受け、当該課税処分にかかる税金をいまだ納付していないため滞納処分を受けるおそれがある場合、当該課税処分の無効確認を求める訴えを提起することができます。**（最判昭 48・4・26、最判昭 51・4・27）。

ワンポイント

「予防的無効確認訴訟」とは、「当該処分又は裁決に続く処分により損害を受けるおそれのある者」（予防的無効確認訴訟）については、「現在の法律関係に関する訴え」によって目的を達することができ」るか否かにかかわらず、訴訟の提起が可能なものをいいます（無制約説：判例・通説）。

×

選択肢全体が誤りです。**無効等の瑕疵ある行政処分が「現在の法律関係に関する訴え」に該当する場合**には、**無効確認訴訟の提起は認められません**（**補充的無効確認訴訟**）。ここに、「現在の法律関係に関する訴え」とは、実質的当事者訴訟（4 条後段）あるいは争点訴訟（民事訴訟）（45 条）を意味します。

ワンポイント

補充的無効確認訴訟とは、「当該処分又は裁決の無効等の確認を求めるにつき法律上の利益を有する者」で「当該処分若しくは裁決の存否又はその効力の有無を前提とする現在の法律関係に関する訴えによって目的を達することができないものに限り」、補充的に無効確認訴訟の提起ができるものをいいます。

Q10 国家一般 2006［H18］★★

当該処分又は裁決に続く処分により損害を受けるおそれのある者その他当該処分又は裁決の無効等の確認を求めるにつき法律上の利益を有する者であれば、当該処分若しくは裁決の存否又はその効力の有無を前提とする現在の法律関係に関する訴えによって目的を達することができるか否かにかかわらず、当該処分又は裁決の無効等確認の訴えを提起することができる。

Q11 国家総合 1994［H6］★

土地改良事業の施行に伴い土地改良区から換地処分を受けた者が、当該換地処分が無効であるとしてこれを争おうとする場合には、所有権の確認、所有権に基づく土地の明渡しまたは登記抹消手続き請求等の訴えによりその目的を達することができるから、当該処分の無効確認を求める訴えを提起することはできない。

Q12 国家専門 2013［H25］★★

原子炉設置許可申請に係る原子炉の周辺に居住する住民が、当該許可を受けた者に対する原子炉の建設・運転の民事差止訴訟とともに、原子炉設置許可処分の無効確認訴訟を提起している場合、民事差止訴訟の方がより有効かつ適切な紛争解決方法であると認められることから、当該周辺住民には、無効確認訴訟の原告適格は認められない。

Q13 国家専門 2016［H28］★★

設置許可申請に係る原子炉の周辺に居住し、原子炉事故等がもたらす災害により生命、身体等に直接的かつ重大な被害を受けることが想定される範囲の住民は、原子炉設置許可処分の無効確認を求めるにつき、行政事件訴訟法第 36 条にいう「法律上の利益を有する者」に該当し、当該無効確認の訴えの原告適格を有する。

×
「現在の法律関係に関する訴えによって目的を達することができるか否かにかかわらず、当該処分又は裁決の無効等確認の訴えを提起することができる。」の部分が誤りです。**「現在の法律関係に関する訴え」**とは、**当該紛争を解決するためのより直截的で適切な争訟形態といえるものをいいます。**

×
「所有権の確認、所有権に基づく土地の明渡しまたは登記抹消手続き請求等の訴えによりその目的を達することができるから、当該処分の無効確認を求める訴えを提起することはできない。」の部分が誤りです。**土地改良事業の施行に伴い土地改良区から換地処分を受けた者が、当該換地処分は照応の原則に反することを主張して、無効確認を求める訴えを提起することができます**（最判昭62・4・17）。

×
「民事差止訴訟の方がより有効かつ適切な紛争解決方法であると認められることから、当該周辺住民には、無効確認訴訟の原告適格は認められない。」の部分が誤りです。**付近住民が原子炉施設の設置者である事業者に対して人格権等に基づき原子炉の建設ないし運転の差止めを求める民事訴訟を提起している場合でも、当該民事訴訟とは別に**当該原子炉の設置許可処分の**無効確認訴訟を提起することは認められます**（最判平4・9・22）［もんじゅ訴訟］。

○
原子炉の周辺に居住する付近住民は、原子炉設置許可処分の無効確認訴訟を提起する原告適格を有します。そして、原子炉から半径20キロメートル以内に居住している住民だけでなく、**原子炉から約29キロメートルないし約58キロメートルの範囲内の地域に居住している住民も、原子炉設置許可処分の無効確認訴訟の原告適格を有します**（最判平4・9・22）［もんじゅ訴訟］。

(4)主観訴訟：抗告訴訟③ ―不作為の違法確認訴訟

Q1
特別区 2013［H25］
★★★

不作為の違法確認の訴えは、行政庁が申請に対する処分又は裁決をしないことについての違法の確認を求める訴訟であり、処分又は裁決の申請をした者に限らず、この処分又は裁決につき法律上の利益を有する者であれば、提起することができる。

Q2
特別区 2006［H18］
★★★

不作為の違法確認の訴えにおいて、法令に基づき許認可等を申請する権利を与えられている者は、現実に申請しなかったときでも原告適格が認められる。

Q3
国家一般 2014［H26］
★

行政事件訴訟法は、不作為の違法確認訴訟の原告適格を「処分又は裁決についての申請をした者」と定めている。ここにいう「申請」とは、手続上適法な申請を指し、法令に基づく申請をした者であっても、その申請が手続上不適法であるときは、その者は不作為の違法確認訴訟を提起することができない。

Q4
国家一般 2016［H28］
★

不作為の違法確認訴訟の原告適格は、行政事件訴訟法上、処分又は裁決についての申請をした者とされており、同訴訟は法令に基づく申請制度の存在が前提とされ、当該申請制度は法令の明文上の定めがあることが必要である。

A 1 ×

「この処分又は裁決につき法律上の利益を有する者であれば、提起することができる。」の部分が誤りです。「**不作為の違法確認の訴え**」とは、**行政庁が法令に基づく申請**に対し、**相当の期間内になんらかの処分又は裁決をすべきにかかわらず、これをしないことについての違法の確認を求める訴訟**をいいます（3条5項)。**不作為の違法確認の訴えにおいては、処分又は裁決についての申請をした者に限り、提起することができます**（37条)。

ワンポイント

不作為の違法確認の訴えにおける原告適格は、**処分又は裁決についての申請をした者**です（37条)。これに対し、**取消訴訟**における原告適格は、処分の取消しを求めるにつき、**法律上の利益を有する者**に該当することです。

A 2 ×

「現実に申請しなかったときでも原告適格が認められる。」の部分が誤りです。条文には、「申請をした」（37条）と規定されていますので、**現実に申請をしていなければ、原告適格は認められません。**

A 3 ×

「その申請が手続上不適法であるときは、その者は不作為の違法確認訴訟を提起することができない。」の部分が誤りです。**申請は適法であることは要しません。**なぜなら、申請制度は、不適法な申請に対しても拒否処分を行うことを義務づけるものです。

A 4 ×

「当該申請制度は法令の明文上の定めがあることが必要である。」の部分が誤りです。「法令に基づく申請」における「**法令**」**については、申請権が法令の明文で規定されていることを必ずしも必要としません。**この「法令」は正規の法令（法律、政令･省令などの命令、条例、規則など）に限られず、内規や要綱も含まれる余地があります。

Q 5
国家一般
2016［H28］
★★★

行政事件訴訟法において、取消訴訟は出訴期間の定めがあるが、不作為の違法確認訴訟は出訴期間の定めはない。

Q 6
国家一般
1999［H11］
★★

行政庁が法令に基づく申請に対し、相当の期間内になんらかの処分をすべきにかかわらず、これをしない場合には、当該申請をした者は、不作為の違法確認の訴えを提起し、直ちに申請に応じた特定の行為をせよとの判決を求めることが認められる。

Q 7
国家専門
2003［H15］
★★

不作為の違法確認訴訟の終局判決には拘束力が与えられるため、裁判所が当該不作為の違法を確認した場合は、行政庁は申請に対し何らかの応答をする義務を負う。

Q 8
国家一般
1996［H8］
★

不作為の違法確認判決は、行政庁の行政手続き上の作為義務違反を確認するものであると同時に不法行為上の違反をも確認するものであり、これによって行政庁は、当然に処分の遅延により、申請者に生じた損害を賠償する責任を負うこととなるとするのが判例である。

A5 ○

不作為の違法確認の訴えには、取消訴訟のような出訴期間はありません（出訴期間に関する14条は不作為の違法確認訴訟には準用されていません。）。

ワンポイント

①**不作為の違法確認の訴えの判決の効力には、第三者効は認められません**（32条1項は準用されていない）。なぜなら、形成判決ではないため、形成力に関する第三者効（32条1項）は準用されないからです。

②**不作為の違法確認の訴えの判決の効力には、拘束力は認められます**（拘束力に関する33条は、不作為違法確認訴訟の判決にも準用があります（38条1項））。

A6 ×

「直ちに申請に応じた特定の行為をせよとの判決を求めることが認められる。」の部分が誤りです。**行政庁に法令に基づく申請をした者は、不作為の違法確認の訴えを提起して、申請に応じた特定の行為をすべきとの判決を求めることはできません**。なぜなら、判決の拘束力（38条で33条を準用）が行政庁に及んでも、申請を認容することを義務づけることはできないからです。

A7 ×

「裁判所が当該不作為の違法を確認した場合は、行政庁は申請に対し何らかの応答をする義務を負う。」の部分が誤りです。**不作為の違法確認の訴えに、判決の拘束力が行政庁に及んだ場合、行政庁は申請に対し何らかの応答をする義務を負うわけではありません**。なぜなら、この場合、拒否処分がなされる可能性もあるからです。

A8 ×

「不法行為上の違反をも確認するものであり、これによって行政庁は、当然に処分の遅延により、申請者に生じた損害を賠償する責任を負うこととなるとするのが判例である。」の部分が誤りです。**不作為の違法確認判決**は、不法行為上の違反をも確認するものではなく、**これによって行政庁は**、**当然に処分の遅延により**、**申請者に生じた損害を賠償する責任を負うわけではありません**（最判平3・4・26）［水俣病認定遅延国家賠償訴訟］。

行政事件訴訟法 (5)主観訴訟：抗告訴訟④ ―義務付け訴訟と差止訴訟

1 義務付け訴訟

総説

Q1
国家総合 2019［R1］
★

裁判所が義務付けの訴えにおいて請求を認容する場合、判決主文で命じられた義務を行政庁が履行しなければならないのは当然であるから、行政事件訴訟法は、義務付けの訴えについて、取消判決の拘束力に関する規定を準用していない。

申請型義務付け訴訟

Q2
国家総合 2006［H18］
★★★

行政事件訴訟法第 37 条の 3 第 1 項第 2 号に掲げる場合に義務付けの訴えを提起するには、同号に規定する処分又は裁決に係る取消訴訟又は無効等確認の訴えを併合して提起しなければならない。

Q3
国家一般 2011［H23］
★★★

生活保護の申請が行政庁に却下された場合において、生活保護の支給決定をすることを求める義務付けの訴えは、支給決定がされないことにより重大な損害を生ずるおそれがあり、かつ、その損害を避けるために他に適当な方法がない場合に限り、提起することができる。

Q4
国家総合 2011［H23］
★★★

行政庁に対し一定の処分を求める旨の法令に基づく申請がされた場合における「義務付けの訴え」は、当該申請をした者に限り、提起することができる。

「行政事件訴訟法は、義務付けの訴えについて、取消判決の拘束力に関する規定を準用していない。」の部分が誤りです。**取消判決の拘束力について定めた行政事件訴訟法 33 条は、同法 38 条 1 項により、取消訴訟以外の抗告訴訟に準用されています。**

A 2 ○

申請型義務付け訴訟については、不作為違法確認訴訟、取消訴訟または無効等確認訴訟を併合提起する必要があり（37 条の 3 第 3 項）、これらの訴訟の訴訟要件を欠く場合には義務付け訴訟も認められません。「申請型義務付け訴訟」とは、行政庁に対し一定の処分又は裁決を求める旨の法令に基づく申請又は審査請求がされた場合において、当該行政庁がその処分又は裁決をすべきであるにかかわらずこれがされないとき（3 条 6 項 2 号）に、行政庁がその処分又は裁決をすべき旨を命ずることを求める訴訟をいいます。

A 3 ×

選択肢全体が誤りです。申請型義務づけ訴訟においては、併合提起が訴訟要件の 1 つとされています。これに対し、本選択肢のような「**重大な損害を生ずるおそれがあり、かつ、その損害を避けるために他に適当な方法がない場合に限り**」という要件は、訴訟要件とされていません。これは、**非申請型義務づけ訴訟の訴訟要件**です。

A 4 ○

申請型義務付け訴訟については、**法令に基づく申請又は審査請求**（不服申立）をした者に限り、**提起することができます**（37 条の 3 第 2 項）。

申請拒否処分を争うに当たり、当該処分に無効の瑕疵がない場合には、取消訴訟と申請型義務付け訴訟を併合提起しなければならず、取消訴訟の出訴期間を正当な理由なく徒過すれば、もはや義務付け訴訟を提起することはできない。

●—非申請型義務付け訴訟

非申請型の義務付けの訴えは、行政庁が一定の処分をすべき旨を命ずることを求めるにつき法律上の利益を有する者に限り、提起することができる。

行政事件訴訟法第37条の2第3項に規定する「法律上の利益」の有無の判断については、取消訴訟の原告適格に関する同法第9条第2項の規定を準用することとされている。

A 5 ○ **申請型義務付け訴訟**において、**拒否処分**を争うものの中で、**取消訴訟を併合提起**する場合には、**取消訴訟の出訴期間の規定が適用され、出訴期間は6ヶ月に制限されます**。したがって、取消訴訟の出訴期間を正当な理由なく**徒過すれば**、もはや**義務付け訴訟を提起することもできません**。

ワンポイント

①申請型義務付け訴訟については、不作為の違法確認訴訟との併合提起をする場合に、出訴期間は、義務付け訴訟については定められておらず、期間制限はありません。

②申請型義務付け訴訟において、拒否処分を争うものの中で、取消訴訟を併合提起する場合には、取消訴訟の出訴期間の規定が適用され、出訴期間は6ヶ月に制限されます。

A 6 ○ **非申請型義務付け訴訟における原告適格**とは、行政庁が一定の処分をすべき旨を命ずることを求める訴えにつき**法律上の利益を有する**とき(37条の2第3項)に訴えの提起ができます。「非申請型義務付け訴訟」とは、行政庁が一定の処分をすべきであるにかかわらずこれがされないとき（3条6項1号）に、行政庁がその処分又は裁決をすべき旨を命ずることを求める訴訟をいいます。非申請型義務付け訴訟の対象は、処分だけであり、裁決は含まれません。

A 7 ○ **原告適格は、取消訴訟の場合と同じく実質的に拡大されています**（37条の2第4項は、9条2項の規定を準用）。

Q 8
国家一般
2018［H30］
★★

非申請型の義務付けの訴えが行政事件訴訟法第 37 条の 2 第 1 項及び第 3 項に規定する要件に該当する場合において、その義務付けの訴えに係る処分につき、行政庁がその処分をすべきであることがその処分の根拠となる法令の規定から明らかであると認められるときに限り、裁判所は、行政庁がその処分をすべき旨を命ずる判決をすることができる。

Q 9
国家一般
2011［H23］
★★

隣接地に建設された建築基準法令に違反する建築物の倒壊により直接被害を受けるおそれのある住民は、建築主を相手方として当該違反の是正を求める民事上の訴訟を提起することができるため、行政庁を相手方として建築主に対して当該違反の是正命令を出すように求める義務付けの訴えを提起することはできない。

Q 10
国家一般
2018［H30］
★★★

裁判所は、行政事件訴訟法第 37 条の 2 第 1 項に規定する「重大な損害」を生ずるか否かを判断するに当たっては、損害の回復の困難の程度に加えて損害の性質及び程度を考慮するものとされ、処分の内容及び性質について勘案する必要はないとされている。

×

「その処分の根拠となる法令の規定から明らかであると認められるときに限り、」の部分が誤りです。「法律上の利益の有無を判断するにあたっては、**当該処分又は裁決の根拠となる法令の規定の文言**のみによることなく、**当該法令の趣旨及び目的並びに当該処分において考慮されるべき利益の内容及び性質を考慮**するものとする。」（37条の2第4項は、9条2項の規定を準用）と規定されています。

ワンポイント

非申請型義務付け訴訟において出訴期間はありません。

A 9
×

「義務付けの訴えを提起することはできない。」の部分が誤りです。本選択肢の場合「住民は、建築主を相手方として当該違反の是正を求める民事上の訴訟を提起することができる場合」が、非申請型義務づけ訴訟が挙げる「**その損害を避けるため他に適当な方法がないとき**」には該当しませんので、**行政庁を相手方として建築主に対して当該違反の是正命令を出すように求める義務付けの訴えを提起することができます。**

ワンポイント

非申請型義務付け訴訟が認められるためには、一定の処分がされないことにより重大な損害を生ずるおそれがあることとその損害を避けるため他に適当な方法がないときであることを要します（37条の2第1項）。

A 10
×

「損害の回復の困難の程度に加えて損害の性質及び程度を考慮するものとされ、処分の内容及び性質について勘案する必要はないとされている。」の部分が誤りです。**裁判所は**、**重大な損害**を生ずるか否かを判断するに当たっては、**損害の回復の困難の程度を考慮**するものとし、**損害の性質および程度ならびに処分の内容および性質をも勘案**しなければなりません（37条の2第2項）。

Q 11
国家総合
2019［R1］
★

行政手続法は、不利益処分を行おうとする場合、原則として、行政庁に対して、名あて人となるべき者に事前の意見聴取（聴聞又は弁明）の機会を付与することを義務付けているが、非申請型義務付け訴訟において義務付け判決がなされたときに、行政庁がかかる事前手続なしに当該判決に従って不利益処分をすることは同法に違反しない。

●―仮の義務付け

Q 12
国家一般
2011［H23］
★★

生活保護の申請が行政庁に却下され、生活保護の支給決定をすることを求める義務付けの訴えを本案として、生活保護の支給決定をすることを求める仮の義務付けを求める申立てがなされた場合において、当該生活保護の支給決定がされないことにより生ずる償うことができない損害を避けるため緊急の必要があり、かつ、本案について理由があるとみえるときは、裁判所は自ら生活保護費の支給決定を行うことができる。

Q 13
国家総合
2019［R1］
★★

行政事件訴訟法は、義務付けの訴えに関する仮の救済として仮の義務付けを規定しているところ、裁判所は、当事者からの申立てによる場合のみならず、職権により仮の義務付けを決定することもできる。

Q 14
特別区
2015［H27］
★★★

裁判所は、義務付けの訴えの提起があった場合において、その義務付けの訴えに係る処分又は裁決がされないことにより生ずる償うことのできない損害を避けるため緊急の必要があれば、本案について理由があるとみえないときも、申立てにより、決定をもって、行政庁に仮の義務付けを命ずることができる。

まず、前段の行政手続法については、同法13条1項より正しいです。これに対し、**非申請型義務付け訴訟**においては、義務付け判決がなされ、当該判決に従って行政庁が不利益処分をする場合は、裁判所の裁判ないし裁判の執行としてされる処分は、行政手続法の適用除外となる（同法3条1項2号）ため、**聴聞または弁明の機会の付与なしに不利益処分を課すことができるのです。**

「裁判所は自ら生活保護費の支給決定を行うことができる。」の部分が誤りです。**裁判所**は、申立てにより、決定をもって、**仮に行政庁がその処分又は裁決をすべき旨を命ずる**（37条の5第1項）のです。「**仮の義務付け**」とは、義務付けの訴えの提起があった場合において、その義務付けの訴えに係る処分又は裁決がされないことにより生ずる**償うことのできない損害を避けるため緊急の必要**があり、かつ、**本案について理由があるとみえるとき**は、**裁判所**は、**申立て**により、決定をもって、**仮に行政庁がその処分又は裁決をすべき旨を命ずる**ことをいいます（37条の5第1項）。

「職権により仮の義務付けを決定することもできる。」の部分が誤りです。仮の義務付けは、「義務付けの訴えの提起があった場合において」のみ認められます。**申立てによってのみ認められ、職権で行うことはできません。**

「本案について理由があるとみえないときも、申立てにより、決定をもって、行政庁に仮の義務付けを命ずることができる。」の部分が誤りです。**仮の義務付け**が認められるためには、執行停止と異なり、**償うことのできない損害**（執行停止は重大な損害）を**避けるため緊急の必要**があり、かつ、**本案について理由があるとみえるとき**（執行停止は、本案について理由がないとみえることという消極要件）です。

Q 15 国家一般 2013［H25］ ★★

義務付けの訴えの提起があった場合において、緊急の必要があり、かつ、本案について理由があるとみえるときは、裁判所は、申立てにより、仮の義務付けをすることができるが、それが公共の福祉に重大な影響を及ぼすおそれがあるときは、処分又は裁決がされないことにより生ずる損害が償うことのできないほど重大なものでない限り、仮の義務付けをすることはできない。

2 差止訴訟

総説

Q 16 国家総合 2018［H30］ ★★

「差止めの訴え」の原告適格については、訴訟要件を満たしていれば差止めの訴えに係る行政処分の相手方に原告適格が認められるのは自明のことであるから、行政事件訴訟法は、取消訴訟の原告適格の規定を準用していない。

「処分又は裁決がされないことにより生ずる損害が償うことのできないほど重大なものでない限り、仮の義務付けをすることはできない。」の部分が誤りです。「**償うことのできない損害を避けるため緊急の必要があり、かつ、本案について理由があるとみえるとき**」に裁判所は、申立てにより、決定をもって、仮に行政庁がその処分又は裁決をすべき旨を命ずることができるのです。したがって、この選択肢のように「緊急の必要があり、かつ、本案について理由があるとみえるとき」という要件があっても、「償うことのできない損害」という要件を欠いている点が誤りということになります。

ワンポイント

①仮の義務付けは、公共の福祉に重大な影響を及ぼすおそれがあるときは、することができません（37条の5第3項）。
②裁判所は、裁判所は、職権ではなく、相手方の申立てにより、仮の義務付けの決定を取り消すことができます（37条の5第4項・26条）。
③裁判所が仮の義務付けの決定をした場合、内閣総理大臣はこれに異議を付することができます（37条の5第4項・27条）。

「行政事件訴訟法は、取消訴訟の原告適格の規定を準用していない。」の部分が誤りです。「差止めの訴え」とは、行政庁が一定の処分又は裁決をすべきでないにかかわらずこれがされようとしている場合において、行政庁がその処分又は裁決をしてはならない旨を命ずることを求める訴訟をいいます（3条7項）。**差止めの訴えの原告適格については、行政庁が一定の処分又は裁決をしてはならない旨を命ずることを求めるにつき法律上の利益を有する者に限り、提起することができると規定されています**（37条の4第3項）。法律上の利益の有無を判断するにあたっては、9条2項の規定が準用されています（同条4項）。

ワンポイント

差止訴訟においては出訴期間はありません（14条は準用されていません。38条）。したがって、何時でも差止訴訟を提起することができます。

Q 17
特別区
2013［H25］
★★

差止めの訴えは、行政庁に対し一定の処分又は裁決をしてはならない旨を命ずることを求める訴訟であり、一定の処分又は裁決がされることにより重大な損害を生ずるおそれがある場合には、その損害を避けるため他に適当な方法があるときでも提起することができる。

Q 18
国家一般
2014［H26］
★★

差止めの訴えの訴訟要件として行政事件訴訟法が定める「重大な損害が生ずるおそれ」があると認められるためには、処分がされることにより生ずるおそれのある損害が、処分がされた後に取消訴訟又は無効確認訴訟を提起して執行停止の決定を受けることなどにより容易に救済を受けることができるものではなく、処分がされる前に差止めを命ずる方法によるのでなければ救済を受けることが困難なものであることを要するとするのが判例である。

Q 19
国家総合
2018［H30］
★

差止請求を認容する判決は、裁判所が、判決の主文において、被告の不作為義務につき行政庁を特定する形で明らかにする以上、当該行政庁がこれに従うのは当然のことであり、行政事件訴訟法は、「差止めの訴え」について取消判決等の拘束力に関する規定を準用していない。

Q 20
国家総合
2018［H30］
★

行政事件訴訟法は、「差止めの訴え」について取消判決等の第三者効の規定を準用していないので、例えば、Ａが原告となり、Ｂに対する許可の差止訴訟を提起して勝訴しても、それのみでは、Ｂは差止請求を認容する判決の効力を受けない。

×

「その損害を避けるため他に適当な方法があるときでも提起することができる。」の部分が誤りです。差止めの訴えをするにあたっては、**重大な損害を生ずるおそれがあるがあることと、その損害を避けるため他に適当な方法がないこと**を必要とします（37条の4第1項但し書きの反対解釈）（義務付け訴訟との差異）。

○

差止めの訴えをするにあたっては、**重大な損害を生ずるおそれがある場合**を必要としますが、ここに「**重大な損害を生ずるおそれ**」があると認められるためには、**処分がされることにより生ずるおそれのある損害**が、処分がされた後に取消訴訟又は無効確認訴訟を提起して執行停止の決定を受けることなどにより容易に救済を受けることができるものではなく、**処分がされる前に差止めを命ずる方法によるのでなければ救済を受けることが困難なものであることを要します**（最判平24・2・9）。

ワンポイント

裁判所は、差し止め訴訟を認めるには、重大な損害を生ずるか否かを判断するに当たって、損害の回復の困難の程度を考慮し、損害の性質及び程度並びに処分又は裁決の内容及び性質をも勘案しなければなりません（37条の4第2項）。

×

「行政事件訴訟法は、『**差止めの訴え**』について取消判決等の拘束力に関する規定を準用していない。」の部分が誤りです。**行政事件訴訟法**は、**「差止めの訴え」について取消判決等の拘束力に関する規定を準用しています**（38条）。

○

行政事件訴訟法は、「**差止めの訴え**」**について取消判決等の第三者効の規定を準用していません**（32条の準用なし）。

●—仮の差止め

Q21
特別区
2015［H27］
★★

裁判所は、差止めの訴えの提起があった場合において、その差止めの訴えに係る処分又は裁決がされることにより生ずる償うことのできない損害を避けるため緊急の必要がない場合でも、本案について理由があるとみえるときは、申立てにより、決定をもって、行政庁に仮の差止めを命ずることができる。

Q22
国家総合
2018［H30］
★★

行政事件訴訟法は、「差止めの訴え」に関する仮の救済として「仮の差止め」を規定しているが、「仮の差止め」については、当事者からの申立てによる場合のみならず、裁判所が職権により「仮の差止め」を決定することもできる。

選択肢全体が誤りです。**仮の差止めが認められるため**には、差止めの訴えに係る処分又は裁決がされることにより生ずる**償うことのできない損害を避けるため緊急の必要があり**、かつ、**本案について理由があるとみえること**の要件を充たさなければなりません。①仮の差止めとは、差止めの訴えの提起があった場合において、その差止めの訴えに係る処分又は裁決がされることにより生ずる**償うことのできない損害を避けるため緊急の必要**があり、かつ、**本案について理由があるとみえるとき**は、裁判所は、申立てにより、決定をもって、**仮に行政庁がその処分又は裁決をしてはならない旨を命ずること**をいいます（37条の5第2項）。②仮の差止め請求は、差止訴訟が提起されていることが必要です（37条の5第2項）。

ワンポイント

仮の差止めは、公共の福祉に重大な影響を及ぼすおそれがあるときは、することができません（37条の5第3項）。

「『仮の差止め』については、……裁判所が職権により『**仮の差止め**』を決定することもできる。」の部分が誤りです。**仮の差止め**については、**当事者からの申立てによる場合に裁判所が仮の差止めを決定することはできますが、裁判所が職権により仮の差止めを決定することはできません**（37条の5第2項）。

(6)主観訴訟：当事者訴訟

Q 1
国家一般
1999［H11］
★

形式的当事者訴訟とは、当事者間の法律関係を確認しまたは形成する処分または裁決に関する訴訟で法令の規定によりその法律関係の当事者の一方を被告とするものをいうが、この典型的な例として、土地収用法上の損失補償額に関する訴訟がある。

Q 2
特別区
2013［H25］
★

当事者訴訟の２つの類型のうち、当事者間の法律関係を確認し又は形成する処分又は裁決に関する訴訟で法令の規定によりその法律関係の当事者の一方を被告とするものは、実質的当事者訴訟と呼ばれる。

Q 3
国家総合
2014［H26］
★

選挙権は、これを行使することができなければ意味がないものといわざるを得ず、侵害を受けた後に争うことによっては権利行使の実質を回復することができない性質のものであるから、その権利の重要性に鑑みると、具体的な選挙につき選挙権を行使する権利の有無が争われている場合でなくても、将来的に選挙権の行使が妨げられることをあらかじめ防ぐために提起される確認訴訟については、確認の利益を肯定すべきとするのが判例である。

A 1 ○

「**形式的当事者訴訟**」とは、**当事者間の法律関係を確認し又は形成する処分又は裁決に関する訴訟**で**法令の規定によりその法律関係の当事者の一方を被告とするもの**をいいます（4条前段）。

A 2 ×

「**実質的当事者訴訟**」とは、**公法上の法律関係に関する確認の訴えその他の公法上の法律関係に関する訴訟**をいいます（4条後段）。本選択肢は、「形式的当事者訴訟の定義」です。

A 3 ○

在外国民である上告人らが次回の衆議院議員の総選挙における小選挙区選出議員の選挙および参議院議員の通常選挙における選挙区選出議員の選挙において、在外選挙人名簿に登録されていることに基づいて**投票をすることができる地位にあることの確認を求める訴えは、適法な訴えです**（最大判平17・9・14）［在外日本人選挙権剝奪事件］。①「形式的当事者訴訟」とは、当事者間の法律関係を確認し又は形成する処分又は採決に関する訴訟で**法令の規定によりその法律関係の当事者の一方を被告とするもの**をいいます（4条前段）。②「実質的当事者訴訟」とは、**公法上の法律関係に関する確認の訴え**その他の**公法上の法律関係に関する訴訟**をいいます（4条後段）。この判例は、将来的に選挙権の行使が妨げられることをあらかじめ防ぐために提起される確認訴訟で、「**公法上の法律関係に関する確認の訴え**」に該当する判例です。

(7)客観訴訟

1 総説

ワンポイント

①司法とは、法律上の争訟（具体的な争訟）について、法を解釈・適用し宣言する国家作用をいいます。
②ここに、法律上の争訟（具体的な争訟）とは、①当事者間の具体的な権利義務ないし法律関係の存否に関する紛争であって、かつ、②法令の適用により終局的解決可能性のあるものをいいます。この２つの要件を充たす訴訟形態が主観訴訟です。

Q 1
国家一般
2015［H27］
★★★

行政事件訴訟法は、行政事件訴訟を抗告訴訟、当事者訴訟、民衆訴訟及び機関訴訟の４類型に分けており、これらのうち、民衆訴訟及び機関訴訟は、法律に定める場合において、法律の定める者に限り、提起することができるとしている。

2 機関訴訟

Q 2
国家一般
2009［H21］
★★★

機関訴訟は、国又は公共団体の機関相互間における権限の存否又はその行使に関する紛争についての訴訟であり、法律に特別に定められた場合において、法律に定められた者のみが訴えを提起することができる。

Q 3
特別区
2003［H15］
★★★

機関訴訟は、国又は公共団体の機関相互間における権限の存否又はその行使に関する紛争についての訴訟であり、訴えの提起は法律に明文の規定がある場合に限られない。

本選択肢の通りです。客観訴訟は、法律上の争訟の（当事者間の具体的な権利義務ないし法律関係の存否に関する紛争）の要件を充たさないにもかかわらず、立法政策上、行政の客観的な公正確保を目的として司法審査を可能にする訴訟形態をいいます（行政事件訴訟法42条）。**この客観訴訟**には、**民衆訴訟及び機関訴訟とが含まれます。**

「**機関訴訟**」とは、**国又は公共団体の機関相互間における権限の存否又はその行使に関する紛争についての訴訟**（6条）**をいいます。**機関訴訟にかかわる紛争は、**行政組織内部の権限争議に関する争い**です。

「訴えの提起は法律に明文の規定がある場合に限られない。」の部分が誤りです。**機関訴訟の訴えの提起**には、**法律に明文の規定がある場合に限られます。**たとえば、①国の関与に対し地方公共団体の機関がその取消しを求める訴訟（地方自治法251条の5、252条）、②法定受託事務の執行（代執行）を求める訴訟（地方自治法245条の8）等があります。

Q 4
国家一般
2009［H21］
★★★

地方公共団体の長は、国の関与について不服がある場合には、国地方係争処理委員会に審査を申し出ることができるが、当該審査の結果に不服があった場合でも、裁判所に、国の関与の取消し又は国の不作為の違法の確認を求める訴えを提起することができない。

Q 5
国家専門
2002［H14］
★★

国民健康保険事業に関し、保険者である市が行った保険給付等に関する処分を県国民健康保険審査会が裁決で取り消した場合、市は処分者たる行政庁としての性格のほかに国民健康保険事業を経営する権利義務の主体たる地位を有するから、市には当該裁決の取消訴訟の原告適格が認められるとするのが判例である。

3 民衆訴訟

Q 6
特別区
2016［H28］
★★★

民衆訴訟は、国又は公共団体の機関の法規に適合しない行為の是正を求める訴訟で、選挙人たる資格その他自己の法律上の利益にかかわらない資格で提起するものであり、法律に定める者に限らず、誰でも訴えを提起することができる。

「裁判所に、国の関与の取消し又は国の不作為の違法の確認を求める訴えを提起することができない。」の部分が誤りです（地方自治法251条の5、252条）。**地方公共団体の長**は、**国の関与について不服がある場合**には、**国地方係争処理委員会に審査を申し出**、その後、当該審査の**結果に不服があった場合**には、**裁判所に、国の関与の取消し又は国の不作為の違法の確認を求める訴えを提起することができます**（地方自治法251条の5、252条）。

「市は処分者たる行政庁としての性格のほかに国民健康保険事業を経営する権利義務の主体たる地位を有するから、市には当該裁決の取消訴訟の原告適格が認められるとするのが判例である。」の部分が誤りです。**国民健康保険事業の保険者（大阪市）**は、**国民健康保険審査会のした裁決の取消訴訟を提起する適格を有しません**。なぜなら、国民健康保険審査会と大阪市との関係は、上級機関と下級機関との関係に立つからです（最判昭49・5・30）。

「民衆訴訟は、国又は公共団体の機関の法規に適合しない行為の是正を求める訴訟で、……法律に定める者に限らず、誰でも訴えを提起することができる。」の部分が誤りです（5条）。「**民衆訴訟**」とは、**国又は公共団体の機関の法規に適合しない行為の是正を求める訴訟で、選挙人たる資格その他自己の法律上の利益にかかわらない資格で提起するもの**（5条）**をいいます**。**機関訴訟と同様に、法律の規定がなければ訴えの提起ができません**。たとえば、①公職選挙法に基づく当選訴訟・選挙訴訟（公選法202条、203条、206条、207条）、②地方自治法上の住民訴訟（地方自治法242条の2）等です。

国家一般
2009〔H21〕
★★

住民訴訟の対象となるのは、不当な公金の支出や財産の管理を怠る事実などの地方公共団体の財務会計上の行為又は財務に関する怠る事実であり、当該行為又は事実に関する住民監査請求を経た後でなければ、住民訴訟を提起することができない。

「住民訴訟の対象となるのは、不当な公金の支出」の部分が誤りです。**民衆訴訟の一つである住民訴訟**は、**その対象**とするのは、**不当または違法**な公金の支出や財産の管理を怠る事実などの地方公共団体の財務会計上の行為又は財務に関する怠る事実です（地方自治法 242 条の 2）。

その他
（行政機関保有情報公開法等、
地方自治法、
行政上の法律関係等）

行政機関保有情報公開法等

1 行政機関保有情報公開法

立法目的（趣旨）

Q1
国家総合
2002［H14］
★★★

行政文書の開示を請求する国民の権利は、表現の自由を定める憲法第21条に根拠を持つものであり、行政機関保有情報公開法法の目的規定にも「国民の知る権利に資すること」が明記されている。

行政機関

ワンポイント

行政機関とは、法律の規定に基づき内閣に置かれる機関及び内閣の所轄の下に置かれる機関、国家行政組織法上の機関に限定されません（2条1項）。会計検査院も含まれます。但し、地方公共団体の機関は除外されています。

行政文書

Q2
国家一般
2003［H15］
★★

行政機関保有情報公開法は、対象とする文書を「行政文書」として定義しているが、この定義によれば、「行政文書」は「行政機関の職員が組織的に用いるもの」であるという要件を満たすことが必要であるから、決裁又は供覧の手続を終えたものであることが必要とされ、職員の個人的な検討段階にあるものは「行政文書」に含まれない。

Q3
国家総合
2018［H30］
★★

情報公開法の対象となる「行政文書」とは、行政機関の職員が職務上作成し、又は取得した文書等であって、当該行政機関の職員が組織的に用いるものとして、当該行政機関が保有しているものをいい、行政機関の意思決定に係る決裁文書や国会答弁資料、行政機関が作成する白書等がこれに該当する。

選択肢全体が誤りです。行政機関保有情報公開法は、自由主義を基礎として制定された法律ではなく、**国民主権の理念**にのっとり、行政文書の開示を請求する権利につき定めているので、**民主主義を基礎**として制定されている法律です。

「決裁又は供覧の手続を終えたものであることが必要とされ、」の部分が誤りです。「行政文書」は、行政機関の職員が職務上作成し、又は取得した文書、図画及び電磁的記録で、**当該行政機関の職員が組織的に用いるもの**として、**行政機関が保有していていれば、供覧、決裁という事案処理手続を経ていなくても、これに該当します**（2条2項）。

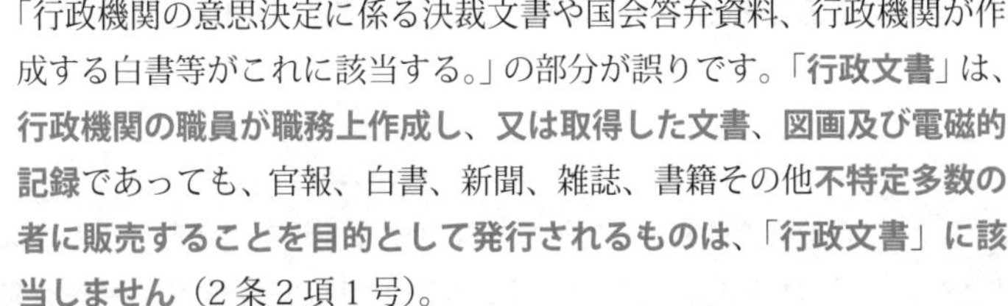
「行政機関の意思決定に係る決裁文書や国会答弁資料、行政機関が作成する白書等がこれに該当する。」の部分が誤りです。「**行政文書**」は、**行政機関の職員が職務上作成し、又は取得した文書、図画及び電磁的記録**であっても、官報、白書、新聞、雑誌、書籍その他**不特定多数の者に販売することを目的として発行されるものは、「行政文書」に該当しません**（2条2項1号）。

開示請求権者

Q 4
国家一般
2003［H15］
★★★

行政機関保有情報公開法は、日本に居住している者であれば国政に関心を持つのは当然であることから、開示請求権者を日本国籍を有する者に限定していないが、同法は、国民主権の理念にのっとり制定されているものであるから、外国に居住している外国人には開示請求権を認めていない。

開示・不開示情報

Q 5
国家一般
2017［H29］
★★★

公にすることにより、犯罪の予防、鎮圧又は捜査、公訴の維持、刑の執行その他の公共の安全と秩序の維持に支障を及ぼすおそれがあると行政機関の長が認めることにつき相当の理由がある情報は、不開示情報とされている。

Q 6
国家総合
2019［R1］
★★★

情報公開法は、個人に関する情報であって、当該情報に含まれる氏名、生年月日その他の記述等により特定甲個人を識別することができるもの（他の情報と照合することにより、特定の個人を識別することができることとなるものを含む。）又は特定の個人を識別することはできなくても、公開することによってなお個人の権利利益を害するおそれがあるものを、原則として不開示としている。

Q 7
国家総合
2018［H30］
★★

行政機関の長は、行政文書に対する開示請求があったときは、不開示情報が記録されている場合を除き、開示請求者に当該行政文書を開示しなければならないとされているが、この不開示情報には個人のプライバシーに関する情報も含まれるから、職務遂行に係る公務員の氏名も原則として不開示として扱われている。

「同法は、国民主権の理念にのっとり制定されているものであるから、外国に居住している外国人には開示請求権を認めていない。」の部分が誤りです。**外国人**は、**国際協調主義の観点**から、**日本に居住すると否とを問わず**、行政機関の長に対し、当該行政機関の保有する行政文書の**開示を請求することができます**（3条等）。

A 5 ○

行政機関の長は、開示請求があったときに、開示請求者に対し、公に関わる情報のうち、開示しなくてもよい情報（不開示情報）中には、**公にすることにより、犯罪の予防、鎮圧又は捜査、公訴の維持、刑の執行その他の公共の安全と秩序の維持に支障を及ぼすおそれがある**と行政機関の長が認めることにつき相当の理由がある情報が含まれます（5条4号）。

ワンポイント

①行政機関の長は、開示請求があったときは、開示請求者に対し、当該行政文書を原則として、開示しなければなりません（5条）。

②行政機関の長は、個人に関する情報のうち、人の生命、健康、生活又は財産を保護するため、公にすることが必要であると認められる情報については、開示しなければなりません（5条）。

A 6 ○

情報公開法は、**個人に関する情報**であって、**当該情報に含まれる氏名、生年月日その他の記述等により特定甲個人を識別することができるもの**（他の情報と照合することにより、特定の個人を識別することができることとなるものを含む。）又は特定の個人を識別することはできなくても、**公開することによってなお個人の権利利益を害するおそれがあるものを**、**原則として不開示としています**（5条1号）。

「職務遂行に係る公務員の氏名も原則として不開示として扱われている。」の部分が誤りです。**職務遂行に係る公務員の氏名については**、**行政機関の長**は、**原則として不開示として扱うことが認められません**（「各行政機関における公務員の氏名の取り扱いについて」に関する政府の連絡の申し合わせ（2005年8月3日））。

裁量的開示

Q8 特別区 2008［H20］★★★

行政機関の長は、開示請求に係る行政文書に不開示情報が記録されている場合であっても、公益上特に必要があると認めるときは、開示請求者に対し、当該行政文書を開示することができる。

部分開示

Q9 国家総合 2010［H22］★★

行政機関の長は、開示請求に係る行政文書の一部に不開示情報が記録されている場合、不開示情報が記録されている部分を容易に区分して除くことができるときは、当該部分を除いた部分に有意の情報が記録されていないと認められるときであっても、当該部分を除いた部分につき開示しなければならない。

存否応答拒否

Q10 国家一般 2014［H26］★★★

開示請求に対し、当該開示請求に係る行政文書が存在しているか否かを答えるだけで、不開示情報を開示することとなるときは、行政機関の長は、当該行政文書の存否を明らかにしないで、当該開示請求を拒否することができ、その理由を提示する必要もない。

開示決定等の期限

Q11 国家一般 2020［R2］★★★

開示請求に係る行政文書の開示又は不開示の決定は、開示請求があった日から 30 日以内にしなければならないが、行政機関の長は、正当な理由があるときは、この期間を 30 日以内に限り延長することができる。この場合、事情のいかんにかかわらず、当該延長期間内に開示請求に係る全ての行政文書の開示又は不開示の決定を行わなければならない。

A 8 ○

行政機関の長は、開示請求に係る行政文書に**不開示情報**が記録されている場合であっても、**公益上特に必要があると認めるときは**、**開示請求者に対し、当該行政文書を開示することができます**（7条）。

A 9 ×

「当該部分を除いた部分に有意の情報が記録されていないと認められるときであっても、当該部分を除いた部分につき開示しなければならない。」の部分が誤りです（6条1項本文・但し書き）。行政機関の長は、開示請求に係る行政文書の**一部に不開示情報が記録されている場合**において、不開示情報が記録されている部分を容易に区分して除くことができるときは、当該部分を除いた部分に**有意の情報が記録されていないと認められるとき**は、開示請求者に対し、**当該部分を除いた部分につき開示する必要はありません**（6条1項本文・但し書き）。

A 10 ×

「当該開示請求を拒否することができ、その理由を提示する必要もない。」の部分が誤りです。**存否応答拒否**は、**申請に対する拒否処分にあたるので、理由付記が必要です**（行政手続法8条1項）。

ワンポイント

開示請求に対し、当該開示請求に係る行政文書が存在しているか否かを答えるだけで、不開示情報を開示することとなるときは、行政機関の長は、当該行政文書の存否を明らかにしないで、当該開示請求を拒否することができます（行政機関保有情報公開・個人情報保護法8条）。

A 11 ×

「この場合、事情のいかんにかかわらず、当該延長期間内に開示請求に係る全ての行政文書の開示又は不開示の決定を行わなければならない。」の部分が誤りです。この場合において、**行政機関の長**は、**開示請求者**に対し、**遅滞なく**、**延長後の期間及び延長の理由**を**書面により通知しなければなりません**（10条2項後段）。

第三者に対する意見書提出の機会の付与

Q12
国家一般
2014［H26］
★★

行政機関の長は、開示請求に係る行政文書に第三者に関する情報が記録されているときは、当該第三者に対して意見書を提出する機会を必ず与えなければならないが、当該第三者が当該行政文書の開示に反対する意見書を提出した場合であっても、当該行政文書の開示決定をすることができる。

Q13
国家総合
2019［R1］
★★

国、独立行政法人等、地方公共団体、地方独立行政法人及び開示請求者以外の者（第三者）に関する情報が記録されている行政文書について、行政機関の長が開示決定をするに当たり、その第三者に意見書を提出する機会を付与した場合、その第三者が当該行政文書の開示に反対する意見書を提出したとしても、行政機関の長は、開示決定をすることができる。

×

「当該第三者に対して意見書を提出する機会を必ず与えなければならない」の部分が誤りです（13条1項）。開示請求に係る行政文書に「第三者」に関する情報が記録されているときは、原則として、行政機関の長は、開示決定等をするに当たって、当該情報に係る第三者に対する通知は、**書面でも口頭でも構いません**。また、意見書を提出する機会を与えなければならないのではなく、**意見書を提出する機会を与えることができるにとどまります**（13条1項）。

A 13

○

行政機関の長は、開示決定後直ちに、開示決定等をするに当たって、**反対意見書を提出した第三者**に対し、開示決定をした旨およびその理由ならびに開示を実施する日を**書面により通知**しなければなりません（13条3項）。したがって、**反対意見書を提出した場合でも、開示決定をすることができます**。

ワンポイント

①行政機関の長は、第三者に関する情報が記録されている行政文書を開示しようとする場合に、当該情報が人の生命、健康、生活又は財産を保護するため、公にすることが必要であると認められる情報であるときは、開示決定に先立ち、当該第三者に対し、開示請求に係る行政文書を**書面により通知して、意見書を提出する機会を与えなければ**なりません（13条2項）。

②行政機関の長は、意見書の提出の機会を与えられた第三者が、当該行政文書の開示に反対の意思を表示した意見書を提出した場合において、開示決定をするときは、**開示決定の日と開示を実施する日との間**に少なくとも**二週間**を置かなければなりません（13条3項）。

不服申立制度

Q14
国家一般
2008［H20］
★★

行政文書の不開示決定又は一部不開示決定に対する不服申立てに対して、行政庁が裁決を行う場合には、情報公開・個人情報保護審査会に諮問しなければならないため、当初の決定を変更し、当該不服申立てに係る行政文書の全部を開示する決定をするときも、原則として、当該審査会に諮問しなければならない。

情報公開訴訟

Q15
国家一般
2017［H29］
★★★

行政機関の長が行った開示決定や不開示決定に対して不服がある場合は、裁判所に対して開示決定等の取消訴訟を提起する前に、行政不服審査法に基づく不服申立てをする必要がある。

Q16
国家総合
2019［R1］
★★★

情報公開法は、同法に基づく不開示決定の取消訴訟において、裁判所が、証拠調べとして開示請求の対象となっている行政文書を実際に見分して審理する、いわゆるインカメラ審理の手続を明文で規定している。

「当初の決定を変更し、当該不服申立てに係る行政文書の全部を開示する決定をするときも、原則として、当該審査会に諮問しなければならない。」の部分が誤りです。開示決定等について審査請求があったときは、当該審査請求に対する裁決をすべき行政機関の長は、**審査請求が不適法であり、却下する場合**または、**裁決で、審査請求の全部を認容し、当該審査請求に係る行政文書の全部を開示する場合**にも、情報公開・個人情報保護審査会に**諮問する必要はありません**（19条1項）。

ワンポイント

開示決定等について審査請求があったときは、当該審査請求に対する裁決をすべき行政機関の長は、裁決で、**審査請求の全部を認容し、当該審査請求に係る行政文書の全部を開示する場合**に、当該行政文書の開示について**第三者から反対意見書が提出されている場合**には、情報公開・個人情報保護審査会に**諮問しなければなりません**（19条1項2号）。

「裁判所に対して開示決定等の取消訴訟を提起する前に、行政不服審査法に基づく不服申立てをする必要がある。」の部分が誤りです。開示請求者が、不開示決定等を受けた場合には、**行政不服審査法による不服申立てを行うことなく直ちに訴訟を提起することも可能です**（**自由選択主義**）。なぜなら、行政機関保有情報公開法は不服申立前置主義を採用していないからです。

選択肢全体が誤りです。情報公開訴訟において証拠調べとしての**インカメラ審理を行うことは明文の規定がない限り、許されません**（最判平21・1・15）。なぜなら、情報公開訴訟の開示請求にかかる行政文書についてのインカメラ審理は、憲法82条（裁判の公開）に違反するおそれがあるからです。

Q17
国家一般
2020［R2］
★

情報公開法は、行政文書の開示を請求する者に対しては、開示請求に係る手数料を徴収することとしているが、行政文書の開示を受ける者に対しては、情報公開制度の利用を促進する政策的配慮から、開示の実施に係る手数料を徴収してはならないこととしている。

Q18
国家一般
2020［R2］
★★

情報公開法は、その対象機関に地方公共団体を含めていないが、全ての地方公共団体に対し、同法の趣旨にのっとり、その保有する情報の公開に関する条例の制定を義務付けている。

2 情報公開・個人情報保護審査会設置法

ワンポイント

行政機関の長から諮問を受けた情報公開・個人情報保護審査会は自ら裁決することが適切であると判断した場合には、行政機関の長に代わって裁決を行うことはできません。

Q19
国家一般
2003［H15］
★★

情報公開・個人情報保護審査会は、開示決定等に係る行政文書を諮問庁に提示させ、実際に当該行政文書を見分して審議をするいわゆるインカメラ審理の権限を有しており、その調査審議の手続は公開しないものとされているほか、何人も情報公開・個人情報保護審査会に対し、当該行政文書の開示を求めることはできない。

Q20
国家総合
2018［H30］
★

情報公開・個人情報保護審査会は、必要があると認めるときは、審査会に諮問を行った行政機関に、行政文書等又は保有個人情報の提示を求めることができるが、この求めを受けた行政機関は、行政上の支障等を勘案し、必要と認める場合にはこれを拒むことができる。

×

「行政文書の開示を受ける者に対しては、情報公開制度の利用を促進する政策的配慮から、開示の実施に係る手数料を徴収してはならないこととしている。」の部分が誤りです。**開示請求をする者**又は**行政文書の開示を受ける者**は、政令で定めるところにより、**それぞれ、実費の範囲内において政令で定める額の開示請求に係る手数料**又は**開示の実施に係る手数料を納めなければなりません**（16条1項）。

A 18

×

「その保有する情報の公開に関する条例の制定を義務付けている。」の部分が誤りです。**地方公共団体**は、この法律の趣旨にのっとり、**その保有する情報の公開に関し必要な施策を策定**し、及び**これを実施するよう努めなければなりません**（25条）。

○

審査会は、必要があると認めるときは、諮問庁に対し、行政文書等の提示を求めることができますが、この場合、**何人も、審査会に対し、その提示された行政文書等の開示を求めることができません**（**「インカメラ審理」**、情報公開・個人情報保護審査会設置法9条1項）。なお、インカメラ審理とは、相手方当事者にその内容を知らせずに、非公開で審理手続を行うことをいいます。

×

「この求めを受けた行政機関は、行政上の支障等を勘案し、必要と認める場合にはこれを拒むことができる。」の部分が誤りです（9条2項）。**審査会**は、必要があると認めるときは、**諮問庁に対し、行政文書等又は保有個人情報の提示を求めることができ**、その求めがあったときは、**諮問庁**は、**これを拒むことができません**（9条2項）。

開示決定や不開示決定等について審査請求があったときには、審査請求を受けた行政機関の長は、原則として、情報公開・個人情報保護審査会にこれを諮問しなければならないが、行政機関の長は、諮問の結果、審査会から受けた答申と異なった裁決をすることもできる。

行政機関の長は、審査会から受けた答申には、法的に拘束されませんので、**審査会から受けた答申と異なった裁決をすることができます。**

地方自治法

1 地方公共団体の事務の範囲

●—自治事務と法定受託事務

Q 1
国家一般
2002［H14］
★★

自治事務は都道府県の事務である一方で、法定受託事務は都道府県知事が受託した事務であるから、都道府県は、法定受託事務に関しては条例を制定することができず、知事による規則制定権があるにすぎない。

Q 2
国家総合
2009［H21］
★★★

法定受託事務は、いったん国の事務あるいは都道府県の事務であったものが地方公共団体に委託されるものであり、かつての機関委任事務と同様に、地方公共団体の事務ではない。

2 国と地方公共団体との関係、長と議会の関係

●—国と地方公共団体との関係

Q 3
国家一般
2002［H14］
★★

国地方係争処理委員会は、審査の申出に係る事務が自治事務であるか法定受託事務であるかにかかわらず審査を行うことができ、審査の結果、国の関与が違法であると認めた場合には、関与に関係する国の行政庁に必要な措置を講ずべきことを勧告することができる。

「法定受託事務は都道府県知事が受託した事務であるから、都道府県は、法定受託事務に関しては条例を制定することができず、知事による規則制定権があるにすぎない。」の部分が誤りです。法定受託事務は都道府県知事に受託した事務ではなく、都道府県という行政主体に受託した事務です。法定受託事務と自治事務は、条例制定権の対象となります。特に法定受託事務は、**法令に抵触しないかぎり**、条例制定権の対象となります。

選択肢全体が誤りです。法定受託事務は、地方公共団体の事務です（地方自治法２条９項）。いったん国の事務あるいは都道府県の事務であったものが地方公共団体に委託されるものではありません。

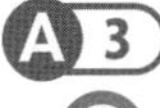

国地方係争処理委員会は、審査の申出に係る事務が**自治事務であるか法定受託事務であるかにかかわらず審査を行うことができ**、当該国の行政庁の行った国の関与が**違法**又は普通地方公共団体の自主性及び自立性を尊重する観点から**不当**であると認める場合には、**関与に関係する国の行政庁に必要な措置を講ずべきことを勧告することができます**（250条の14第１項）。

Q 4 国家総合 2014［H26］★★

都道府県に対し地方自治法第 245 条の 5 第 1 項の規定による是正の要求を行った各大臣は、当該都道府県の執行機関が当該是正の要求に関する同法第 250 条の 13 第 1 項の規定による審査の申出をせず、かつ、当該是正の要求に応じた措置を講じないときは、高等裁判所に対し、当該是正の要求を受けた都道府県の不作為に係る都道府県の行政庁を被告として、当該都道府県の不作為の違法の確認を求める訴えを提起することができる。

長と議会との関係

Q 5 国家総合 1989［H1］★

長は議会との関係を円滑に保たなければならないから、議会の開会中は議会から出席要求がある場合はもとより、要求がない場合でも説明のため常に議場に出席していなければならない。

住民の地位：住民監査請求

Q 6 国家総合 2019［R1］★

住民監査請求は、普通地方公共団体の住民が、監査委員に対して、財務会計上の行為又は怠る事実につき監査を求めるものであるが、いずれの場合においても、住民監査請求をすることができる期間に制限はない。

Q 7 国家総合 2019［R1］★★★

住民監査請求においては、普通地方公共団体の長等による違法若しくは不当な行為又は違法若しくは不当な怠る事実を争うことができ、住民訴訟においても、かかる行為又は怠る事実について、その違法性のみならず不当性について争うことができる。

A 4 ○

都道府県に対し是正の要求を行った各大臣は、**当該都道府県の執行機関が当該是正の要求に関する審査の申出をせず**、かつ、**当該是正の要求に応じた措置を講じないとき**にはじめて、高等裁判所に対し、**都道府県の行政庁を被告**として、**当該都道府県の不作為の違法の確認を求める訴えを提起**することができます（251条の7第1項1号）。

ワンポイント

国と地方公共団体との係争について、国は高等裁判所に、直ちに訴えの提起ができますが地方公共団体は、国地方係争処理委員会に審査の申出をし（不服申立前置主義）、その判断に納得できない場合にはじめて、高等裁判所に訴えの提起ができます。

A 5 ×

「要求がない場合でも説明のため常に議場に出席していなければならない。」の部分が誤りです（121条本文）。普通地方公共団体の長は、**議会の審議に必要な説明のため議長から出席を求められたとき**は、議場に出席しなければなりません（121条本文）。

A 6 ×

住民監査請求は、原則として、**当該行為のあった日又は終わった日から1年を経過したとき**は、これをすることができません（地方自治法242条第2項）。

A 7 ×

「住民訴訟においても、かかる行為又は怠る事実について、その違法性のみならず不当性について争うことができる。」の部分が誤りです。**住民訴訟**においては、**違法性**だけを争うことができ、**不当性**はその対象となりません（地方自治法242条の2第1項）。

●—住民の地位：住民訴訟

Q 8
国家総合
1991［H3］
★★★

都道府県の住民は、当該都道府県の違法な公金の支出について監査委員にその監査を請求することができるほか、監査請求を経ずに直ちに住民訴訟を提起することもできる。

Q 9
国家総合
1994［H6］
★★

地方公共団体の長その他職員の一定の財務会計上の違法な行為について地方公共団体の住民は、自己の法律上の利益とかかわりなく、もっぱら地方公共団体の財政の適正を図る目的でその是正を求めて訴訟を提起することができるが、これは、いわゆる客観的訴訟のうちの機関訴訟に該当する。

Q 10
国家総合
2019［R1］
★

住民訴訟においては、執行機関又は職員に対して、違法な行為の全部又は一部の差止めを請求することができるが、当該差止めの請求は、当該行為により普通地方公共団体に回復の困難な損害を生ずるおそれがある場合に限り認められる。

Q 11
国家総合
2000［H12］
★

監査委員が、適法な住民監査請求であるにもかかわらず、これを不適法であるとして却下した場合には、当該請求をした住民は、適法な住民監査請求を経たものとして、直ちに住民訴訟を提起することができるのみならず、当該請求の対象とされた財務会計上の行為又は怠る事実を対象として再度の住民監査請求をすることも許される。

「監査請求を経ずに直ちに住民訴訟を提起することもできる。」の部分が誤りです。都道府県の住民は、当該都道府県の違法な公金の支出について**監査委員にその監査請求を経なければ、住民訴訟を提起することができません（監査請求前置主義）**（242条の2第1項）。

「これは、……機関訴訟に該当する。」の部分が誤りです。**地方公共団体の長その他職員の一定の財務会計上の違法な行為について地方公共団体の住民**は、**自己の法律上の利益とかかわりなく**、もっぱら地方公共団体の財政の適正を図る目的でその是正を求めて**訴訟を提起することができます**。これは、**客観的訴訟のうちの民衆訴訟に該当する**ものです（行政事件訴訟法5条）。

「当該差止めの請求は、当該行為により普通地方公共団体に回復の困難な損害を生ずるおそれがある場合に限り認められる。」の部分は誤りです。ただし、差止め請求は、当該行為を差し止めることによって**人の生命又は身体**に対する**重大な危害の発生の防止その他公共の福祉を著しく阻害するおそれがあるとき**は、することができません（地方自治法242条の2第6項）。

監査委員が、適法な住民監査請求であるにもかかわらず、これを不適法であるとして却下した場合には、当該請求をした住民は、適法な住民監査請求を経たものとして、**直ちに住民訴訟を提起することができるのみならず**、**当該請求の対象とされた財務会計上の行為又は怠る事実を対象として再度の住民監査請求も許されます**（最判平10・12・18）。

3 行政機関

権限の委任・代理・専決

Q12
国家一般
2014［H26］
★★★

行政法上の委任は、民法上における委任と異なり、委任によって権限が委任機関から受任機関へ委譲（移譲）されるものの、なお委任機関は当該権限を喪失せず、引き続き当該権限を行使することができると一般に解されている。

Q13
特別区
2010［H22］
★★★

権限の委任とは、自己に与えられた権限の全部又は主要な部分を他の機関に委任して行わせることをいう。

Q14
特別区
2010［H22］
★★★

権限の委任が上級機関から下級機関に対して行われたときは、権限が移譲されるため、委任者は、受任者に対して指揮監督権を有することはない。

Q15
特別区
2010［H22］
★★★

権限の委任は、法律上定められた処分権者を変更するものであるから、法律の根拠が必要である。

Q16
特別区
2010［H22］
★★★

権限の委任を受けた受任者は、民法上の委任とは異なり、代理権の付与を伴わないため、当該権限の行使を委任者の名で行う。

Q17
特別区
2004［H16］
★★★

権限の代理では、代理機関が本来の行政庁の権限を自己の権限として行使し、その行為は当該代理機関の行為として効果を生じる。

A 12 ×

「委任機関は当該権限を喪失せず、引き続き当該権限を行使することができると一般に解されている。」の部分が誤りです。「**権限の委任**」とは、**行政機関（A）がその権限の一部を他の行政機関（B）に移譲**し、これを自己の権限（A）としてではなく、当該**他の行政機関（B）の権限**として行わせることをいいます。**委任機関は権限を喪失します。**

A 13 ×

選択肢全体が誤りです。権限の分配は、あらかじめ法規によって定められているので、行政機関は、**権限の全部またはその主要部分を他の機関に委任することは許されません。**

A 14 ×

「委任者は、受任者に対して指揮監督権を有することはない。」の部分が誤りです。権限の委任が上級機関から下級機関に対して行われたときは、委任者は、受任者に対して指揮監督権を有します。

A 15 ○

権限の委任には法律の根拠が必要です。たとえば、地方自治法 153 条 1・2 項、生活保護法 19 条 4 項等があります。

A 16 ×

「権限の委任を受けた受任者は、……当該権限の行使を委任者の名で行う。」の部分が誤りです。**受任行政庁は、委任された権限を自己の権限で自己の名で行使できるが、委任行政庁は委任した権限を自ら行使できません。**

A 17 ×

選択肢全体が誤りです。「**権限の代理**」とは、**行政機関の権限の全部又は一部を他の行政機関である代理機関（B）が被代理機関（A）に代わって**行うことをいいます。その際、代理機関は、被代理機関の名で行うことになります。したがって、**当該行為は被代理機関の行為として効果が生じます。**

Q 18 特別区 2004［H16］★★★

権限の代理のうち、授権代理は、本来の行政庁が授権行為を行うことによって代理関係が生じるもので、権限全部の授権代理は認められない。

Q 19 国家一般 2014［H26］★★

法定代理は、法律によってあらかじめ他の行政機関が本来の行政庁の権限を代行することが定められていることから、法定代理によって権限を行使することになった代理機関は、被代理機関の代理として権限を行使することを明らかにする必要はないと一般に解されている。

Q 20 国家一般 2014［H26］★★

補助機関が、法律により権限を与えられた行政機関の名において権限を行使することをいう専決は、法律が定めた処分権限を変更することになるため、法律による明文の根拠が必要であると一般に解されている。

Q 21 国家一般 2014［H26］★★★

上級行政機関が法律が定めた下級行政機関の権限を代執行（代替執行）する場合、実質的に法律が定めた処分権限を変更することになるため、法律による明文の根拠が必要であると一般に解されている。

×

「権限全部の授権代理は認められない。」の部分が誤りです。「授権代理」とは、本来の行政庁である**被代理庁（A）の授権**により**代理庁（B）との間に代理関係が生ずる**ものをいいます。被代理庁が任意で行うものですから、権限全部の授権代理も認められます。なお、本来の行政庁である被代理庁（A）の権限は代理庁（B）に移動しないため、授権代理には法の根拠を必要としません。

A 19

×

「被代理機関の代理として権限を行使することを明らかにする必要はないと一般に解されている。」の部分が誤りです。「**法定代理**」とは、行政庁が欠けた場合、あるいは事故の場合に、法律に従い、**被代理機関の代理として権限を行使することを明らかにして、他の行政機関である代理機関（B）**が、本来の行政庁である**被代理機関（A）の権限の全部を代行する**ことをいいます。

ワンポイント

①「法定代理」を定めるには、法律に明文の根拠が必要です。
②「法定代理」においては、被代理機関（A）は代理機関の行為については責任を負いません。

A 20

×

「法律による明文の根拠が必要であると一般に解されている。」の部分が誤りです。専決（代決）とは、行政庁が専決規程等に基づいて、**内部的**には**補助機関に事務処理についての決定を委ねる**ものの、**外部**に対する関係では**本来の行政庁の名で表示するもの**をいいます。専決では、必ずしも、**法律上の根拠を必要としません。**

○

上級行政機関が法律が定めた下級行政機関の権限を代執行（代替執行）する場合、実質的に法律が定めた処分権限を変更することになるため、**法律による明文の根拠が必要です。**

行政上の法律関係等

1 公法と私法

Q 1
国家総合
2015［H27］
★★★

金銭の給付を目的とする国の権利及び国に対する権利につき5年の消滅時効を定める会計法の規定は、国の権利義務を早期に決済する必要があるなど主として行政上の便宜を考慮したことに基づくものである。国が公務員に対する安全配慮義務を懈怠し違法に公務員の生命等を侵害したことに対する損害賠償請求権についても、その権利義務を早期に決済する必要があり、その消滅時効期間は、民法所定の10年ではなく、会計法所定の5年と解すべきである。

Q 2
国家総合
2007［H19］
★★★

旧自作農創設特別措置法に基づく農地買収処分は、登記簿上の農地の所有者を相手方として行うべきものではなく、真実の農地の所有者を相手方とすべきであり、その際、民法第177条の規定は適用されないとするのが判例である。

Q 3
国家総合
2019［R1］
★★★

国税滞納処分により滞納者の財産を差し押さえた国の地位は、民事訴訟法上の強制執行における差押債権者の地位に類するものであり、租税債権がたまたま公法上のものであることは、国が一般私法上の債権者より不利益な取扱いを受ける理由とはならないから、滞納処分による差押えの関係においても、不動産に関する物権変動の対抗要件について定めた民法第177条の適用がある。

Q 4
国家総合
1987［S62］
★★

公務員の給与につき過払いが生じた場合であっても、その過払い金額は民事上の不当利得返還請求によって返還を求めるべきものであり、労働基準法第24条第1項の賃金の全額払いの原則の趣旨に照らしても、翌月の給与と相殺することは許されるべきではない。

A 1

「その権利義務を早期に決済する必要があり、その消滅時効期間は、民法所定の10年ではなく、会計法所定の5年と解すべきである。」の部分が誤りです。**国が公務員に対する安全配慮義務を懈怠**したために、**公務員が生命・健康等を害した**場合、**公務員の国に対する損害賠償請求権の消滅時効**は5年ではなく、**民法167条の適用により10年ないし20年**です（最判昭50・2・25）［陸上自衛隊八戸事件］。

A 2 ○
自作農創設特別措置法に基づく農地買収処分について、**民法177条は適用されません**。（最大判昭28・2・18）。

A 3 ○
国税滞納処分により滞納者の財産を差し押さえた国の地位は、民事訴訟法上の強制執行における差押債権者の地位に類するものですから、**滞納処分による差押えの関係**においても、**不動産に関する物権変動の対抗要件について定めた民法177条の適用**があります（最判昭31・4・24）。

A 4

「翌月の給与と相殺することは許されるべきではない。」の部分が誤りです。公務員の給与の過払いがあった場合、**過払給与金額相当の不当利得返還請求権を自働債権**とし、**給与請求権を受働債権**とした**相殺**は、**合理的に接着した時期の範囲内であればできます**（最判昭45・10・30）。

Q 5 国家一般 2000［H12］★★★

公営住宅の使用関係は公法上の関係であるから、これについては、公営住宅法及びこれに基づく条例が適用され、民法及び借地借家法は適用されない。

Q 6 国家総合 2017［H29］★★

建築基準法第 63 条は、防火地域内の建築物で、外壁が耐火構造のものは、隣地境界線に接して設けることができる旨規定しているが、公法上の規制を定めている建築基準法が、私人間の相隣関係を規律したものと解することはできないことから、建築基準法第 63 条は接境建築を認めていない民法第 234 条第 1 項の特則を定めたものということはできず、建築基準法第 63 条所定の建築物の建築については、民法第 234 条第 1 項の規定が適用される。

2 権利の融通性

Q 7 特別区 2003［H15］★★

生活保護法の規定に基づく保護受給権は、単なる国の恩恵ないし社会政策の実施に伴う反射的利益ではなく．法的権利であり、被保護者の死亡による相続の対象になる。

Q 8 国家総合 2019［R1］★★★

普通地方公共団体の議会の議員の報酬請求権は、公法上の権利であり、法律上特定の者に専属する性質のものとされているため、単なる経済的価値として移転性が予定されているということはできないから、当該普通地方公共団体の条例に譲渡を認める旨の規定がない限り、これを譲渡することはできない。

「民法及び借地借家法は適用されない。」の部分が誤りです。**公営住宅の使用関係**については、公営住宅法と条例以外に民法および借地借家法の適用とともに、**信頼関係の法理が適用**される場合があります（最判昭59・12・13）〔都営住宅明渡し事件〕。

「公法上の規制を定めている建築基準法が、私人間の相隣関係を規律したものと解することはできないことから、建築基準法第63条は接境建築を認めていない民法第234条第1項の特則を定めたものということはできず、建築基準法第63条所定の建築物の建築については、民法第234条第1項の規定が適用される。」の部分が誤りです。**防火地域又は準防火地域内にある外壁が耐火構造の建築物**について、その**外壁を隣地境界線に接して設けることができる旨の規定**（**建築基準法63条**）は、境界線から50センチメートル以上の距離をおかなければ、建築物を築造することができないと規定する**民法234条1項に抵触しません**。したがって、**建築基準法63条は、民法234条1項の特則として、優先適用されます**（最判平1・9・19）。

「被保護者の死亡による相続の対象になる。」の部分が誤りです。生活保護法に基づき要保護者が国から生活保護を受ける利益としての**生活保護受給権は一身専属的権利であり、他者に譲渡することも、相続の対象ともなりません**（最大判昭42・5・24）〔朝日訴訟〕。

地方議会の議員報酬請求権は、**条例に譲渡禁止の規定がない限り、譲渡できます**（最判昭53・2・23）。

3 法の一般原則

ワンポイント

平等原則は、憲法あるいは条理から導かれる行政上の法の一般原則として、比例原則と並んで行政裁量を制約する基準となります（最判昭 30・6・24）。

Q9
国家一般
2013［H25］
★★

租税法規に適合する課税処分については、税務官庁が納税者に対し信頼の対象となる公的見解を表示し、納税者がその表示を信頼しその信頼に基づいて行動したところ、その後、その表示に反する課税処分が行われ、そのために納税者が経済的不利益を受けることになった場合において、その表示を信頼しその信頼に基づいて行動したことについて納税者の責めに帰すべき事由がないときであっても、法律による行政の原理が貫かれるべきであるから、信義則の法理の適用によりその処分が違法として取り消されることはないとするのが判例である。

Q10
特別区
2016［H28］
★★★

最高裁判所の判例では、地方公共団体の工場誘致施策について、施策の変更があることは当然であるから、損害を補償するなどの代償的措置を講ずることなく施策を変更しても、当事者間に形成された信頼関係を不当に破壊するものとはいえず、地方公共団体に不法行為責任は一切生じないとした。

4 公物

Q11
国家総合
2019［R1］
★★

公水使用権は、それが慣習によるものであると行政庁の許可によるものであるとを問わず、公共用物たる公水の上に存する権利であることに鑑みると、河川の全水量を独占排他的に利用し得る絶対不可侵の権利ではなく、使用目的を満たすに必要な限度の流水を使用し得るにすぎないものと解すべきである。

「法律による行政の原理が貫かれるべきであるから、信義則の法理の適用によりその処分が違法として取り消されることはないとするのが判例である。」の部分が誤りです。**法律による行政の原理**が貫かれるべき**租税法律関係**においては、租税法規に適合する課税処分について**信義則の法理の適用**により違法なものとして取り消すことができる場合があるとしても、**納税者間の平等、公平という要請を犠牲にしてもなお納税者の信頼を保護しなければ正義に反する**といえるような**特別の事情**が存する場合に初めて**信義則の法理**の適用の是非を考えるべきです（最判昭 62・10・30）。

選択肢全体が誤りです。地方公共団体が一定内容の将来にわたって継続すべき施策を決定したが、信頼関係を破壊する変更により、私人が損害を被れば損害を補償する必要性があります（最判昭 56・1・27）。

公水使用権は、それが**慣習によるもの**であると**行政庁の許可によるもの**であるとを問わず、河川の全水量を独占排他的に利用し得る絶対不可侵の権利ではなく、**使用目的を満たすに必要な限度の流水を使用し得るにすぎません**（最判昭 37・4・10）。

判例索引

大判→大審院判決
最大判→最高裁判所大法廷判決
最大決→最高裁判所大法廷決定
最　判→最高裁判所判決
最　決→最高裁判所決定
（地名）高判→各高等裁判所判決
（地名）高決→各高等裁判所決定
（地名）地判→各地方裁判所判決
※同一年月日の場合は、事件名を付しています。

MEMO

著者　山本　誠（やまもと　まこと）

学歴：中央大学法学部法律学科卒業
職歴：TAC公務員講座の講師として
大学の課外講座及びTAC各校舎で教室講座を担当。
公務員試験対策講座講師として、20年以上の実績を誇る。

公務員試験　一問一答で論点総チェック　行政法

2020年11月25日　初　版　第1刷発行

著　者　山本　誠
発行者　多田敏男
発行所　TAC株式会社　出版事業部（TAC出版）
〒101-8383 東京都千代田区神田三崎町3-2-18
電話　03(5276)9492（営業）
FAX　03(5276)9674
https://shuppan.tac-school.co.jp
組　版　株式会社カイクリエイト
印　刷　今家印刷株式会社
製　本　株式会社　常川製本

ISBN 978-4-8132-9516-7
N.D.C. 317

公務員講座のご案内

無料体験のご案内

3つの方法でTACの講義が体験できる!

教室で体験　迫力の生講義に出席

予約不要!　3回連続出席OK!

1. 校舎と日時を決めて、当日TACの校舎へ

TACでは各校舎で毎月体験入学の日程を設けています。

2. オリエンテーションに参加（体験入学1回目）

初回講義「オリエンテーション」にご参加ください。終了後は個別にご相談をお受けいたします。

3. 講義に出席（体験入学2・3回目）

引き続き、各科目の講義をご受講いただけます。参加者には講義で使用する教材をプレゼントいたします。

- 3回連続無料体験講義の日程はTACホームページと公務員パンフレットでご覧いただけます。
- 体験入学はお申込み予定の校舎に限らず、お好きな校舎でご利用いただけます。
- 4回目の講義前までに、ご入会手続きをしていただければ、カリキュラム通りに受講することができます。

※地方上級・国家一般職・警察官・消防官レベル以外の講座では、2回連続体験入学を実施しています。

ビデオで体験　校舎のビデオブースで体験視聴

TAC各校の個別ビデオブースで、講義を無料でご視聴いただけます。（要予約）

各校のビデオブースでお好きな講義を視聴できます。視聴前日までに視聴する校舎受付窓口にてご予約をお願い致します。

ビデオブース利用時間 ※日曜日は④の時間帯はありません。

① 9：30 ～ 12：30　② 12：30 ～ 15：30
③ 15：30 ～ 18：30　④ 18：30 ～ 21：30

※受講可能な曜日・時間帯は一部校舎により異なります。
※年末年始・夏期休業・その他特別な休業以外は、通常平日・土日祝祭日にご覧いただけます。
※予約時にご希望日とご希望時間帯を合わせてお申込みください。
※基本講義の中からお好きな科目をご視聴いただけます。（視聴できる科目は時期により異なります）
※TAC提携校での体験視聴につきましては、提携校各校へお問合せください。

Webで体験　スマートフォン・パソコンで講義を体験視聴

TACホームページの「TAC動画チャンネル」で無料体験講義を配信しています。時期に応じて多彩な講義がご覧いただけます。

TACホームページ　https://www.tac-school.co.jp/

※体験講義は教室講義の一部を抜粋したものになります。

TAC出版 書籍のご案内

TAC出版では、資格の学校TAC各講座の定評ある執筆陣による資格試験の参考書をはじめ、資格取得者の開業法や仕事術、実務書、ビジネス書、一般書などを発行しています！

TAC出版の書籍

＊一部書籍は、早稲田経営出版のブランドにて刊行しております。

資格・検定試験の受験対策書籍

- 日商簿記検定
- 建設業経理士
- 全経簿記上級
- 税　理　士
- 公認会計士
- 社会保険労務士
- 中小企業診断士
- 証券アナリスト
- ファイナンシャルプランナー(FP)
- 証券外務員
- 貸金業務取扱主任者
- 不動産鑑定士
- 宅地建物取引士
- マンション管理士
- 管理業務主任者
- 司法書士
- 行政書士
- 司法試験
- 弁理士
- 公務員試験(大卒程度・高卒者)
- 情報処理試験
- 介護福祉士
- ケアマネジャー
- 社会福祉士　ほか

実務書・ビジネス書

- 会計実務、税法、税務、経理
- 総務、労務、人事
- ビジネススキル、マナー、就職、自己啓発
- 資格取得者の開業法、仕事術、営業術
- 翻訳書 (T's BUSINESS DESIGN)

一般書・エンタメ書

- エッセイ、コラム
- スポーツ
- 旅行ガイド (おとな旅プレミアム)
- 翻訳小説 (BLOOM COLLECTION)

(2018年5月現在)

書籍のご購入は

1 全国の書店、大学生協、ネット書店で

2 TAC各校の書籍コーナーで

資格の学校TACの校舎は全国に展開!
校舎のご確認はホームページにて

資格の学校TAC ホームページ
https://www.tac-school.co.jp

3 TAC出版書籍販売サイトで

24時間
ご注文
受付中

CYBER BOOK STORE TAC出版書籍販売サイト

https://bookstore.tac-school.co.jp/

新刊情報をいち早くチェック!

たっぷり読める立ち読み機能

学習お役立ちの特設ページも充実!

TAC出版書籍販売サイト「サイバーブックストア」では、TAC出版および早稲田経営出版から刊行されている、すべての最新書籍をお取り扱いしています。
また、無料の会員登録をしていただくことで、会員様限定キャンペーンのほか、送料無料サービス、メールマガジン配信サービス、マイページのご利用など、うれしい特典がたくさん受けられます。

サイバーブックストア会員は、特典がいっぱい! (一部抜粋)

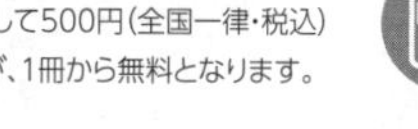

通常、1万円(税込)未満のご注文につきましては、送料・手数料として500円(全国一律・税込)頂戴しておりますが、1冊から無料となります。

専用の「マイページ」は、「購入履歴・配送状況の確認」のほか、「ほしいものリスト」や「マイフォルダ」など、便利な機能が満載です。

メールマガジンでは、キャンペーンやおすすめ書籍、新刊情報のほか、「電子ブック版TACNEWS(ダイジェスト版)」をお届けします。

書籍の発売を、販売開始当日にメールにてお知らせします。これなら買い忘れの心配もありません。

公務員試験対策書籍のご案内

TAC出版の公務員試験対策書籍は、独学用、およびスクール学習の副教材として、各商品を取り揃えています。学習の各段階に対応していますので、あなたのステップに応じて、合格に向けてご活用ください!

INPUT

『新・まるごと講義生中継』
A5判
TAC公務員講座講師
新谷 一郎 ほか

- ●TACのわかりやすい生講義を誌上で!
- ●初学者の科目導入に最適!
- ●豊富な図表で、理解度アップ!

・郷原豊茂の憲法
・新谷一郎の行政法

『まるごと講義生中継』
A5判
TAC公務員講座講師
渕元 哲 ほか

- ●TACのわかりやすい生講義を誌上で!
- ●初学者の科目導入に最適!

・郷原豊茂の刑法
・渕元哲の政治学
・渕元哲の行政学
・ミクロ経済学
・マクロ経済学
・関野喬のパターンでわかる数的推理
・関野喬のパターンでわかる判断整理
・関野喬のパターンでわかる
　空間把握・資料解釈

INPUT

『過去問攻略Vテキスト』
A5判
TAC公務員講座

- ●TACが総力をあげてまとめた
  公務員試験対策テキスト

全21点

・専門科目:15点
・教養科目:6点

要点まとめ

『一般知識
出るとこチェック』
四六判

- ●知識のチェックや直前期の暗記に最適!
- ●豊富な図表とチェックテストでスピード学習!

・政治・経済
・思想・文学・芸術
・日本史・世界史
・地理
・数学・物理・化学
・生物・地学

判例対策

『ココで差がつく!
必修判例』A5判
TAC公務員講座

- ● 公務員試験によく出る憲法・行政法・民法の判例のうち、「基本+α」の345選を収載!
- ●関連過去問入りなので、出題イメージが把握できる!
- ●頻出判例がひと目でわかる「出題傾向表」付き!

記述式対策

『公務員試験論文答案集
専門記述』A5判
公務員試験研究会

- ● 公務員試験(地方上級ほか)の専門記述を攻略するための問題集
- ● 過去問と新作問題で出題が予想されるテーマを完全網羅!

・憲法〈第2版〉
・行政法

地方上級・国家一般職(大卒程度)・国税専門官 等 対応　TAC出版

過去問学習

『だから「カコモン」で克服!』A5判
TAC公務員講座
- 「いきなり過去問題には歯が立たない」…そんな方にぜひ使ってみてほしい、学習のポイントやコツ等が満載の、段階的に力つけていける問題集。

全20点
・専門科目:14点　・教養科目:6点

『出るとこ過去問』A5判
TAC出版編集部
- 本試験の難問、奇問、レア問を省いた効率的なこの1冊で、合格ラインをゲット! 速習に最適

全16点

・憲法	・民法I	・民法II
・行政法	・ミクロ経済学	・マクロ経済学
・政治学	・行政学	・社会学
・国際関係	・経営学	・数的処理(上・下)
・自然科学	・社会科学	・人文科学

『本試験過去問題集』B5判 年度版
TAC公務員講座
- 3年分の本試験形式の問題を解いて志望試験種の試験に慣れる
- 問題は便利な抜き取り式、丁寧な解答解説付き

・国家一般職(大卒程度・行政)	・東京都I類B(行政・一般方式)
・国税専門官	・特別区I類(事務)
・労働基準監督官A	・警視庁警察官I類
・裁判所職員一般職(大卒程度)	・東京消防庁I類

直前対策

『論文試験の秘伝』
A5判
年度版
TAC公務員講座講師 山下 純一
- 頻出25テーマを先生と生徒のブレストで 噛み砕くから、解答のツボがバッチリ!

『面接・官庁訪問の秘伝』
A5判
年度版
TAC公務員講座講師 山下 純一
- どんな面接にも通用する「自分のコア」づくりのノウハウを大公開!

『時事コレ1冊!』
A5判
年度版
TAC公務員講座
- 1テーマ1ページ、まとめと穴埋め問題の構成
- 試験種別の頻出テーマが一発でわかる!

TAC出版の書籍はこちらの方法でご購入いただけます

1 全国の書店・大学生協
2 TAC各校 書籍コーナー
3 インターネット　CYBER BOOK STORE TAC出版書籍販売サイト　アドレス https://bookstore.tac-school.co.jp/

(2020年1月現在・刊行内容、刊行月、表紙等は変更になることがあります/年度版マークのある書籍は、毎年、新年度版が発行される予定です)

書籍の正誤についてのお問合わせ

万一誤りと疑われる箇所がございましたら、以下の方法にてご確認いただきますよう、お願いいたします。

なお、正誤のお問合わせ以外の書籍内容に関する解説・受験指導等は、**一切行っておりません**。
そのようなお問合わせにつきましては、お答えいたしかねますので、あらかじめご了承ください。

1 正誤表の確認方法

TAC出版書籍販売サイト「Cyber Book Store」のトップページ内「正誤表」コーナーにて、正誤表をご確認ください。

CYBER BOOK STORE TAC出版書籍販売サイト

URL:https://bookstore.tac-school.co.jp/

2 正誤のお問合わせ方法

正誤表がない場合、あるいは該当箇所が掲載されていない場合は、書名、発行年月日、お客様のお名前、ご連絡先を明記の上、下記の方法でお問合わせください。
なお、回答までに1週間前後を要する場合もございます。あらかじめご了承ください。

文書にて問合わせる

▶郵送先　〒101-8383 東京都千代田区神田三崎町3-2-18
TAC株式会社 出版事業部 正誤問合わせ係

FAXにて問合わせる

▶FAX番号　**03-5276-9674**

e-mailにて問合わせる

▶お問合わせ先アドレス　**syuppan-h@tac-school.co.jp**

※お電話でのお問合わせは、お受けできません。また、土日祝日はお問合わせ対応をおこなっておりません。
※正誤のお問合わせ対応は、該当書籍の改訂版刊行月末日までといたします。

乱丁・落丁による交換は、該当書籍の改訂版刊行月末日までといたします。なお、書籍の在庫状況等により、お受けできない場合もございます。
また、各種本試験の実施の延期、中止を理由とした本書の返品はお受けいたしません。返金もいたしかねますので、あらかじめご了承くださいますようお願い申し上げます。

TACにおける個人情報の取り扱いについて
■お預かりした個人情報は、TAC(株)で管理させていただき、お問い合わせへの対応、当社の記録保管および当社商品・サービスの向上にのみ利用いたします。お客様の同意なしに業務委託先以外の第三者に開示、提供することはございません(法令等により開示を求められた場合を除く)。その他、個人情報保護管理者、お預かりした個人情報の開示等及びTAC(株)への個人情報の提供の任意性については、当社ホームページ(https://www.tac-school.co.jp)をご覧いただくか、個人情報に関するお問い合わせ窓口(E-mail:privacy@tac-school.co.jp)までお問合せください。

(2020年10月現在)